Informatik aktuell

Herausgeber: W. Brauer
im Auftrag der Gesellschaft für Informatik (GI)

Hans-Werner Meuer (Hrsg.)

SUPERCOMPUTER '92

Anwendungen, Architekturen, Trends

Seminar, Mannheim, 25.-27. Juni 1992

Springer-Verlag
Berlin Heidelberg New York
London Paris Tokyo
Hong Kong Barcelona
Budapest

Herausgeber

Hans-Werner Meuer
Universität Mannheim, Rechenzentrum
L15, 16, W-6800 Mannheim 1

Seminar SUPERCOMPUTER '92

Veranstalter

VEREIN ZUR FÖRDERUNG DER
WISSENSCHAFTLICHEN WEITERBILDUNG
AN DER UNIVERSITÄT MANNHEIM E.V.

Leitung

H.-W. Meuer, Mannheim
H.-M. Wacker, Köln

CR Subject Classification (1992): C.1.2, C.2.1, C.5.1, C.5.4, D.1.3, D.3.4,
D.4.2, D.4.4, F.2.1, J.2, J.3, K.0, K.1, K.6.2, K.6.3, K.6.4

ISBN-13: 978-3-540-55709-8   e-ISBN-13: 978-3-642-77661-8
DOI: 10.1007/978-3-642-77661-8

Satz: Reproduktionsfertige Vorlage vom Autor/Herausgeber

33/3140-543210 – Gedruckt auf säurefreiem Papier

Vorwort

Das Mannheimer Seminar "Supercomputer – Anwendungen, Architekturen, Trends" findet im Juni 1992 zum siebtenmal in Folge statt und hat sich als führende Fachveranstaltung im deutschsprachigen Raum auf dem Gebiet der Höchstleistungsrechner etabliert. Knapp zwei Monate vor Beginn des Seminars läßt sich die Situation auf dem Gebiet der Vektor– und Parallelrechner wie folgt charakterisieren :

- Parallelrechner auf MIMD–Basis sind massiv ins Zentrum des Interesses vorgestoßen: Nach Ankündigung der CM5 von Thinking Machines im Oktober letzten Jahres und kurz darauf der PARAGON von Intel folgte im Februar diesen Jahres Cray Research mit der Ankündigung, daß der DEC–Chip α–21064 Basis ihres massivparallelen Systems MPP1 sein wird, Parsytec kündigte das auf dem Transputer T9000 basierende "supermassiv parallele System" GC an, und IBM schließlich unterstrich mit dem VULCAN–Projekt, daß man nicht gewillt ist, auf diesem zukunftsträchtigen Markt zu den Nachzüglern zu gehören. Ganz neu im Markt ist die Firma Kendall Square Research (KSR) mit Erstinstallationen in USA und England sowie NCR, die insbesondere den kommerziellen Markt mit ihren Parallelrechnern adressieren.

- Tera ist das Schlagwort des Jahres: TeraFLOPS, TeraBytes. Dabei konzentriert sich die Frage nach Meinung vieler Experten nicht so sehr auf das Ob oder Wann, sondern vielmehr auf den Preis.

- Vektorrechner spielen derzeit noch die Rolle der Working Horses. Ohne sie geht im praktischen Einsatz nichts, die oben erwähnten Parallelrechner sind noch längst nicht alle realisiert, in sie gesetzte Erwartungen müssen erstmal erfüllt werden. Vor 1993/94 haben die Vektorrechner die Konkurrenz der Parallelrechner wenig zu fürchten. Am oberen Ende sind nämlich sehr leistungsfähige Rechner dazugekommen: die Cray YMP–16 (C90), die Hitachi S–3800 sowie die NEC SX3R.

- Mikroprozessoren explodieren weiterhin bezüglich ihrer Leistung: Letztes Beispiel hierfür ist der DEC α–21064–Chip mit 200 MFLOPS. Ein Ende ist hier nicht abzusehen, der Einfluß der Standard–Risc–Micro–Prozessoren auf zukünftige Parallelrechner–Architekturen nimmt zu.

- Kooperation heißt derzeit die Devise im Höchstleistungsrechnerbereich: z.B. Cray Research mit DEC, die den Exklusivvertrieb der YMP EL haben, dafür den α–Chip in der Cray MPP1 plazieren können oder Convex mit HP, die 5% der Texaner übernommen haben mit der Option auf 25% und für Convex MPP mit dem PA–Risc–Chip den Prozessorbaustein liefern.

- Grand Challenges bewältigen wollen die Vereinigten Staaten mit ihrer Ende letzten Jahres verabschiedeten HPCC – High Performance Computing and Communications Initiative. Dabei versteht man unter solchen "Großen Herausforderungen" fundamentale Probleme in Wissenschaft oder Technik, deren Lösung nur durch Einsatz von Höchstleistungsrechnern der Zukunft mit Leistungen im TFLOPS—Bereich angegangen werden kann.

- HPCC in Europa wird durch die von der EG eingesetzte Kommission unter der Leitung des Nobelpreisträgers Carlo Rubbia von CERN — deutsche Mitglieder sind John Argyris und Hans—Martin Wacker — sowie einer Reihe von Arbeitsgruppen über "Hardware und Architektur", "Industrielle Anwendungen", "Wissenschaftliche Anwendungen" sowie "Netze" vorangetrieben. Wo stehen wir hier in Europa?

Das diesjährige Seminar befaßt sich intensiv mit diesen Entwicklungen und versammelt wiederum Supercomputer—Anwender, —Betreiber, —Hersteller und —Planer/Entscheidungsträger zu einem fruchtbaren Dialog und Erfahrungsaustausch.

Schwerpunkte des diesjährigen Seminars sind:

- Trends auf dem Gebiet des Supercomputing
- Grand Challenges — Große Herausforderungen
- Neue Architekturen unter der Lupe
- Aktuelle Firmenpräsentationen
- Supercomputer—Initiativen: USA versus Europa
- Podiumsdiskussion: Bleiben wir in Europa wieder nur zweiter Sieger?

Wie üblich werden auf dem Mannheimer Seminar die neuesten Supercomputer/ Parallelrechner—Statistiken (Stand März 1992) publiziert.

Dieser Band enthält —außer dem IBM—Strategie Vortrag von Vice President Ulf Bohla in der Eröffnungssitzung— alle Hauptreferate des Seminars, dazu fünf herausgehobene Beiträge der Firmen Alliant, Convex, Meiko, NCR und Parsytec aus den "Aktuellen Firmenpräsentationen", die auf das Interesse einer breiteren Leserschaft treffen dürften. Die Podiumsdiskussion kann selbstverständlich nicht vorher publiziert werden, wir haben allerdings —als Ergänzung zu den Beiträgen von Bischof/Simon bzw. Argyris/Wacker— Positionspapiere von Falk—D. Kübler, Parsytec, und Bernd Reuse, BMFT, mit in diesen Band aufgenommen. Schließlich haben wir hier auch auf vielfachen Wunsch einen Reprint des 1991 erstmalig publizierten sogenannten Rubbia—Reports der EG abgedruckt.

Abschließend möchte ich mich bei allen Referenten dieses Seminars bedanken, insbesondere für die rechtzeitige Bereitstellung der Manuskripte. An der zügigen Fertigstellung dieses Bandes haben eine ganze Reihe meiner Mitarbeiter mitgewirkt. Für ihr besonderes Engagement und ihre Arbeit bedanke ich mich bei den Herren Dirk Wenzel, Thomas Vogel und Homer Amestu.

Mannheim, im Mai 1992   Hans—Werner Meuer

Inhaltsverzeichnis

Grand Challenges und Supercomputer
Beispiele großer Herausforderungen für Gesellschaft, Technik und Wissenschaft

Wolfgang Gentzsch

FH Regensburg und GENIAS Software GmbH
Erzgebirgstraße 2 b
8402 Neutraubling bei Regensburg

1   Einleitung

Computer revolutionieren die Forschung und die Entwicklung auf zahlreichen wissenschaftlichen und technischen Gebieten. Die rasante Entwicklung der Prozessor- und Netzwerktechnologien ermöglicht die Lösung wichtiger Aufgaben, die Herstellung neuartiger Produkte und das Bereitstellen von Dienstleistungen und erhöht die nationale Konkurrenzfähigkeit in weiten Bereichen der Wirtschaft. Ohne die Rechenleistung und Speicherkapazität heutiger Supercomputer wäre das Studium einiger der kompliziertesten Naturphänomene völlig unmöglich. Mit diesen Rechnern lassen sich Hypothesen testen und Parameter verändern, deren Tests bzw. Manipulationen im Labor nicht möglich sind. Auf vielen Bereichen ist eine gewaltige Rechenleistung notwendig, um die Lösung der sogenannten "Großen Herausforderungen" (Grand Challenges) voranzutreiben. Dies sind grundlegende technische und wissenschaftliche Probleme, deren Lösung besonders wichtig für unsere Gesellschaft ist, siehe etwa [1], [2]. Beispiele solcher Herausforderungen sind

- Vorhersage von globalen Wetter- und Klimaveränderungen
- Die Simulation von Turbulenz, Umweltverschmutzung und Verbrennung
- Die Entschlüsselung der menschlichen Gene
- Die Entwicklung neuer Medikamente
- Das Verstehen biologischer Makromoleküle
- Die Vorhersage neuer Supraleiter
- Der Entwurf von Weltraum-Flugkörpern
- Die Entwicklung von elektronischen Bauteilen
- Der Aufbau der Materie und das Entstehen unseres Universums

Viele dieser Herausforderungen führen auf mathematische Modelle, deren Lösung ohne Supercomputer, ausgeklügelte Algorithmen, umfangreiche Software und eine aufwendige Infrastruktur nicht denkbar ist. Die neue Technologie der skalierbaren, massiv-parallelen Rechner, die in den nächsten Jahren eine tausendfache Leistungssteigerung gegenüber heutigen Höchstleistungsrechnern erwarten lassen, und eine geeignete benutzerfreundliche Software-Umgebung werden uns schon bald in die Lage versetzen, einige der kompliziertesten technisch-wissenschaftlichen Phänomene zu erforschen und damit besser zu verstehen.

Dazu wurden in den letzten Jahren insbesondere in den USA [2], Japan und Europa [3], [4] wichtige Initiativen gestartet, die die Ausgangssituation bei den großen Herausforderungen beschreiben und die Erfordernisse für eine angemessene Entwicklung des sog. High Performance Computings darstellen.

---

* Erscheint in: Supercomputer'92, H.W. Meuer (Hrsg.), Springer-Verlag 1992

2 Beispiele großer Herausforderungen

Im folgenden werden wir einige der großen Herausforderungen vorstellen und Möglichkeiten zu ihrer Simulation auf Supercomputern aufzeigen. Im Anschluß daran wird dann anhand von drei ausgewählten Beispielen ausführlicher auf deren Komplexität und den für die Simulation notwendigen Rechen- und Speicherplatzbedarf eingegangen.

2.1 Physik: Das Studium von Vielteilchen-Problemen

Die Struktur und die Eigenschaften von Atomen, Molekülen, Gasen, Plasma und Flüssigkeiten haben ihre Ursache in elektromagnetischen Wechselwirkungen, wie dem Abstoßen gleicher und dem Anziehen entgegengesetzter Ladungen. Damit lassen sich prinzipiell die Eigenschaften jeder Materie aus bekannten physikalischen Gesetzen berechnen. Nun enthält aber jede Materialprobe eine unzählige Menge von Atomen unterschiedlicher Ladung. Jede genaue und quantitativ exakte Beschreibung solcher Systeme führt unweigerlich auf riesige Vielteilchen-Probleme, bei denen tausende von Teilchen untereinander wechselwirken. Schon in nächster Zukunft wird es mit der dann zur Verfügung stehenden Rechnerkapazität möglich sein, die zugrunde liegenden Gleichungen zu lösen und damit die Eigenschaften makroskopischer Materie vorherzusagen.

Das Studium des Verhaltens von Vielteilchen-Systemen auf dem Computer ist prinzipiell vorteilhafter als experimentelle Untersuchungen. Computer-Messungen können völlig ohne Störung des zu messenden Objekts durchgeführt werden. Außerdem kann das Computer-Experiment wesentlich genauer kontrolliert werden. Schließlich ist es auf dem Rechner leichter möglich, bestimmte Parameter zu modifizieren. Damit werden die Wissenschaftler in der Lage sein, die Grundlagen der Materie-Eigenschaften aus den Gesetzen der mikroskopischen Physik abzuleiten. So wird es möglich sein, neue Materialien zum Nutzen der Menschheit zu entwickeln. Die numerische Simulation der Prozesse, die bestimmte Materialien hart oder weich, glatt oder rauh, oder mehr oder weniger zäh gestalten, führt auf die Produktion von Stoffen mit wohldefinierten Eigenschaften.

2.2 Quantenchemie: Das Entwickeln neuer Substanzen

Die theoretische Grundlage aller chemischen Prozesse ist die Quantenmechanik, ein Satz mathematischer Gleichungen, von Max Planck und anderen entwickelt, die die physikalischen Prozesse auf atomarer Ebene zu beschreiben versuchen. Aufgrund der mathematischen Komplexität der Quantenmechanik war es bisher nicht möglich, aus diesen Gleichungen die chemischen Prozesse zu analysieren, zu verstehen und vorherzusagen. Wenn es den Wissenschaftlern gelänge, die Geheimnisse der Quantenmechanik zu lüften, könnten durch die Veränderung von Molekülen zahlreiche neue Substanzen zum Nutzen der Menschheit entwickelt werden. Ersetzt man beispielsweise in einem Ring aus acht Schwefelatomen ein Atom durch Sauerstoff, so geht experimentell die Ringstruktur in eine etwa kastenförmige Struktur über. Dieser Prozess läßt sich inzwischen sehr genau auf dem Computer dynamisch simulieren, durch eine Kombination von Verfahren, die die Wissenschaftler elektronische Dichtefunktionaltechniken und Molekulardynamikverfahren nennen. Damit läßt sich auch der dynamische Ablauf einfacher chemischer Umordnungsreaktionen im Computer direkt verfolgen. Hierbei wird die günstigste Geometrie mit einiger Wahrscheinlichkeit auch in einem großen Konfigurationsraum gefunden. Da die Chemie außerdem als Grundlage allen Lebens angesehen werden kann, wird die numerische Simulation der Quantenchemie auch eine bedeutende Rolle in der Medizin und in der Molekularbiologie spielen.

2.3 Materialwissenschaft: Dynamische Strukturen moderner Materialien

Viele großen Makromoleküle, aus denen wichtige Materialien zusammengesetzt sind (wie die Polymere, die die Grundlage für viele künstlich erzeugte Substanzen bilden), kann man sich als starre, längliche Molekülketten vorstellen. Das Verstehen der Wechselwirkungen solcher Supermoleküle und der Voraussetzungen, unter denen sie sich verändern, ist von grundlegender Bedeutung in der modernen Materialwissenschaft und damit von hohem Nutzen. Dazu betrachten die Wissenschaftler das dynamische Verhalten von Ketten mit bis zu 1000 Teilchen, und prüfen z.B. Mechanismen wie Diffusion und Konvektion in Polymerlösungen nach. Dabei kommen mehrere Längenskalen ins Spiel, die alle gleichzeitig wichtig sind: Die atomare Länge, die Länge einer Polymer-Einzelkette nebst mittlerem Trägheitsradius, der typische Abstand zwischen zwei Ketten-Schwerpunkten in einer Polymer-Lösung oder Schmelze und schließlich mindestens eine thermodynamische Korrelationslänge. Schon die statischen Eigenschaften solcher dichten Polymerschmelzen sind komplex, und die direkte Simulation der Langzeitdynamik ist erst seit Einführung der Supercomputer möglich.

Ein anderer Meilenstein heutiger Hochtechnologie ist die Produktion einkristalliner, dünner Schichten von Silizium und Gallium-Arsenid als Grundlage für die Herstellung von Mikroprozessoren. Die dünnen Filme werden in Speicherbausteinen und Digitalschaltkreisen mittels selektiver, chemischer Abscheidung (CVD) aus der Gasphase strukturiert. Dieser Prozess beinhaltet komplexe Wechselwirkungen zwischen Flüssigkeitsströmung, Wärme- und Massentransport und homogenen und inhomogenen Reaktionen. Bisher wurden diese Wechselwirkungen vorwiegend in teuren und zeitaufwendigen Experimenten im Labor studiert. Aufgrund steigender Anforderungen bei den Digitalschaltkreisen, die mehr Operationen in kürzerer Zeit durchführen sollen, wird dieser experimentelle Prozeß immer teurer und aufwendiger. Daher werden heute große Systeme partieller Differentialgleichungen numerisch mit der Methode der Finiten Elemente gelöst, um den Prozeß der selektiven, chemischen Abscheidung zu studieren.

2.4 Geophysik: Das Innere unserer Erde

Ein Erdbeben ist in wenigen Sekunden vorüber, die Bewegungen der Kontinente in ihre heutige Lage hat viele Millionen Jahre gedauert. Geophysiker bemühen sich, diese und andere Prozesse im Erdinneren zu verstehen. Durch die Beschreibung dieser dynamischen Prozesse können wichtige Fragen über die riesigen Kräfte, die unsere Erde formen, beantwortet werden. Mithilfe von Supercomputern wird die Entwicklung von Konvektionsmodellen für unseren Erdmantel möglich, mit denen dann so wichtige Effekte wie die Erwärmung im Mantel und die Bewegung der Kontinente beschrieben werden können. Außerdem lassen sich Beobachtungen über die räumliche Struktur des Gravitationsfeldes verifizieren und Phänomene wie die doppelt diffuse Konvektion oder die Unterschiede der Konvektionsraten der thermischen und chemischen Mantelschichten studieren.

2.5 Klimaforschung: Die Vorhersage von globalen Veränderungen

Spätestens seit den alarmierenden Meldungen über die großflächigen Waldschäden, das Aufheizen der Atmosphäre durch den sogenannten Treibhauseffekt und die beunruhigende Vergrößerung des Ozonlochs über der Antarktis sind auch einer breiten Öffentlichkeit die durch den Menschen hervorgerufenen Veränderungen im System Erde bewußt geworden.

Die Untersuchung solcher Veränderungen der globalen Umwelt und deren Auswirkungen auf Mensch und Gesellschaft ist auf einen Zeitraum von 50 bis 100 Jahre ausgelegt. Während bisher vorwiegend mit der Simulation einzelne Vorgänge, wie z.B. Wetterveränderungen, Meeresströmungen und das Entstehen von Stürmen, untersucht worden sind, gewinnt nunmehr die integrative Konzeption unter Einbeziehung von Meeres- und Luftströmungen und von physiko-chemischen Prozessen in der Atmosphäre in ein globales Klimamodell an Bedeutung. Dieses Modell und die entsprechenden Computersimulationen sollen zu einem besseren Verständnis von globalen Systemzusammenhängen beitragen.

Außerdem erhofft man sich durch diese Computersimulationen neue Erkenntnisse über die Ursachen und die negativen Folgen der (vom Menschen verursachten) Änderungen des marinen Systems. So werden in der Schadstoffbiologie Modelle über chemische und biologische Vorgänge entwickelt, wie die unerwünschte Zunahme eines Gewässers an Nährstoffen und das damit verbundene nutzlose und schädliche Pflanzenwachstum der Meere oder die Planktonblüte.

2.6 Astrophysik: Die Entwicklung des Kosmos

Die Entdeckung gewaltiger Materieströme von Galaxien, die viele Millionen von Lichtjahren entfernt sind, gehört sicher zu den ganz großen Errungenschaften unseres Jahrhunderts. Leider sagen diese Beobachtungen nur etwas über die Form aus, nichts aber über die physikalische Natur solcher galaktischen Ereignisse und der sie umgebenden Medien.

Mit ausgeklügelten numerischen Verfahren ist es heute möglich, astrophysikalische Systeme wie die erwähnten galaktischen Ströme zu simulieren und z.B. deren Dichte, Temperatur und Geschwindigkeit zu messen.

Ein anderes Beispiel ist die Entstehung von Sternen, bei der der konvektive Transport von Wärme- und Kernenergie eine entscheidende Rolle spielt. Die Simulation dieser Konvektion führt zu besseren Modellen der Sternentwicklung. Mit diesen numerischen Verfahren lassen sich auch die Dynamik interstellarer Gase und die Bewegung von Sternen modellieren. Wissenschaftler simulieren heute 10 Milliarden Jahre galaktischer Evolution in wenigen Stunden auf Supercomputern. Sie erhoffen sich dadurch unter anderem neue Erkenntnisse über die Entwicklung von Spiralstrukturen in Galaxien und über die Kräfte, die die Sterne formen.

2.7 Biomedizin: Die Geheimnisse des menschlichen Körpers

Die der Form und Zusammensetzung von Biomolekülen (und letztendlich des menschlichen Körpers) zugrundeliegenden Muster lassen sich oft nur durch den Vergleich von Millionen von Variablen bestimmen.

Ein Beispiel ist das Generieren einer Simulationsabfolge, die die mechanischen Eigenschaften derjenigen Moleküle modelliert, welche für die Muskelkontraktion verantwortlich sind. Die Muskelbewegung entsteht dadurch, daß Komplexe von großen Proteinmolekülen sogenannte Filamente bilden, die die chemische Energie in Bewegung umsetzen. Solche Computersimulationen zeigen das Verhalten der die Energie umwandelnden Kräfte dieser makromolekularen Filamente. Auf diese Weise läßt sich die Wechselwirkung der Moleküle und damit die Funktionsweise z.B. unserer Muskeln vorhersagen.

2.8 Molekularbiologie: Genforschung zur Erklärung von Krankheitsursachen

Ein wichtiges Gebiet der biomedizinischen Forschung ist das Studium der chemischen Mechanismen normaler und anomaler Regulation der Zellfunktion. Wissenschaftler sind inzwischen in der Lage, genetische Codes zu entschlüsseln und die dadurch codierten Aminosäuren vorherzusagen. Aufgrund der Kenntnis der meisten Gene wird es in Zukunft möglich sein, viele Aspekte der Zellfunktionen und Zellstörungen, wie z.B. Krebs zu erklären. Nun ist aber die Datenbank mit den bekannten genetischen Sequenzen heute so riesig, daß eine zuverlässige Vorhersage von Strukturen im Moment noch nicht möglich ist.

2.9 Computersimulationen in der Technik

Supercomputer sind für zahlreiche technische Anwendungen von großem Nutzen. Beispiele hierfür sind optimale Klimaanlagen in Bürogebäuden, Wärmeleitung auf der Oberfläche eines Hyperschall-Raumfahrzeuges und Wärmeleitung in elektronischen Bauteilen.

Andere Aufgaben sind das Studium zusammengesetzter Materialien und die Computersimulation von Materialermüdungen und Rißbildungen. Letzteres ist auch für die Architektur von großer Bedeutung: Wie entstehen Risse in Bauwerken und wie pflanzen sie sich fort? Noch wichtiger: Wie kann man Materialermüdungen stoppen oder minimieren?

Die Computersimulation von elektronischen Bauteilen erlaubt dem Ingenieur zum Beispiel, große und komplexe GaAs Gallium-Arsenid-Schaltkreise zu entwickeln. Wegen der höheren Leistung wird GaAs in Zukunft mehr und mehr in elektronischen Schaltkreisen eingesetzt. Dazu müssen die Wissenschaftler die neuartigen Eigenschaften von Gallium-Arsenid besser verstehen, z.B. wie die Elektronen durch GaAs-Kristalle wandern.

2.10 Wirtschaft und Management

Ebenso wie in den Naturwissenschaften treten auch in vielen wirtschaftswissenschaftlichen Anwendungen und Management-Theorien sehr große, komplexe Systeme auf. Zum Beispiel stellt die Modellierung der Weltwirtschaft eine extreme mathematische Herausforderung dar. Aber auch untergeordnete Bereiche wie etwa die Kontrolle von Lagerbeständen und die Optimierung von Produktionsabläufen erfordern höchste Rechenleistungen.

3 Fallbeispiele

3.1 Erstes Fallbeispiel: Aerothermodynamik beim Wiedereintritt von Raumgleitern in die Erdatmosphäre

In der Luft- und Raumfahrttechnik ist die Entwicklung von Fluggeräten und Trägersystemen ohne den intensiven Einsatz numerischer Simulationen nicht mehr denkbar. Optimierungen nach Aspekten der Wirtschaftlichkeit, der Umweltbelastung und der Sicherheit werden im Rahmen einer zukunftsverträglichen Lösung der Probleme des Luft- und Orbitalverkehrs immer zwingender. Derartige Untersuchungen beziehen die gesamte komplexe Wechselwirkung zwischen Strömung und Struktur, die Strömungs- und Verbrennungsvorgänge der Antriebssysteme sowie die Integration des Triebwerkes in die Zelle mit ein, [5].

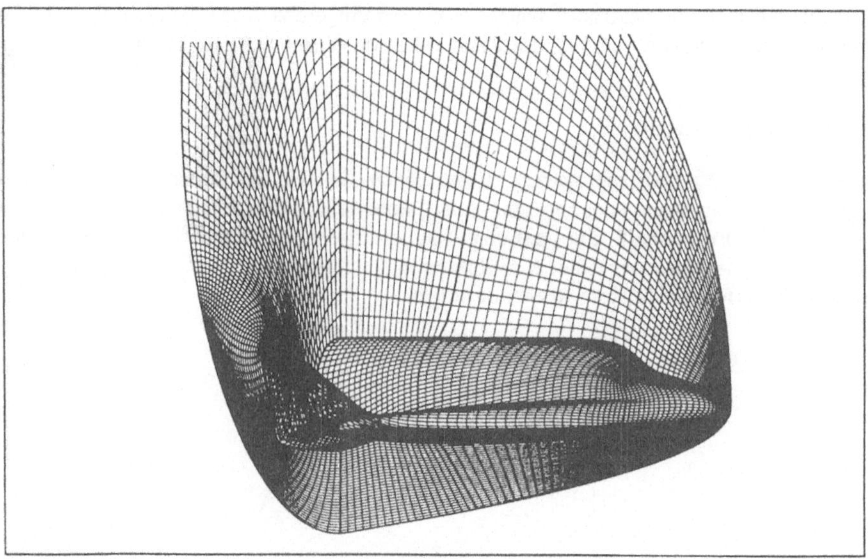

Abbildung 1:
Blockstrukturiertes Gitter für die Raumfähre Hermes. In jedem einzelnen Gitterpunkt werden die wichtigsten Strömungsvariablen berechnet, [6].

Ein wichtiges Teilgebiet in der Raumfahrt ist seit einigen Jahren die Aerothermodynamik, eine Kombination aus Aerodynamik, Thermodynamik und Thermochemie. Sie behandelt strömungsphysikalische Probleme, wie sie beim Aufsteigen und beim Wiedereintreten von Raumfahrzeugen in die Erd- und Planetenatmosphäre in der Umgebung der Körperoberfläche auftreten. Wichtige Phänomene wie der aerodynamische Widerstand, Auftrieb, aerodynamische Kräfte und Momente, Aufheizen der Oberfläche, müssen für die unterschiedlichsten Konfigurationen möglichst vorab geklärt werden.

Das aerothermodynamisch anspruchsvollste Raumfahrtprojekt in Europa ist zur Zeit die wiederverwendbare Raumfähre Hermes. Beim Wiedereintritt in die Erdatmosphäre besitzt Hermes eine Hyperschallgeschwindigkeit von etwa 25 Mach. Durch den aerodynamischen Widerstand und Gleiteffekte wird diese Geschwindigkeit weiter gleichmäßig über den Überschall bis hinunter zu sehr niedrigem Unterschall direkt vor der Landung reduziert.

Da bisher in Europa Erfahrungen nur bis etwa 4 Mach vorhanden sind, (aufgrund der in den späten 70er Jahren entwickelten Concorde, Mach 2.2, und einiger Kampfflugzeuge), ist das Gebiet der Hyperschallströmungen eine große Herausforderung für die Europäische Raumfahrt. Einige der wichtigsten aerothermodynamischen Anforderungen an Hermes sind:

- Die aerodynamische Form muß einen stabilen Flug von 25 bis 0.4 Mach garantieren, bei hohem Anstellwinkel ebenso wie bei hohen Temperaturen während der Eintrittsphase.

- Die aerodynamische Form sollte die Wechselwirkung von Stoßwellen, die eine Ursache für die hohe Aufheizung der Oberfläche sind, möglichst minimieren.

- Schon in der Entwicklungsphase müssen die hohen Temperaturen während des hypersonischen Fluges berücksichtigt werden. Die extrem heißen Strömungen an der Oberfläche und ein Überfluß an hochreagierendem Sauerstoff während der hypersonischen Phase führen zu chemischen Reaktionen mit der thermisch geschützten Körperoberfläche und damit zur Verschlechterung des Oberflächenschutzes.

- Aufgrund der extremen Bedingungen beim Wiedereintritt in die Erdatmosphäre können die für diese hypersonische Phase bedeutenden Strömungsparameter wie Enthalpie, Reynolds-Zahl, Machzahl und die Zusammensetzung des Gases im Windkanal nicht angemessen simuliert werden. Deshalb müssen für die Simulation dieser Phase geeignete numerische Methoden und Supercomputer als wichtigste Hilfsmittel bereitgestellt werden.

Die eben genannten Aspekte führen auf die Numerischen Strömungsmechanik (CFD, computational fluid dynamics). Dabei steht die Entwicklung und Anwendung umfangreicher numerischer Computerprogramme zur Lösung zwei- und dreidimensionaler Strömungsprobleme im Vordergrund, die im wesentlichen die physikalischen Grundgleichungen (Euler- bzw. Navier-Stokes Gleichung) mit hochkomplizierten numerischen Näherungsverfahren lösen.

Dieser "numerische Windkanal" besteht aus den drei Hauptkomponenten

- Erzeugung von Gittern mit einigen Millionen Gitterpunkten um komplexe Flugkörpergeometrien (Abb. 1),

- näherungsweise Lösung der strömungsmechanischen Grundgleichungen in den diskreten Gitterpunkten,

- graphische Auswertung und Visualisierung der berechneten Ergebnisse (Abb. 2).

Abbildungen 1 und 2 zeigen ein typisches Hermesgitter bzw. ausgewählte Machlinien für eine reibungsfreie Eulerlösung um das amerikanische Space-Shuttle.

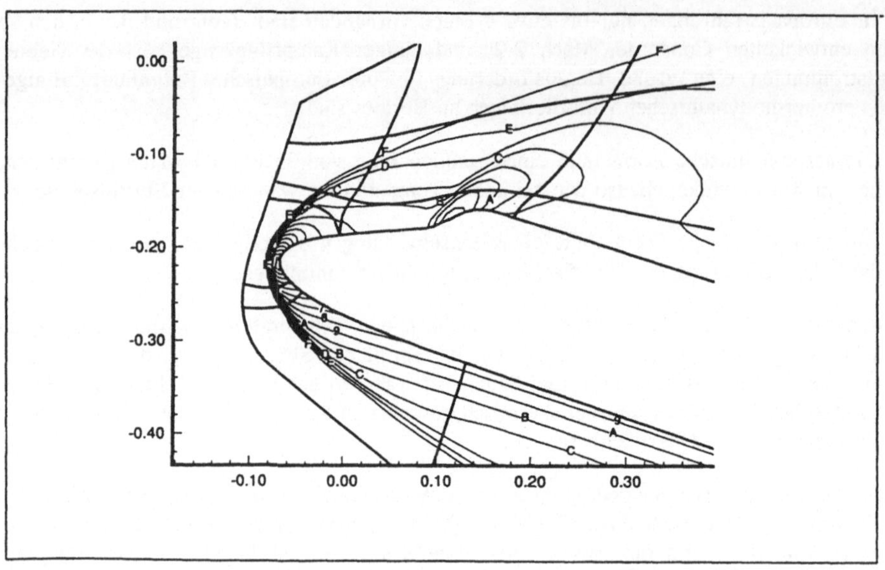

Abbildung 2:
Machlinien einer reibungsfreien Eulerlösung in der Symmetrieebene des Space-Shuttles.

Die zugrundeliegenden Navier-Stokes Gleichungen für zweidimensionale Probleme der Aerothermodynamik lauten in der sog. Integralform

$$\frac{\partial}{\partial t}\int_V U\, dV + \int_{A(V)} F\cdot dA = \int_V W\, dV \ .$$

Dabei ist U der Vektor der sog. primitiven Variablen

$$U = (\rho_1,\ \rho_2,\ \rho_3,\ \rho_4,\ \rho_5,\ \rho u,\ \rho v,\ E_{v1},\ E_{v2},\ E_{v3},\ E\ )^T$$

Die ersten fünf Variablen bedeuten die Spezies N_2, O_2, NO und O, gefolgt von den beiden Impulsen, und den drei Vibrationstemperaturen für N_2, O_2 und NO. Die letzte Variable steht für die Gesamtenergie. F enthält die Flußvektoren in Richtung der räumlichen Dimensionen und W ist der Quellterm, der unter anderem die Dynamik der chemischen Reaktionen und die thermischen Relationen beschreibt.

Dieses nichtlineare, partielle Differentialgleichungssystem wird in der numerischen Strömungsmechanik durch sog. Finite-Volumen- und Finite-Elemente-Verfahren in jedem diskreten Gitterpunkt angenähert. Dabei entstehen Gleichungssystem mit Millionen von Gleichungen, deren Lösung nur noch mit den schnellsten Supercomputern möglich ist.

Eine Iteration für einen Gitterpunkt dauert etwa 5×10^{-5} sec auf einer CRAY YMP, die dafür eine Leistung von 100 Mflop/s (Million Floating Point Operations per Second) erbringt. Für einen einfachen, zweidimensionalen, laminaren Fall werden etwa 5000 Iterationen für eine konvergierte Lösung auf etwa 50 000 Gitterpunkten benötigt, was auf 2 CPU-Stunden für einen CRAY-Prozessor führt. Realistische dreidimensionale Probleme mit einer Million Gitterpunkten erfordern etwa 50 CRAY-Stunden. Für einen hinreichend genauen Entwurf werden dagegen mindestens 10 Millionen Gitterpunkte benötigt. Nimmt man außerdem so wichtige Phänomene wie Turbulenz und thermo-chemisches Nicht-Gleichgewicht hinzu, so sind mindestens 10^7 Gitterpunkte zur realistischen Modellierung erforderlich. Dies führt auf etwa 10^{15} (eine Billiarde) Rechenoperationen (1000 Tera-FLOP). Offensichtlich kann ein solcher Rechenbedarf nicht mehr von einem einzigen Prozessor in einer vertretbaren Zeit bereitgestellt werden.

Für praktische Anwendungen ist deshalb der Einsatz massiver Parallelrechner die einzige Lösung, [7]. Für den moderaten Fall von 10^7 Gitterpunkten um ein Raumfahrzeug und 10^{14} Rechenoperationen zur Berechnung der entsprechenden Strömungen sollte die Rechenzeit nicht mehr als 15 Minuten betragen. Bei einem Parallelrechner mit 1000 Prozessoren muß dann jeder Prozessor 10^{11} Operationen ausführen, was auf eine reale Leistung von etwa 100 MFLOPS pro Prozessor führt.

Der Speicherbedarf ergibt sich aus dem Bedarf von etwa 100 8-Bytes-Worten pro Gitterpunkt zu insgesamt 8 Gigabytes, also 8 Megabytes pro Prozessor. Für jeden Gitterblock bedeutet dies 22 Gitterpunkte in jede der drei Koordinatenrichtungen.

Die gesamte Rechenzeit pro Iteration und pro Block setzt sich aus der Blockrechenzeit und der Kommunikationszeit zu den 6 benachbarten Blöcken zusammen:

$$t_p = N^3 * 4000 * t_c + 6 N^2 * 10 * 8 * t_T$$

mit 4000 Rechenoperationen pro innerem Gitterpunkt und 10 Variablen (8 Bytes Länge), die pro Randpunkt zum Nachbarblock geschickt werden. t_C und t_T bedeuten die Rechenzeit pro Operation bzw. die Kommunikationszeit pro Byte. Bei einem Transfer von 250 MBytes/s (für den Intel Paragon beträgt die reale Kommunikation z.B. etwa 25 MBytes/s) ergibt sich für das Verhältnis von Rechenzeit zu Kommunikationszeit

$$r_{CT} := \frac{N^3 * 4000 * 250}{6 N^2 * 10 * 8 * 100} \approx 20N$$

Für N=22 beträgt damit die Kommunikationszeit nur 0.25 % der gesamten Rechenzeit.

Ein solcher Rechner mit der oben angegebenen realen Leistung von 100 MFLOPS pro Knoten und 250 MBytes/s Kommunikationsgeschwindigkeit ist aber nicht vor 1995 zu erwarten. Beim Paragon von 1992 mit einer realen Knotenleistung von etwa 20 MFLOP/s und 25 MBytes/s Kommunikation dauert die Berechnung der Strömung in 10^7 Gitterpunkten damit nicht 15 Minuten, sondern etwa eine Stunde.

3.2 Zweites Fallbeispiel: Vielteilchen-Systeme hoher Energiedichte

Die Untersuchung des Verhaltens von Materie bei extrem hoher Dichte ist ein überzeugendes Beispiel dafür, daß die Computersimulation nicht nur ein effizienter Ersatz für analytische Mathematik oder eine sinnvolle Alternative zu Experimenten ist, sondern auch als Zugang in Gebiete angesehen werden kann, die bisher anders nicht zu erreichen waren, [8]. Das folgende Beispiel wurde einer Arbeit von H. Satz [9] entnommen.

Die Kernmaterie, wie sie im Inneren von Neutronensternen oder in kleinerem Maßstab in einem Urankern existiert, enthält 0.16 Nukleonen/fm^3; da das Volumen eines Nukleons etwa 2 fm^3 beträgt, wäre die dichteste Packung inkompressibler, deformierbarer Teilchen 0.5 Nukleonen/fm^3. Kernmaterie enthält also "noch etwas Luft" (Abb. 3); sie läßt sich noch um etwa einen Faktor 3 zusammenpressen. Bei kompressiblen Nukleonen wäre dann Schluß. Nun sind die Nukleonen aber, wie alle stark wechselwirkenden Elementarteilchen, gebundene Zustände von Quarks und können somit einander durchdringen. Man kann zumindest begrifflich die Dichte immer weiter erhöhen, bis man schließlich (Abb. 4) einen Zustand erreicht, in dem jedes Quark in seiner unmittelbaren Nähe viele weitere Quarks findet. Man erwartet deshalb einen Übergang von Kernmaterie in ein Quarkplasma - in den Zustand, in dem sich unser Universum die ersten 10^{-5} Sekunden nach dem Urknall befunden haben muß. Wie läßt sich theoretisch dieses Quarkplasma und seine Entwicklung aus normaler Elementarteilchenmaterie untersuchen?

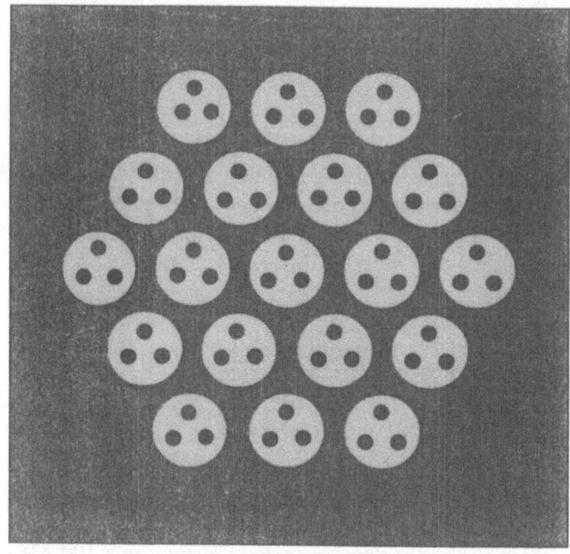

Abbildung 3:
Stark wechselwirkende Materie als Kernmaterie

Die fundamentale Theorie der Kernkräfte, also der starken Wechselwirkung, ist die Quantenchromodynamik (QCD). Sie beschreibt die Wechselwirkung von Quarks durch Austausch von Gluonen - in einer Form sehr ähnlich der Quantenelektrodynamik (QED), in der Elektronen und Positronen durch Photonenaustausch wechselwirken. Im Gegensatz zu den Photonen der QED haben aber die Gluonen der QCD eine Ladung und können somit untereinander wechselwirken. Die Lösung der QED, also einer "einfacheren" Theorie, hat etwa dreißig Jahre gedauert und ist bis heute nur störungstheoretisch möglich - also im Grenzfall, wo die Wechselwirkung schwach ist. In der QCD ist sie dies in gewissen Vorgängen auch, und für diese hat man daher störungstheoretische Lösungen; die Übereinstimmung dieser Lösungen mit den Ergebnissen von Streuexperimenten begründete die QCD als die Theorie der starken Wechselwirkung. Für die meisten Phänomene aber - so für die Bindung von Quarks zu Elementarteilchen (also für das Spektrum der Elementarteilchen) und für einen Großteil der Streuexperimente - ist die Wechselwirkung keineswegs schwach, und somit sind störungstheoretische Lösungsmethoden dort nicht anwendbar. Auch für die Frage nach dem Phasenübergang von Kernmaterie in ein Quarkplasma kann man sie prinzipiell nicht benutzen. Und eine andere analytische Methode zur Lösung einer relativistischen Quantenfeldtheorie gab und gibt es nicht - auch heute noch nicht, mehr als fünfzig Jahre nach Aufstellung des Prototyps solcher Theorien.

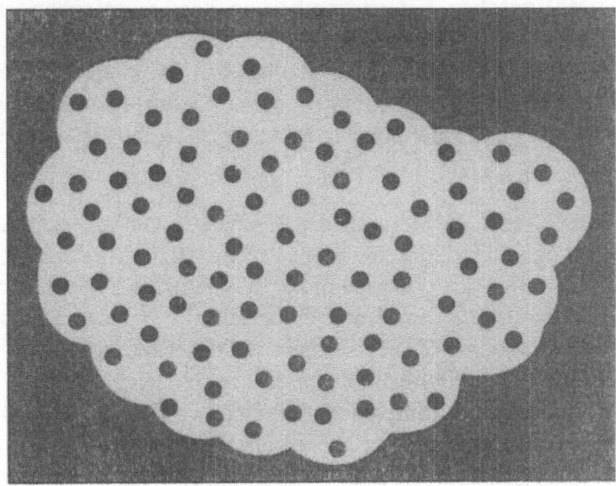

Abbildung 4:
Stark wechselwirkende Materie als Quarkplasma

Der Ausweg aus diesem Dilemma ist recht interdisziplinär. K. Wilson, der später für seine Arbeiten über kritische Phänomene den Nobelpreis erhielt, gelang es, das QCD-Problem umzuformulieren in eines mit der gleichen Struktur wie die von Spinsystemen in der statistischen Mechanik [10]. Diese Wilsonsche Gitterformulierung der QCD ließ sich dann tatsächlich durch Computersimulation auf den größten damals verfügbaren Rechenanlagen lösen.

In der Wilsonschen Gittertheorie werden die Felder auf dem Raumzeit-Kontinuum durch verallgemeinerte Spins auf einem Raumzeit-Gitter approximiert, dessen Gitterabstand man dann gegen Null gehen läßt. Um große räumliche Systeme zu beschreiben, wie sie z.B. bei Untersuchungen von Phasenübergängen in stark wechselwirkender Materie notwendig sind, und um gleichzeitig kleine Gitterabstände zu benutzen, braucht man offensichtlich viel Speicherplatz. Die Berechnung von physikalischen Observablen erfolgt durch Mittelbildung über sehr viele Konfigurationen dieses Gittersystems - also muß der Rechner auch schnell sein. Rechenanlagen mit den nötigen Voraussetzungen hierfür wurden Ende der siebziger Jahre verfügbar.

12

Die statistische Mechanik der starken Wechselwirkungen geht, wie üblich, von der Zustandssumme aus - der Anzahl der mit den gegebenen makroskopischen Bedingungen verträglichen Zustände:

$$Z = \mathrm{Sp}\{e^{-H/T}\}$$

wobei H die Hamilton-Funktion des Systems ist und T seine Temperatur. In Quantentheorien kann man entweder die Spur als Summe über alle möglichen Teilchenzustände bilden, oder - nach Feynman - über die entsprechenden Feldkonfigurationen. Letzteres ist für die Quantenfeldtheorie günstiger, und so wird die Zustandssumme in der starken Wechselwirkung allgemein geschrieben als

$$Z = \int [dA d\psi d\overline{\psi}] \cdot \exp\{- \int d^3x \int d\tau\, L(A, \psi, \overline{\psi})\},$$

d.h. als ein Funktionalintegral über die Quark- und Antiquarkfelder ψ und $\overline{\psi}$ sowie über die Gluonenfelder A. In der Wilsonschen Gitterformulierung wird, wie schon erwähnt, die Integration über Raum und Zeit durch eine Summe der diskreten Gitterpunkte ersetzt. Die so erhaltene Form von Z läßt sich dann auf dem Computer simulieren - d.h. man kann eine mögliche Konfiguration der Quark- und Gluonfelder darstellen und an dieser dann "Messungen" machen, also physikalische Größen ausrechnen. Das Mittel über viele solcher Messungen ergibt den interessierenden tatsächlichen Wert der Observablen.

Welche Anforderungen stellt dieses Problem an den Rechner? Das läßt sich relativ leicht abschätzen. Ein auf heutigen Anlagen mögliches Gitter hat etwa in jeder Raumrichtung N_s = 12 Gitterplätze und N_t = 4 in der Temperaturrichtung - also insgesamt 12^3 x 4 Punkte. Bei einem Gitterabstand a ist dann das Volumen des Systems V = $(N_s a)^3$ an seine Temperatur $T^{-1} = N_t a$. Um so etwas abzuspeichern, braucht man 12^3 x 4 x 4 x 18 $\approx$ 500 000 Positionen für das Gluonfeld. Die zweite 4 berücksichtigt hier, daß die Eichfelder den Verbindungslinien zwischen je zwei Gitterstellen zugeordnet werden müssen, und die 18 entspricht den 9 komplexen Parametern, die zur Beschreibung des Gluonfeldes benutzt werden. Quark und Antiquarkfelder erfordern ähnlich viele Positionen, so daß der Rechner für ein solches Gitter mindestens einen Speicherplatz von 1.5 Megaworten vorweisen muß.

Wie groß ist dann das physikalische System? Wenn der Übergang zum Quarkplasma bei $T \approx$ 200 MeV = 1 fm^{-1} stattfindet, wäre dann das Volumen des Systems V = 30 fm^3, also das 10- bis 20fache eines Hadrons. Ein Gitter dieser Größe ist somit auf jeden Fall erforderlich, um über Vielteilchensysteme sprechen zu können.

Wie lange braucht man, um auf einem solchen Gitter verläßliche Ergebnisse zu berechnen? Wenn man über 100000 Konfigurationen mitteln will, muß man - bei etwa 1000 Operationen pro Position - insgesamt 1.5 x 10^6 x 10^3 x 10^5 $\approx$ 1.5 x 10^{14} Operationen ausführen. Ein Prozessor einer CRAY YMP bringt es bei guter Vektorisierung auf etwa 10^8 Operationen/sec ; somit benötigt man auf einer solchen Anlage etwa 1.5 x 10^6 sec $\approx$ 420 h, um die interessierenden thermodynamischen Größen bei einem festen Temperaturwert zu berechnen. Wenn man, um das funktionale Verhalten nahe am kritischen Punkt zu untersuchen, zehn Temperaturwerte berechnen will, lastet man also etwa ein halbes Jahr lang einen CRAY YMP-Prozessor vollständig aus.

Es muß aber betont werden, daß diese Abschätzungen für Systeme gelten, deren Größe, wenn überhaupt, nur knapp ausreicht, und für eine wirklich adäquate Untersuchung des kritischen Verhaltens braucht man längere Rechenzeiten als hier veranschlagt. Deshalb ist die weitere Forschung in der Gittereichtheorie dringend auf die Weiterentwicklung der Rechnertechnologie angewiesen, sowohl im Hardware-Sektor (massiv parallele Rechner) wie auch im Software-Bereich (Multigrid-Algorithmen usw.), [11].

3.3 Drittes Fallbeispiel: Der Entwurf neuer Wirkstoffe in der Strukturchemie

Neue Wirkstoffe zur Behandlung von Krankheiten bzw. zum Einsatz als Pflanzenschutzmittel müssen heute sehr hohen Anforderungen genügen. So muß ihre Wirkung möglichst selektiv sein, es sollten keine Nebenwirkungen auftreten und ihre toxikologische Unbedenklichkeit muß in allen Einzelheiten für Menschen, Tiere und Nutzpflanzen und deren Umwelt gewährleistet sein. Etwa 10000-20000 Substanzen müssen synthetisiert und biologisch getestet werden, bevor ein neuer Wirkstoff zur Marktreife gebracht werden kann. Damit ist die Entwicklung von neuen, zuverlässigen Wirkstoffen extrem zeit- und kostenaufwendig geworden.

An einem Beispiel, dessen Beschreibung einer Arbeit von G. Klebe [12] entnommen wurde, soll der Entwurf möglicher Chemotherapeutika für die Reduktion des Krebszellwachstums bzw. selektiverer Bakterizide (Inhibitoren) erläutert werden. Wir wollen zunächst einige grundlegende biochemische Vorgänge erläutern, die auf molekularer Ebene bei der Wechselwirkung eines Wirkstoff- mit einem Rezeptorenmolekül auftreten.

In höherentwickelten Organismen laufen eine Vielzahl von chemischen Prozessen ab. Beispielsweise werden die molekularen Bausteine hergestellt, die zur Synthese des Moleküls benötigt werden, das die Erbinformation eines sich reduplizierenden Organismus trägt.

Bei diesem Molekül handelt es sich um die Desoxyribonucleinsäure (kurz: DNA, s. Abb. 5). Es besitzt die Struktur einer treppenförmigen Doppelstranghelix, wobei sich außen, den Polymerstrang aufbauend, Zucker- und Phosphatgruppen befinden. Im Zentrum stehen sich auf jeder "Treppenstufe" jeweils zwei Basen gegenüber. Insgesamt werden für den Aufbau nur vier verschiedene Basen verwendet (Guanin, Adenin, Cytosin und Thymin), die aber, wenn man eine Treppenstufe betrachtet, zueinander komplementär eingesetzt werden, d.h. ein Guanin hat immer ein Cytosin als gegenüberliegenden Partner, ein Adenin immer ein Thymin. Die Natur codiert in der Abfolge dieser Basenpaare entlang des Doppelstrangs ihre Erbinformation.

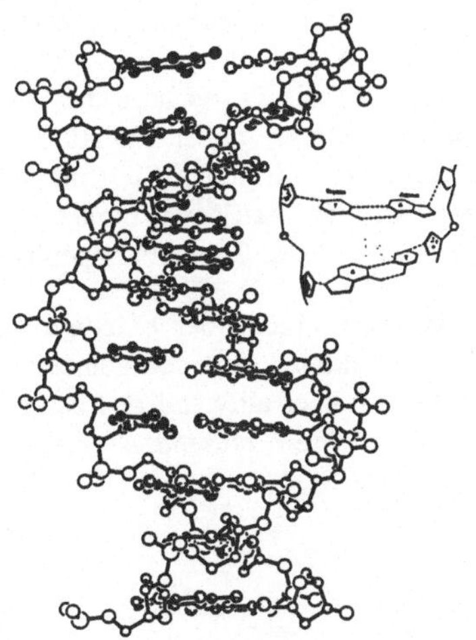

Abbildung 5:

Molekülstruktur der Desoxyribonucleinsäure (Ausschnitt Dekanucleotid). Das Molekül besitzt einen helikalen Aufbau mit "treppenförmig" zueinander orientierten Basenpaaren im Zentrum (schraffiert) und außenliegenden Polymersträngen, die aus Phosphatgruppen und Zuckerringen zusammengesetzt sind, [12].

Will eine Zelle ihre Erbinformation über dieses DNA-Molekül vermitteln, muß sie zuerst einmal dieses Molekül aus seinen Primäreinheiten aufbauen. Wie schon erwähnt, zu diesen Bausteinen gehört das Thymin.

Die Base Thymin wird nun in einem anderen Prozess der Zelle synthetisiert. Die Vorstufe, aus der Thymin hergestellt wird, ist Uracil. Während dieses Reaktionsschrittes wird eine Methylgruppe an den Heterocyclus übertragen.

Stellen wir uns ein Reaktionsgefäß vor, in dem eine chemische Reaktion abläuft. In dem Gefäß stoßen die Moleküle, die eine Umsetzung miteinander eingehen können, zusammen. Wenn sie in der richtigen Orientierung aufeinander zufliegen, und die Teilchen beim Stoß eine ausreichende Energie besitzen, kann eine neue Verbindung gebildet werden. Die Natur bedient sich für die gleichen Vorgänge ausgefeilter Katalysatoren. Damit die Reaktionspartner in eindeutiger Weise miteinander reagieren, werden sie in ein ganz spezifisch passendes Gerüst "eingespannt", in dem die reagierenden Gruppen optimal zueinander orientiert werden. Gleichzeitig wird durch dieses "Einspannen" die Aktivierungsbarriere für die Reaktion stark erniedrigt. Diese "biochemischen Katalysatoren" nennt der Chemiker Enzyme. Dabei handelt es sich um Biopolymere, sogenannte Proteine.

Bei der betrachteten Umwandlung von Uracil in Thymin wird eine Substanz benötigt, die die Methylgruppe "liefert". Diese Aufgabe übernimmt Methyltetrahydrofolsäure (Me-THF). Aus der Methylierungsreaktion mit Uracil in dem Enzymkatalysator Thymidylat-Synthetase tritt das Molekül als Dihydrofolsäure (DHF) heraus, die nun wiederum zurück zu Tetrahydrofolsäure hydriert werden muß. Auch dieser Prozess erfolgt in einem Enzym, der Dihydrofolatreduktase (DHFR), und als wasserstofflieferndes Agenz kommt Nicotinsäureamid in seiner hydrierten Form zum Einsatz.

Die Reagentien werden in einem Kreisprozeß geführt. Wenn es nun gelingt, auf irgendeine Weise in diesen Kreisprozeß einzugreifen, so können wir die Produktion an Thymin beeinflussen. Dies hätte dann einen drosselnden Einfluß auf die Syntheserate des die Erbinformation tragenden Moleküls DNA zur Folge. Doch gerade dieses Molekül wird von Zellen, die eine hohe Vermehrungsrate besitzen, in großem Umfang benötigt. Ein schnelles Wachstum weisen z. B. Krebszellen auf, d. h. will man ihr Wachstum reduzieren, so könnte dies über die Drosselung der Thyminsynthese gelingen, möglicherweise indem das Enzym Dihydrofolatreduktase "außer Funktion gesetzt" oder besser inhibiert wird. Dazu wird ein Molekül benötigt, das dem natürlichen Substrat Dihydrofolsäure strukturell verwandt ist, aber fester bzw. möglichst irreversibel an das Enzym bindet. Verbindungen dieses Typs, zum Beispiel das Methotrexat (s. Abb. 6), stellen potente Chemotherapeutika dar.

Experimentelle Methoden zur Strukturbestimmung der beteiligten Moleküle sind z. B. die Röntgenstrukturanalyse und die 2d-NMR-Spektroskopie. Aus den gemessenen Beugungsdaten bzw. Resonanzfrequenzen und Kopplungen läßt sich dann über aufwendige Rechenverfahren die Struktur der Moleküle zurückrechnen. Insbesondere für die mehrere tausend Atome umfassenden Proteinstrukturen erfordert dies den Einsatz von Supercomputern.

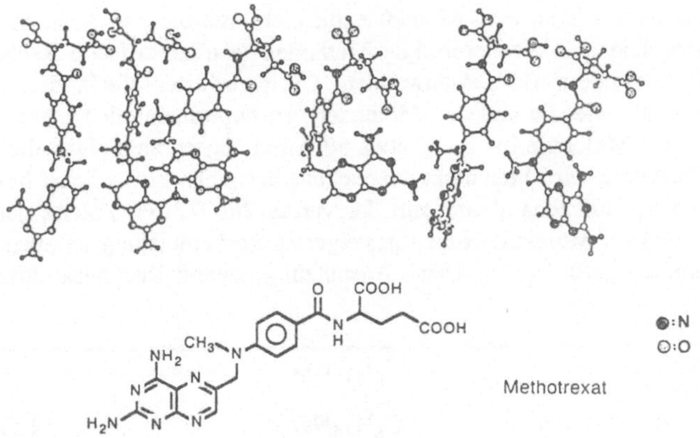

Methotrexat

●:N
○:O

Abbildung 6:
Strukturformel und sechs energiegünstige Konformationen des Chemotherapeutikums
Methotrexat. Je nach Konformation kann die räumliche Ausdehnung und die Oberfläche eines solchen
Moleküls deutlich variieren, [12].

Der wohl wichtigste Aspekt, der in den letzten Jahren den Strukturuntersuchungen mit Hilfe des Rechners (auch in der Industrie) zum Durchbruch verholfen hat, besteht in der computergraphischen Darstellung bzw. Auswertung der Rechenergebnisse. Die Anforderungen an die Graphik sind dabei teilweise so groß, daß die Graphikprozessoren in den Leistungsbereich heutiger Supercomputer vorstoßen. Um beispielsweise ein raumfüllendes Kugelmodell eines Proteins auf dem Graphikschirm in Echtzeit drehen zu können, müssen pro Sekunde ca. 100 Millionen Rechenoperationen durchgeführt werden. Sicherlich klaffen an dieser Stelle die Ansprüche an die Computergraphik (Auflösung, Schattierung, Objekttransparenz) und die zur Zeit erreichte Leistung noch weit auseinander, aber in der Zukunft ist mit deutlich verbesserten Hilfsmitteln für die Chemiker zu rechnen.

Neben den experimentellen Strukturbestimmungsmethoden kann man auch größere Molekülmodelle auf dem Computer vorherberechnen. Liegen als Datenmaterial die Kristallstrukturen vieler tausend Verbindungen vor, so lassen sich daraus Gesetzmäßigkeiten und Standardwerte über den Aufbau und die intermolekularen Verknüpfungen von Molekülen ableiten. Dieses Material kann man, zusammen mit einem physikalischen Kraftfeldmodell, in ein Rechenprogramm einbauen und so energiegünstige Gleichgewichtsstrukturen von Molekülen vorherberechnen. Andere Ansätze versuchen über die Lösung der Schrödinger-Gleichung für die Elektronenstruktur eines Moleküls, dessen Geometrie und Energieinhalt zu bestimmen. Im Vergleich zu den erwähnten Kraftfeldmethoden erfordern die quantentechnischen Verfahren (je nach verlangtem Genauigkeitsgrad) einen deutlich größeren Rechenaufwand. In Tabelle 1 beziehen sich die Kraftfeldrechnungen mit dem Programmsystem MOMO, [13], auf unterschiedliche, teilweise stark verzerrte Startgeometrien eines Neuringlactams ($C_8H_{15}NO$). Der angegebene Zeitbereich schwankt wegen der unterschiedlich schnellen Konvergenz der Strukturen. Für die semiempirischen Rechnungen mit dem Programmsystem VAMP, [14], wurden die kraftfeldoptimierten Geometrien als Startstrukturen eingesetzt (mit "precise-option"). Mit ab-initio Methoden mit dem Programmsystem TURBOMOLE, [15], wurden für eine 3-21 Basis die Energien der semiempirisch optimierten Geometrien berechnet. Die dabei bestimmten Gradienten erwiesen sich als sehr klein. Für eine Energieoptimierung müßten ca. 500 dieser Energieberechnungen durchgeführt werden.

Auf heutigen Supercomputern kann man Moleküle mit mehreren tausend Atomen nur nach der Kraftfeldmethode berechnen. Die quantenchemischen Methoden (semiempirische Rechnungen) lassen sich heute bis hin zu einigen hundert Atomen anwenden. Die genauesten Verfahren, die sogenannten ab-initio Verfahren, die nicht, wie die anderen Methoden, an experimentellen Daten parametrisiert werden, sind immer noch auf Moleküle bis z. Z. etwa 50 Atome beschränkt. Die alleinige Steigerung der Rechenleistung der Hardware wird hier nicht ausreichen, beispielsweise wächst bei den zuletztgenannten ab-initio Verfahren der Rechenaufwand mit der vierten bis fünften Potenz der Atomzahl (besser: Zahl der Basisfunktionen) im Molekül. Neben gesteigerter Rechenleistung ist auch eine deutliche Verbesserung der Algorithmen gefordert, und eine Ausnutzung neuerer Rechnerarchitekturen muß geprüft werden.

Kraftfeldmethode	$C_8H_{15}NO$	. . . .	6-15 sec
Semiempirische Methode	$C_8H_{15}NO$	. . . .	120-800 sec
ab-initio Methode	$C_8H_{15}NO$	. . . .	3600 sec

Tabelle 1:
Vergleich der Rechenzeiten auf einer CONVEX 210 für die Energie- bzw. Geometrieoptimierung mit verschiedenen Methoden.

Die Einpassung von neuen Wirkstoffmolekülen (Inhibitoren) auf eine bekannte Enzymstruktur läßt sich nun auf dem Computer vornehmen. Zum Beispiel spielt die Dihydrofolatreduktase eine wichtige Rolle im Synthesezyklus von Bausteinen für das Molekül, das die Erbinformation von Zelle zu Zelle weitergibt. Um eine antibakteriell wirkende Substanz zu erhalten, müßte es gelingen, spezifisch dieses Enzym in Bakterien zu inhibieren. Die Proteine mit gleicher Funktion sind in den unterschiedlichen Organismen miteinander strukturell verwandt, doch können Unterschiede auftreten, die auch den Aufbau der Bindetasche betreffen. Diese Geometrieunterschiede lassen sich für die Entwicklung selektiver Wirkstoffe ausnutzen.

Trimethoprim ist ein bekanntes Bakterizid (Abb. 7). Läßt sich diese Verbindung so modifizieren, daß ihre Affinität zum Rezeptor gesteigert wird? Betrachtet man die Bindungstasche des Enzyms genauer, so fällt eine polare Aminosäure (Arginin) an der gegenüberliegenden Seite auf. Das Methotrexat knüpft eine Bindung zu diesem Rest über eine Carboxylatgruppe. Ersetzt man im Trimethoprim eine der Methoxygruppen durch einen Carboxyalkylrest $((CH_2)_nCOOH)$, so wird auch in diesem neuen Trimethoprim-Analogon eine Bindung zu dieser polaren Aminosäure möglich. Modelleinpassungen auf dem Computer sagen eine $(CH_2)_5COOH$-Kette als optimales Verbindungsglied voraus. Tatsächlich wird diese Verbindung etwa 16 mal fester an das Enzym gebunden als Trimethoprim.

Doch leider fehlt diesen Verbindungen eine bakterienspezifische Selektivität, und sie erweisen sich, vermutlich durch die zusätzliche Säurefunktion, als so polar, daß sie Probleme beim Transport durch die Zellwände hin zum Zielort aufweisen. Dieses Phänomen verdeutlicht, daß ein optimales "Passen" eines Wirkstoffs auf sein Enzym zwar eine notwendige Voraussetzung für die Wirkung ist, aber noch viele andere Faktoren, die den Weg einer Substanz hin zu ihrem Wirkort beeinflussen, entscheidend sind. In Abb. 7 ist eine andere Verbindung aufgeführt, die deutlich lipophiler ist und daher ein günstigeres Transportverhalten aufweist. Ihre strukturelle Übereinstimmung mit den anderen Inhibitoren ließ sich auf dem Rechner überprüfen und optimieren (s. Abb. 7).

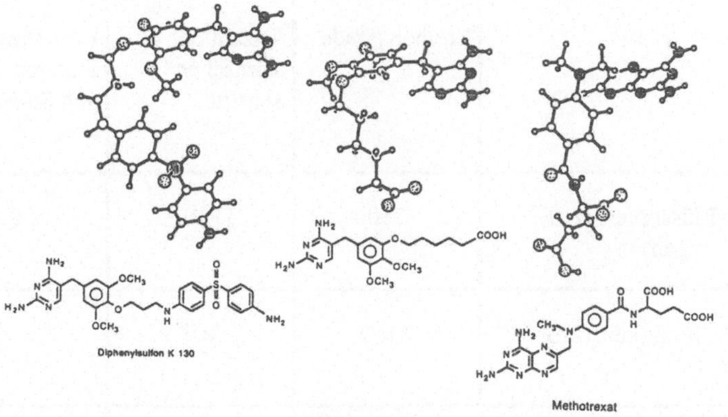

Abbildung 7:
Molekülstrukturen von drei Inhibitoren der Dihydrofolatreduktase: Methotrexat (rechts), einem Trimethoprim-Analogon mit $(CH_2)_5COOH$-Rest (Mitte) und dem Diphenylsulfon K130. Die Moleküle sind in einer Konformation gezeigt, in der sie sich in die Enzymstruktur einpassen lassen, [12].

In Tabelle 2 ist ein Ausblick auf den Bedarf an Rechenzeiten für die Simulation der Struktur und des dynamischen Verhaltens einiger weiterer komplexer, molekularer Systeme wie Flüssigkeiten, Lösungen, Polymere und biologische Makromoleküle wiedergegeben, [16]. Typischerweise liegt die Anzahl der Atome dieser Systeme im Bereich von einigen tausend bis zehntausend und die Zahl der wechselwirkenden Nachbarn eines Atoms in der Größenordnung von einhundert. Aus der Tabelle wird deutlich, daß auch für die molekulardynamische Simulation Rechenkapazitäten notwendig sind, wie sie von den heutigen Supercomputern bei weitem noch nicht bereitgestellt werden.

System	Freiheitsgrade	Anzahl der dynamischen Schritte	Rechenzeit in Stunden auf heutigen Supercomputern
Einatomige Flüssigkeit (z.B. (z.B. flüss. Argon)	750	$5 \cdot 10^3$	0.05
Molekulare Flüssigkeit (z.B (z.B. Wasser)	2500	10^4	1
Protein in Vakuum	1500	$2 \cdot 10^4$	4
Protein in Wasser	12000	$2 \cdot 10^4$	30
Große Polymere, Flüssigkristalle, organische Systeme	10^4	$10^6 - 10^7$	$10^3 - 10^4$
Reaktionen	$10^4 - 10^5$	$10^9 - 10^{12}$	$10^7 - 10^8$
Makromolekulare Komplexe	10^5	10^{10}	10^8
Proteinfaltung	10^4	10^{12}	10^9

Tabelle 2:
Supercomputer-Rechenzeit für die Simulation einiger ausgewählter molekularer Systeme, [16].

4 Ausblick

Trotz der zunehmenden Anzahl von Anwendungen, in denen die Computersimulation eine wertvolle Ergänzung zum Experiment liefert oder sogar das einzige Mittel ist, bestimmte Erkenntnisse zu erlangen, wäre es sicher voreilig, zu glauben, daß die Computersimulation im allgemeinen das Experiment ersetzen würde.

Schon das Konstruieren des mathematischen Modells aus dem Experiment oder aus abstrakten Überlegungen ist ein idealisierter Vorgang. Dieses mathematische Modell ist oft nur näherungsweise oder unter weiteren Vereinfachungen lösbar. Die Näherungsmethoden beschreiben dann nur einen Teil des Systems entsprechend ungenau. Und schließlich werden die entstehenden "diskreten" Gleichungen im Computer mit beschränkter Genauigkeit gelöst. In vielen Anwendungen sind diese Randbedingungen heute noch eine wesentliche Einschränkung, z. B. dort wo unterschiedliche Längenskalen oder unterschiedliche Zeitskalen gleichartig auftreten. Ein typisches Beispiel ist die Strömung um den Tragflügel eines Flugzeugs mit einer Länge von mehreren zehn Metern. Während des Fluges ist die Grenzschicht dieser Strömung, in der die Geschwindigkeit von 0 auf etwa 800 km/h zunimmt, nur wenige Zentimeter dick.

In einigen Bereichen wurden jedoch in den letzten Jahren schnelle, hierarchische Algorithmen entwickelt, so daß diese Probleme schon heute mit einigem Erfolg angegangen werden können. Dieser Trend wird sich noch verstärken, insbesondere wenn mehr und mehr wirkliche Parallelalgorithmen zur Lösung der Modellgleichungen entwickelt werden. Dann wird die Computersimulation Resultate erzielen, die in der Datenqualität mit guten Experimenten mindestens vergleichbar sind und darüberhinaus durch Experimente nur schwer erschließbare relevante Ergebnisse liefern werden.

Danksagung

Den Herren Dr. J. Häuser von der ESA in Noordwijk, Prof. Dr. H. Satz vom CERN in Genf und Dr. G. Klebe von der BASF in Ludwigshafen/Rhein, die mir die Literatur für die Grand-Challenge-Beispiele in Kapitel 3 zur Verfügung gestellt haben, möchte ich hiermit herzlich danken.

Literatur

[1]   H.J. Raveche, D.H. Lawrie, A.M. Despain: A National Computing Initiative. Report of the Panel on Research Issues in Large-Scale Computational Science and Engineering, SIAM Philadelphia 1987.

[2]   Grand Challenges: High Performance Computing and Communications. The Fiscal Year 1992 U.S. Research and Development Program. Report by the Committee on Physical, Mathematical, and Engineering Sciences, NSF Washington 1992.

[3]   Rubbia-Report: Report of the EEC Working Group on High Performance Computing. Commission of the European Communities, Brüssel 1991.

[4]   Situation und Erfordernisse des wissenschaftlichen Höchstleistungsrechnens in Deutschland. Anhang zum Memorandum zur Initiative High Performance Scientific Computing. GMD Sankt Augustin 1992.

[5]   W. Berry, J. Häuser: Space-Vehicle Aerothermodynamics. ESA Bulletin No. 64, 1991.

[6]   J. Häuser, H.G. Paap, M. Spel: Applied Grid Generation for Complex Domains in 2 and 3 Dimensions. Von Karman Institute, Rhode Saint-Genese 1992.

[7]   J. Häuser, H. Wong, W. Gentzsch, H.G. Paap, A. Vinckier: Parallel Computing in Aerospace Using Multi-Block Grids. J. of Num. Meth. in Fluids 1991.

[8]   H. Satz: Der Urknall im Labor. In: Forschung an der Universität Bielefeld Nr. 3, 1991.

[9]   H. Satz: Computersimulation: Die Lösung unlösbarer Probleme? Phys. Bl. 45, 1989.

[10]   K. Wilson, Phys. Rev. D10, 1974, S. 2445ff.

[11]   H. Satz, Persönliche Mitteilung.

[12]   G. Klebe: Durch die Berechnung von Moleküleigenschaften zum gezielten Entwurf von neuen Wirkstoffen. In: Supercomputer'89, Hrsg. H.W. Meuer. Springer-Verlag 1989.

[13]   H.J.Lindner, Tetrahed., Nr. 30, 1974, S. 1127ff.

[14]   M.J.S. Dewar, W. Thiel, J. Am. Chem. Soc., Nr. 99, 1977, S. 4899ff.

[15]   M. Häser, R. Ahlrichs, J. Comp. Chem., Nr. 10, 1989, S. 104ff.

[16]   H.J.C. Berendsen, W.F. van Gunsteren, J.P.M. Postma: Molecular Dynamics on Cray, Cyber and DAP. Report of the Laboratory of Physical Chemistry, University of Groningen.

Numerische Simulation in der Mikroelektronik

Albert Gilg
Siemens AG, ZFE BT SE 4
Otto-Hahn-Ring 6
8000 München 83

Zusammenfassung

Der Fortschritt der Mikroelektronik setzt sich ungebremst fort: Die Integrationsdichte der "Technologie-Lokomotive" dynamischer Speicherchip DRAM[*] vervierfacht sich alle drei Jahre. Die Siliziumprozeßtechnik ist dabei weiterhin die industrielle "main stream"-Technologie. Diese exponentielle Komplexitätsexplosion forciert weitere Durchbrüche in den zahlreichen beteiligten Technologien, z.B. den Materialwissenschaften, den Fertigungstechnologien und auch der Simulationstechnik und den numerischen Algorithmen. Weitere Fortschritte sind heute ohne die zeit- und kosteneffizienten Einsatz von Simulationsprogrammen auf Höchstleistungsrechnern nicht mehr denkbar. Bereits seit den 70er Jahren ist die Schaltkreissimulation ein Standardwerkzeug der Schaltungsdesigner. Die steigenden Komplexitäten erforderten den frühzeitigen Einsatz von Hochleistungsrechnern und die Entwicklung spezieller Algorithmen. Auch für die Charakterisierung und Entwicklung von Transistoren und Speicherzellenkonzepten haben sich Simulationswerkzeuge etabliert, die die zugrundeliegenden nichtlinearen partiellen Differentialgleichungssysteme in drei Raumdimensionen und zeitabhängig berechnen. Große Herausforderungen stellen die Simulation der Fertigungsschritte im mikro- und makroskopischen Bereich mit einer Vielzahl von algorithmischen und modellierungstechnischen Problemen. Neue Problemkreise treten auf: Neben dem Zwang die Investitionsexplosion für die Fertigungstechnik durch simulative Systemansätze zu bremsen, stellt die notwendige Einbeziehung von magnetischen, thermischen, mechanischen und optischen Effekten weitere komplexe Herausforderungen an die Entwicklung von Algorithmen und die Leistungsfähigkeit von Computern.

[*] Dynamical Random Access Memory

1. Die Herausforderung

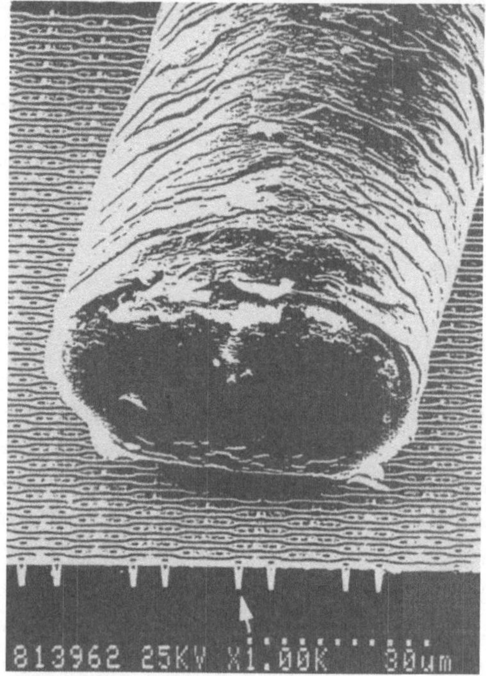

Abbildung 1:
Größenordnungen der Mikroelektronik:
Ein menschliches Haar (Ø ca. 50µm) auf
dem Speicherzellenfeld eines 4M-DRAM-
Chips

Die Basistechnologie Mikroelektronik hat sich in den letzten Jahrzehnten beeindruckend entwickelt. Trotz vielfacher Spekulationen über die Grenzen der Mikroelektronik ist die Innovationsgeschwindigkeit weiterhin charakterisiert durch eine Vervierfachung der Funktionalität pro Flächeneinheit auf einem Chip in jeweils drei Jahren. Die optimistische Prognose, daß sich diese Entwicklung bis ins nächste Jahrtausend fortsetzt stellt jedoch in jeder Technologiegeneration ungeheuere Anforderungen. Diese Anforderungen erzwingen Fortschritte in einer Reihe von Technologien, die zur Mikroelektronik beitragen, wie zum Beispiel Materialwissenschaften, Fertigungstechnologien, Informations- und Simulationstechnik. Technologielokomotive ist das dynamische Speicherchip DRAM. Erste 16Megabit DRAM-Chips, die auf weniger als 150mm^2 den Inhalt von 1200 Schreibmaschinenseiten speichern können, sind bereits auf dem Markt. Von der Nachfolgegeneration, dem 64M DRAM existieren bereits Labormuster. Die hierbei auftretenden Größenordnungen sind nicht mehr überschaubar (Abbildung 1) und können nur mit intensiver Rechnerunterstützung gehandhabt werden.

Strukturen von weniger als 1µm und die Kontrolle von Dotierstoffverteilungen von z.B. 10^{18} Atomen/cm^3 in Halbleitern sind typische Größenordnungen.

Die entsprechende Fertigungstechnik ist extrem aufwendig und kann nur über eine Massenfertigung in entsprechenden Stückzahlen finanziert werden. Neben den Problemen des technisch machbaren dominiert hier der Rentabilitätsaspekt. Die Kosten für eine Fertigungslinie, die typischerweise für eine bis zwei Technologiegenerationen genutzt werden kann, steigen weiter dramatisch an. Für eine 16M DRAM-Fertigung sind ca. 500 Mio. US$ nötig. Für eine 64M DRAM-Fertigung müssen bereits über eine Milliarde US$ veranschlagt werden (Abbildung 2).

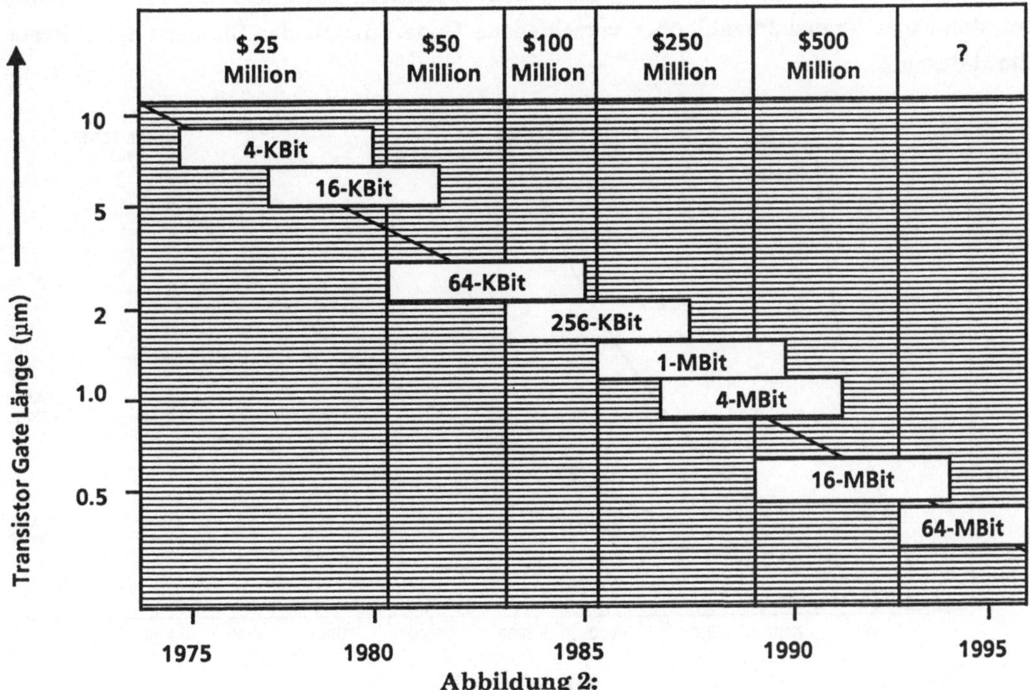

Abbildung 2:
Investitionskosten für Chipfertigungslinien und typische Transistor-Gate-Längen der DRAM-Generationen

Diese Entwicklung führt zu firmenpolitischen und technischen Konsequenzen. Es bilden sich zunehmend sogenannte strategische Allianzen großer Hersteller zur Kosten- und Risikoteilung für Entwicklung und Fertigung der zukünftigen Chipgenerationen. Auf der technischen Seite bildet die Beherrschung der Fertigungstechnik einen neuen zentralen Schwerpunkt.

2. Aufgabenstellungen für die numerische Simulation

Numerische Simulation ist zum unentbehrlichen Werkzeug für den Fortschritt in industrieller Produktion und Forschung geworden. Die ersten in der Elektroindustrie eingesetzten Simulatoren waren Anfang der 70er Jahre die Programme zur Analyse elektrischer Netzwerke. Der Schaltkreissimulator SPICE [1] ist wohl der bekannteste Vertreter. Dieses ursprünglich für wenige -zig Transistoren konzipierte Programm der UC Berkeley konnte mit den steigenden Anforderungen nicht mehr Schritt halten. Neben firmeninternen Weiterentwicklungen gibt es heute eine Vielzahl kommerzieller Produkte, um den Standardbereich von Schaltungen mit bis zu ca. 1000 Transistoren zu bearbeiten. Die Technologielokomotive

DRAM erfordert allerdings heute die Simulation von „kritischen Pfaden" mit mehr als
10000 Transistoren. Abbildung 3 zeigt die typisch exponentiell anwachsenden Rechenzeiten
bei steigender Transistorzahl über verschiedene Generationen der Siemens-Schaltkreis-
simulatoren.

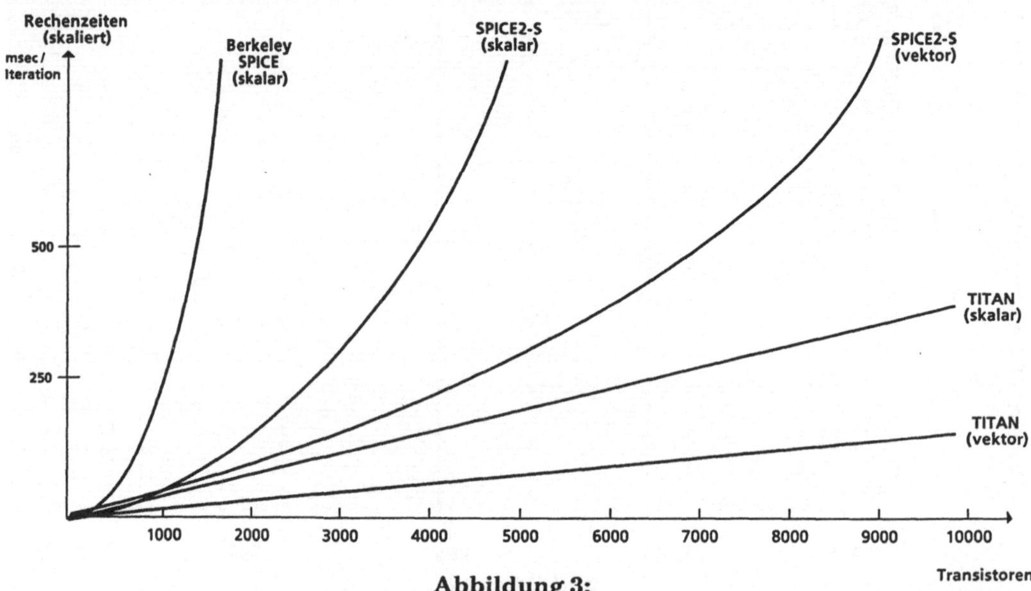

Abbildung 3:
Rechenzeitvergleich von Schaltkreissimulatoren: SPICE-Version der UC Berkeley gegenüber den Siemens-Simulatoren SPICE2-S und TITAN auf Siemens-Skalar- und Vektorrechnern bei steigender Schaltungskomplexität

Durch eine softwaretechnische und algorithmische Neuentwicklung Ende der 80er Jahre
konnten die Rechenzeiten mit dem Schaltkreissimulator TITAN [2] auf Skalarrechnern und
insbesondere auf Vektorrechnern soweit reduziert werden, daß bis über 10000 Transistoren
die Rechenzeit nur linear anwächst und die Gesamtsimulationszeit um einige Zehnerpoten-
zen reduziert ist. Die charakteristischen Schwierigkeiten der Schaltkreissimulation liegen
im mathematischen Modell, das auf hochdimensionalen unstrukturierten Systemen von gekoppelten algebraischen und gewöhnlichen Differentialgleichungen basiert. Die dafür gängigen numerischen Algorithmen sind ungeeignet für Vektorrechner bzw. Parallelrechner.
Es waren grundlegende Neuentwicklungen nötig, um effiziente Algorithmen für Vektorrechner bereitzustellen [3, 4]. Die dabei implementierten Dekompositionstechniken bieten
noch ein interessantes Potential auf zukünftigen Parallelrechnern bzw. verteilten Rechner-
systemen.

Neben der Schaltkreissimulation, deren Anwendungsbereich weit über die eigentliche Mikroelektronik hinaus reicht (allgemeine elektrische Systeme, Netzwerke), liegt der Schwerpunkt der Anwendungen von numerischen Simulationswerkzeugen in der Halbleiter-

prozeßtechnikentwicklung. Hier wird, neben den Fertigungsverfahren, die Funktionalität einzelner integrierter Bauelemente (device) charakterisiert und optimiert. Die Bauelement-simulation basiert auf der Modellierung des Ladungsträgerflusses in dotierten Halbleitern und wird durch ein System nichtlinearer partieller Differentialgleichungen beschrieben, die aus den Maxwell'schen Gleichungen abgeleitet werden [5]. Der Entwicklungsstand dieser Simulatoren ist sehr weit fortgeschritten. Neben speziellen Degradationseffekten werden heute auch industriell verwertbare Untersuchungen an dreidimensionalen Strukturen vorgenommen. Besondere Bedeutung haben dabei sogenannte Grabenstrukturen (Trench), die die nutzbare aktive Fläche des Silizium-Chips wesentlich vergrößern und damit die Integrationsdichte erhöhen. Abbildung 4 zeigt simulative Untersuchung eines Konzepts (Isolation-merged VErtical Capacitor, IVEC) für 64M DRAM-Zellen [6].

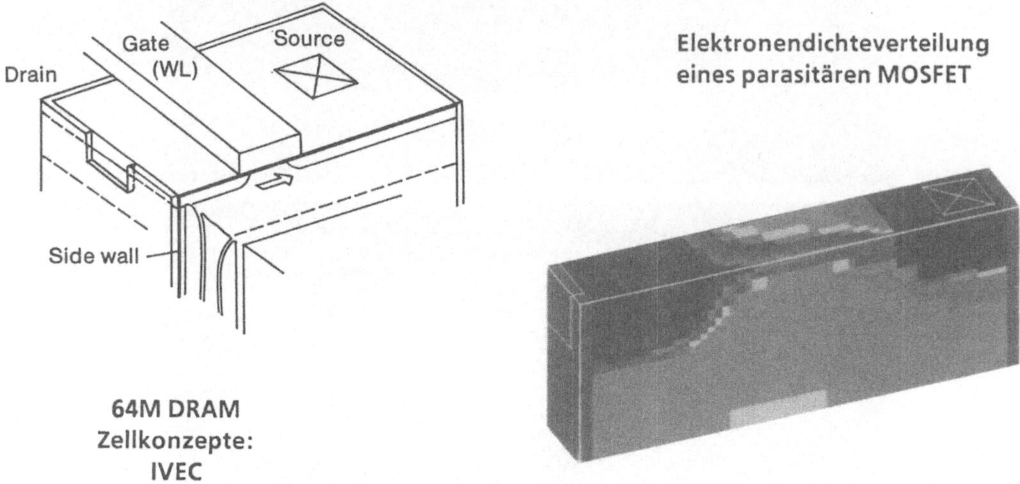

Abbildung 4:
3D-Simulation eines parasitären Effekts in einer potentiellen 64M DRAM-Speicherzelle (IVEC-Konzept) mit dem Simulator SITAR [6]

Die numerischen Algorithmen zur Lösung der Halbleitergleichungen sind im Gegensatz zu denen der Schaltkreisgleichungen relativ gut geeignet für den Einsatz von Vektorrechnern [7].
Wesentlich komplexere Anforderungen bezüglich Modellbildung und Algorithmen stellt die Prozeßsimulation. Hierbei werden im µm-Bereich die wesentlichen Herstellungsprozeß-schritte analysiert und optimiert. Dazu gehören Abscheide- und Ätztechniken, Dotierstoff-implantation und Temperaturbehandlungen zur gezielten Dotierstoffumverteilung und Isolation. Die Modellierung führt auf nichtlineare gekoppelte Diffusionsgleichungen unter Einfluß von elektrischen Feldern. Besondere Schwierigkeiten treten bei Oxidationsprozes-

sen auf, bei denen aufgrund der Volumenexpansion von Siliziumoxid Prozeßphänomene auf einem Rechengebiet mit bewegten Rändern (freies Randwertproblem) simuliert werden müssen. Abbildung 5 demonstriert den erreichten Stand der Technik.

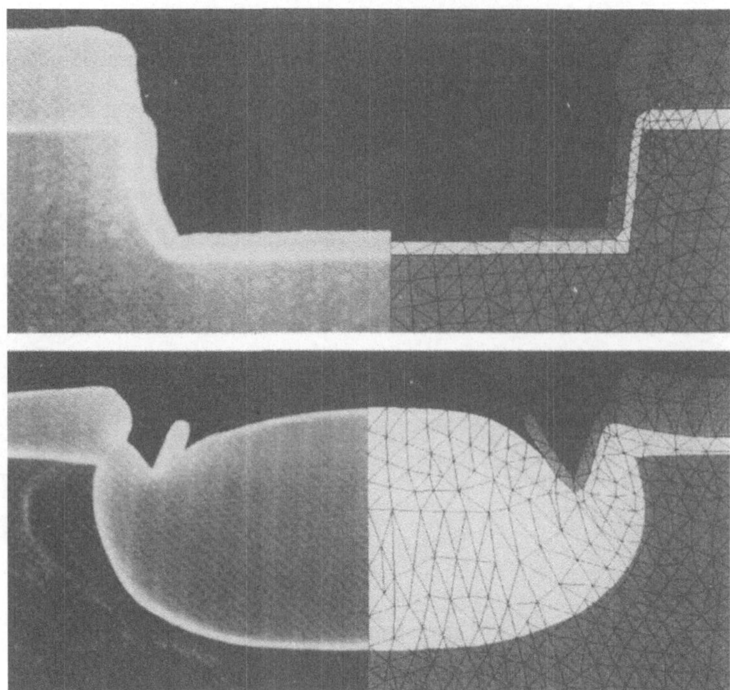

Abbildung 5:
Vergleich von Raster-Elektronen-Mikroskop-Aufnahme der Oxidation einer Siliziumwanne (Breite ca. 1µm) mit Simulationsresultaten (MIMAS II [12]). Oben: Ausgangsstruktur Unten: nach 280min. bei 1000°C hat sich die Wanne durch die Volumenexpansion bei der Bildung von Siliziumoxid aufgefüllt.

Zweidimensionale Simulation von Oxidations- und Dotierstoffdiffusionphänomenen haben industrielle Reife erreicht. Die Rechenzeiten sind hier noch nicht prohibitiv, da dreidimensionale Defekte noch nicht simuliert werden.
Wesentliche Voraussetzung für den industriellen Einsatz dieser Simulationswerkzeuge war die Integration in durchgängige CAD-Systeme, wie z.B. MECCA [9] oder SATURN [8]. Die-

se Systeme umfassen Prozeß-, Bauelemente- und Schaltkreissimulationsebene und sind eine Brücke zwischen Fertigungs- und Designtechnik. Damit kann der Einfluß z.B. der Fertigungsparameter auf die elektrischen Schaltungseigenschaften direkt untersucht werden. Die Entwicklungszeiten für neue Technologiegenerationen sind wesentlich reduziert, insbesondere da Technologieentwicklung und Schaltungsdesign nun zeitlich überlappend bzw. parallel durchgeführt werden können. NEC bewertet den Einsatz eines derartigen Simulationsworkbench mit einer Entwicklungszeitverkürzung von sieben Monaten auf weniger als fünf Monate für einen Zyklus bzw. von sieben auf einen Tag pro Simulationsdurchlauf. Aber auch für das Prozeßverständnis und die Prozeßbeherrschung ist ein derartiges System unerläßlich. Eine Reihe wichtiger Effekte in der Prozeßtechnik ist per Messung nicht mehr zugänglich. Die Simulation gibt Einblick in die Funktionsweise und Auswirkungen dieser Phänomene. In einem integrierten Simulationssystem ist es auch möglich aufgrund von Abweichungen in elektrischen Phänomenen Rückschlüsse auf die prozeßtechnischen Ursachen zu gewinnen ('reverse engineering').

Das jüngste Anwendungsfeld für numerische Simulation ist die Analyse und Optimierung des Fertigungsequipments. Hierbei werden im Gegensatz zur Prozeßsimulation makroskopische Effekte modelliert, die im wesentlichen strömungsmechanische Phänomene beschreiben. Problematisch ist hier vorallem die Modellierung elektrochemischer Effekte z.B. in Niederdruckplasmen. Abbildung 6 zeigt ein Beispiel zum Stand der Technik. Damit läßt sich bereits im industriellen Rahmen die Fertigungsqualität, z.B. Schichthomogenität, und die Entwicklungszeit für neuartiges Equipment deutlich verkürzen.

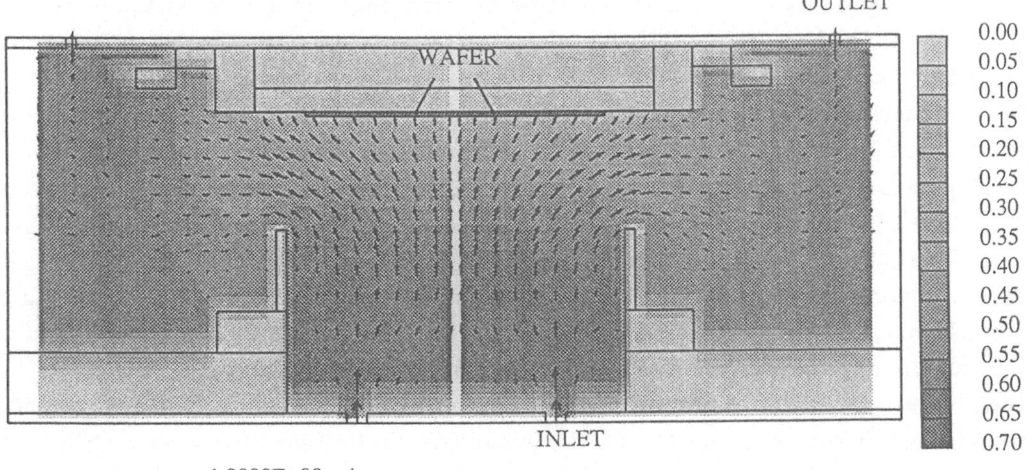

Abbildung 6:
Equipmentsimulation eines Kaltwandreaktors für Wolframabscheidung ermöglicht die Optimierung der Schichthomogenität auf dem Siliziumwafer (Graustufen entsprechen der WF_6-Konzentration der Gasphase) [13]

3. Zukünftige Anforderungen

Die weitere Vervierfachung der Funktionalität pro Flächeneinheit wirft zahlreiche Probleme auf. Aufgrund des massiven Zeitdrucks müssen verschiedenste Alternativen parallel ausgelotet werden. Dadurch vervielfachen sich die Entwicklungsaufwände gegenüber sonst üblichen Entwicklungsvorgängen. Simulation als zeit- und kostenreduzierende Methode ist nun unentbehrlich.

Wesentliche Probleme für die Simulation zeichnen sich in der Modellierung der physiklisch/chemischen Effekte ab. Die physikalischen Effekte zweiter Ordnung dominieren die weitere Entwicklung. Bisher wurden Analysen dieser Effekte im akademischen Vorfeld mit aufwendigen Techniken betrieben, z.B. mit Monte-Carlo-Verfahren. Die daraus abgeleiteten Modellparameter konnten für die weitere Technologieentwicklung als konstant betrachtet werden und in weniger rechenzeitaufwendigen Simulatoren eingesetzt werden. Diese mehrstufige Vorentwicklung kann vorerst nur noch bei der Schaltkreissimulation beibehalten werden. In der Bauelement-, Prozeß- und insbesondere der Equipmentsimulation finden diese aufwendigen Techniken nun auch Eingang in die Standardsimulatoren.

Im einzelnen zeichnen sich folgende Entwicklungen ab: In der Schaltkreissimulation haben einige Simulatoren (TITAN [2], SUPPLE [10]) noch ein erhebliches Potential für die Komplexitätsbewältigung auf parallelen und verteilten Rechnern. Die Partitionierungstechniken, die bisher zur Nutzung der Schaltungsinaktivität (Latenz) eingesetzt wurden, sind Algorithmen, die für neue Rechnerarchitekturen sogar noch besser geeignet sind als für die derzeit gängigen Vektorrechner. Es gibt bereits Erfahrungen in der Entwicklung und im Einsatz von Spezialrechnern [11], die als Koprozessoren die Schaltkreissimulation auf Workstations beschleunigen.

In der Bauelementesimulation ist der Gültigkeitsbereich der bisherigen Modellierung immer mehr in Frage gestellt. Durch die weitergehende Miniaturisierung wird die Anzahl der beteiligten Ladungsträger so gering, daß in kritischen Bereichen die Modellierung mikroskopischer Effekte erforderlich wird. Die dann notwendigen extrem rechenzeitaufwendigen Monte-Carlo-Verfahren erhalten in jüngerer Zeit Konkurrenz durch die Techniken der zellulären Automaten. Ein weiteres Problem ist die strukturelle Einschränkung der gängigen Simulatoren auf wenige 3d-Spezialstrukturen. Hier wird eine größere geometrische Flexibilität zur Untersuchung verschiedenster Bauelementstrukturen zwingend.

Die Prozeßsimulation wird dominiert von den Problemen der physikalisch/chemischen Modellierung. Die Vorgänge beim Oxidwachstum und der Einfluß von Störstellen im Siliziumkristallgitter auf die Dotierstoffumverteilung und damit auf das elektrische Verhalten sind noch weitgehend offen. Die bisher vernachlässigten mechanischen Effekte haben Auswirkungen, die noch unverstanden sind. Hier müssen die Modellgleichungssysteme wesentlich erweitert werden. Die zweidimensionalen Resultate der Prozeßsimulation sind nur bedingt geeignet als Eingabegrößen für die dreidimensionale Bauelementesimulation. Auch hier wird ein Übergang zu drei Raumdimensionen unerläßlich wobei dann auch neue Größenordnungen im Rechenzeitbedarf erreicht werden.

Elektronische Komponenten werden zunehmend auch mit nichtelektronischen Komponenten on-chip verkoppelt. In diesen sogenannten mechatronischen Systemen muß neben den in der Mikroelektronik typischen Effekten auch das Zusammenwirken mit optischen, magnetischen und mechanischen Größen berücksichtigt werden. Die dabei auftretenden gekoppelten Systeme brechen heute noch alle Rechnerschranken.

Die Equipmentsimulation zeigt erste industriell verwertbare Erfolge. Auch hier dominiert wie bei der Prozeßsimulation die Modellierungsproblematik. Mikroskopische, makroskopische und technologische Effekte sind sehr eng gekoppelt. Das reicht von atomaren Strukturen für physikalisch-chemische Reaktionsphänomene, über den μm-Bereich zur Beschreibung z.B. von Schichtabscheidung bis hin zum Meterbereich, in dem die äußere Geometrie der Fertigungsgeräte beschrieben wird. Hier müssen strömungsmechanisch modellierte Ansätze mit Methoden zur Beschreibung einzelner Partikel, die typischerweise in Monte-Carlo-Verfahren resultieren, erweitert werden. Das bedeutet in der Praxis, daß Größenordnungen miteinander verkoppelt sind, die sich derzeit per Simulation nicht gemeinsam behandeln lassen.

Global gesehen verlagert sich der Problemschwerpunkt von zahlreichen Einzelphänomenen hin zu einer integralen Gesamtbetrachtung, die den Entwicklungs- und Fertigungsprozeß umfaßt. Die rapide anwachsenden Investmentkosten für eine Fertigung, die zu über 70% auf den Equipmentkosten beruhen, erzwingen neue Ansätze. Auch hier bietet die Simulation das Potential zeit- und kostengünstig die Zukunft der Mikroelektronik abzusichern. Es ist durchaus nicht unrealistisch das Szenario einer künstlichen Fabrik (virtual fab) anzustreben, die als Softwaremodell der zukünftige realen Fertigungen simuliert. Wesentliche Bausteine sind mit den CAD-Systemen für die Technologieentwicklung und den Verwaltungs- und Steuerungssystemen der Chip-Fertigung bereits vorhanden.

4. Resume

Die Innovationszyklen der Mikroelektronik erzwingen auch in der numerischen Simulation die Bewältigung zahlreicher Herausforderungen. In der Modellierung diverser Phänomene wird wesentlich größere Flexibilität nötig. Die bisherige Zweiteilung in produktive Simulatoren basierend auf etablierten Modellen und in Experimentalsimulatoren zum Ausloten neuartiger Effekte wird weitgehend aufgehoben. Damit müssen auch aufwendige Forschungswerkzeuge, die zum Beispiel auf Monte-Carlo-Simulation basieren, zur Unterstützung der Entwicklungsarbeiten herangezogen werden. Um diese komplexen Phänomene in angemessener Zeit bewerten zu können, sind neue algorithmische Ansätze für Parallelrechner und parallele Rechensysteme gefordert.

Damit hat sich die Simulation von den Anfängen als begleitendes Hilfsmittel für die Entwicklung der Mikroelektronik über die Funktion als unentbehrliches Werkzeug soweit etabliert, daß sie in Zukunft integraler Bestandteil der Basis für den weiteren Fortschritt ist. Es entwickelt sich eine Spirale, bei der mittels numerischer Simulation Bausteine für neue Computer entwickelt werden, wobei diese Computer dann wieder Voraussetzung für die Entwicklung der nächsten Bausteingeneration sind.

Die Notwendigkeit, weiter zunehmend flexibel und zeit- bzw. kostengünstig zu entwickeln, führt zu einer intensiven informationstechnischen Durchdringung des gesamten Mikroelektronikentwicklungszyklus von der eigentlichen Entwicklung bis zur Fertigungssteuerung und -kontrolle. Das Zukunftsszenario einer "Virtual Fab" rückt damit in greifbare Nähe.

Literatur

[1]   L.W. Nagel, D.O. Pederson, SPICE: Simulation Program with Integrated Circuits Emphasis, Univ. Calif. Berkeley, Electr. Res. Lab. Report ERL-M 382, 1973

[2]   U. Feldmann, R. Schultz, TITAN: A universal circuit simulator with event control for latency exploitation. Proc. ESSCIRC, 183 - 185, Manchester, U.K., 1988

[3]   U. Feldmann et al., Algorithms for Modern Circuit Simulation, erscheint in AEÜ 1992

[4]   K.M. Eickhoff, Effiziente Methoden zur Simulation großer MOS-Schaltungen, Diss. RWTH Aachen, 1991

[5]   S. Selberherr, Analysis and Simulation of Semiconductor Devices. Springer, Wien 1984

[6]   R. Kircher, W. Bergner, Three-Dimensional Simulation of Semiconductor Devices, Birkhäuser, Basel 1991

[7]   S. Selberherr et al., About the Solution of the Three-Dimensional Semiconductor Device Equations on Vector-Concurrent Computers, Symp. Supercomputer Simulation, Minneapolis, pp 1-21, 1990

[8]   A. Gilg, Silicon Technology Development and Optimization by Integrated Process, Device and Circuit Simulation System SATURN. ECMI 7, 235 - 238, Teubner, Stuttgart 1991

[9]   E.J. Pendergast, P. Lloyd, A highly automated integrated modelling system: MECCA, Proc. CICC, Portland OR, 1985

[10]   P. Cox et al., SUPPLE: Simulator utilizing parallel processing and latency exploitation, Proc. ICCAD, 368-371, Santa Clara, CA, 1987

[11]   J.T. Deutsch et al., Parallel Computing for VLSI Circuit Simulation, VLSI Systems Design, pp. 46-52, July 1986

[12]   E. Rank, U. Weinert, A Simulation System for Diffusive Oxidation of Silicon: A Two-Dimensional Finite Element Approach. IEEE Trans. CAD 9, pp. 543-550 May 1990

[13]   J.I. Ulacia F., C. Werner, Equipment modelling of CVD and etching. Microeletr. Eng. 10, pp. 217-232, 1991

The Human Genome and High Performance Computing in Molecular Biology

Chris Sander, Reinhard Schneider and Pieter Stouten

European Molecular Biology Laboratory, Meyerhofstraße 1, D-6900 Heidelberg, Germany
sander@embl-heidelberg.de, schneider@embl-heidelberg.de and stouten@embl-heidelberg.de

Abstract

Genetic sequences contain the basic instruction code of living systems - a basic book of life. The period 1992-2010 will see the deciphering of much of this information, in many organisms, including that of the human genome. Unfortunately, the code is written in biological assembler language and needs to be deciphered. The translation rules from the basic code to biological function is not yet fully known. Here, computational molecular biology is challenged to make major contributions. The potential benefits to medical science and biotechnology are huge.

Four of the basic components of genome-related data are the genetic sequences of DNA/RNA, the sequences of protein molecules derived from genes, the specific three-dimensional shapes of these proteins and the biological function of the protein molecules and their molecular partners. Now and in the near future, there are two serious information gaps: the *protein sequence-structure gap* and the *protein sequence-function* gap. Key computational problems to close these gaps are molecular dynamcis simulations of protein behavior and selective database searches for biologically significant similarities between protein molecules. These are presented in some detail in this paper.

The advent of high performance computing hardware now on the drawing boards is a necessary but not sufficient condition for a possible solution to some of the key problems of computational biology. We will have to concentrate on the development of software and the training of a new generation of interdisciplinary experts in this emerging part of the life sciences.

1 The challenge

Projects are under way to determine the genetic sequences of important biological organisms, from bacteria and plants to humans. These genome projects will take 10-15 years to complete, will have an enormous impact on our understanding of the living system and will be a key element in the development of medical science and of agricultural, environmental and chemical biotechnology.

Computers are already intimately tied into all production and analysis of sequence data, but the real challenges lie ahead. Genome projects will lead to a more than 1000-fold increase in nucleic acid and protein sequence data, most of it in raw, ununderstood form. This will be complemented by a rich variety of related data, such as genetic maps and the results of manifold genetic and biochemical experiments. The development of sophisticated methods to store, scan, analyze, interpret and understand this data will require the interdisciplinary efforts of computer scientists, mathematicians and biologists: a grand challenge.

2 Biological complexity and computational complexity

2.1 Enter genome projects

The 1990s are the decade of genome projects. Their goal is to read and decipher the genetic messages of life. One of the unifying principles of life is that all living organisms make use of the same basic mechanisms of coding, storing and translating biological information. The information store of an organism is called its genome and ranges in size from a few Kilobases (small viruses) to 3.6 Gigabases (humans), and beyond. A base, the polymer unit of the nucleic acids RNA and DNA, has 2 bits of information, so the human genome stores about a Gigabyte of sequence information, present in essentially each of the cells of a human being. Publicly funded projects in the USA and, to a lesser extent, in Europe and elsewhere, aim at reading the genomic information of key organisms. The reading, called 'sequencing', is done by experimental techniques of molecular genetics and physical chemistry. As researchers improve sequencing technology and funding agencies increase support, the flow of data will increase by an order of magnitude within a year or two. Knowledge about the meaning of the coded genetic messages, however, does not come free with the sequence data. The task of organizing the storage of the data accumulated and of developing methods to decode their information content challenges biologists and computer scientists at the same time. A new interdisciplinary field combining molecular biology and computer science, sometimes called bioinformatics, has arisen to take up the challenge. It is already obvious that computing will play a key role as genome projects get into full gear in this decade.

2.2 Genome sequence data - the human genome by the year 2001 ?

In the summer of 1992, the databases of genetic sequences contained 70 Megabases, collected over the years at the database centers of the European Molecular Laboratory (EMBL, Heidelberg) and of GenBank (USA) and, more recently, at DDBJ in Japan. The growth of these data over the last ten years has been interpreted as exponential, but may be more accurately described as linear, with discontinuities in slope (Figure 1, top). The introduction of significant new technology and the start of major new funding programs each lead to a discontinuity in the rate of growth. Glazing into the crystal ball, the sequence information from the human genome may near completion by the year 2001. But it may take much longer if the required sum of three to five billion dollars for this historic effort is not made available in time - a truly modest sum compared to what is spent each year on military research.

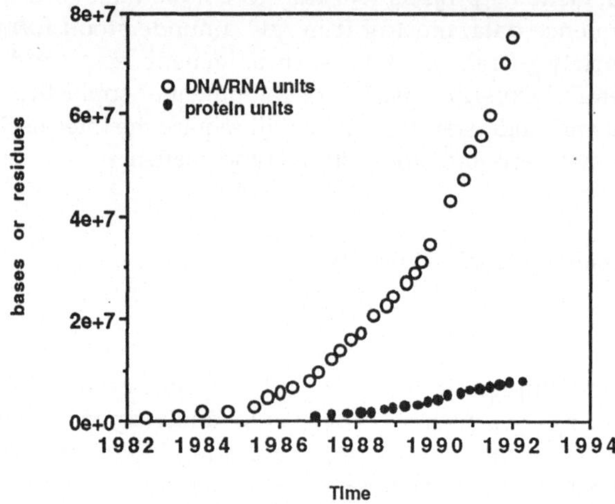

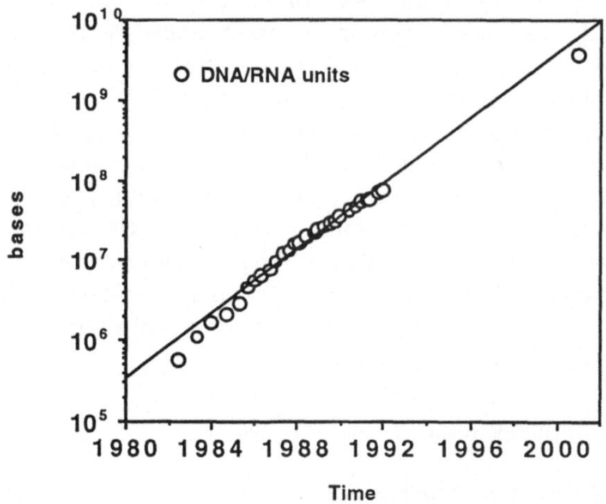

Figure 1

Growth of sequence databases

• Growth of nucleic acid sequence database (open circles in both *top* and *bottom* figures): total size of the database of genetic sequences (DNA and RNA) in the EMBL/GenBank database (in the *top* figure on a linear scale; in the *bottom* one on a logarithmic scale), with the size of the human genome for orientation ($3.6*10^9$ bases).

• Growth of protein sequence database (filled circles in *top* figure): the database of known protein sequences is about a factor of 10 smaller than that of DNA and RNA sequences, reflecting in part the fact that only a certain fraction of genome information is translated to protein molecules.

The human genome is only one of the targets of large scale sequencing. Mouse, the fruit fly drosophila, the worm nematode, the plant arabidopsis, yeast, and the bacterium E.coli are high on the priority list of genome projects. By the time the sequence of the human genome nears completion, the total database is likely to contain at least $7*10^{10}$ or more bases (authors' estimate), from many organisms, or 20 times the size of the human genome. A large fraction of the sequence data will be poorly understood at the first reading. Deciphering the functional role of the perhaps hundreds of thousands of genes and control elements will take us well into the next century.

2.3 Protein sequences and the sequence-function gap

The two most important functions coded in genomes are those of self-replication and protein production. Proteins are of central importance because they perform much of the chemical work and regulatory switching in cells and between cells. They also play a key role in the function and memory storage of the human brain. Proteins correspond to the 'genes' of living cells and as such determine much of biological variety, within one species and between species. Minute, but specific, defects in certain proteins can lead to cancer and other diseases.

Protein molecules are linear polymers, of a type different from DNA and RNA. Three bases of genomic sequence translate to one protein polymer unit (an amino acid residue). Because of degeneracy in the genetic code, the information per protein polymer unit actually is less than six bits: the protein polymer alphabet has 20 letters, so one unit has a maximal capacity of ^{2}log 20 = 4.3 bits of information. A typical protein molecule has a hundred to a thousand polymer units. The human genome could maximally contain enough information for 1,000,000 different protein molecules of length 1000. Because of the way information blocks of different types are organized in genomes, we estimate the actual number of different protein molecules in the human genome to be around 100,000. At present, the sequences of little more than 0.2% of these are known (1891 sequences in the SwissProt 21 database [1]).

The database of known protein sequences is about a factor of 10 smaller than that of DNA and RNA sequences, reflecting in part the fact that only a certain fraction of genome information is translated to protein molecules. The total sizes of the databases are (February 1992):

- DNA/RNA sequences: $7*10^7$ bases
- Protein sequences: $7*10^6$ residues
- Protein 3D structures: $7*10^4$ residues

The space of all protein sequences is combinatorially huge and the known protein sequences are a very small fraction of all possible sequences. Some of the regularities in protein sequences are notoriously difficult to spot. As more and more protein sequences are determined, the fraction of those without known biological function will rapidly increase, because experiments to determine biological function lag behind. To fill this *information gap between protein sequence and function* (the *'protein sequence-function gap'*), computational sequence analysis will take up an increasingly important role.

2.4 Protein structures and the sequence-structure gap

Most proteins make the transition from a linear polymer ('primary' structure) to a complicated, usually compact, three-dimensional shape. The transition process is called protein folding, the result is called the 'tertiary' protein structure. The linear sequence of 'letters' somehow codes for the three-dimensional shape. Without the particular shape, proteins could not act as highly specific catalysts and regulators. So protein folding is one of the key processes of molecular life. But we do not yet understand this process of structure formation nor are we able to predict protein shape from the genetic sequence, except in cases where a detectable evolutionary, i.e. historic, connection exists to a protein of known shape.

Protein shapes or 'structures' are beautiful, intricate, highly individualistic and, some of them, very robust over billions of years of evolution. Figure 2 illustrates 6 of the about 200 known different shapes [2,3]. Figure 3 shows one of the building principles of protein structure. Regular elements, called 'secondary' structure segments, can be connected in space in a variety of ways. The possible topological arrangements are many, but they are not arbitrary. Prediction of protein shape or the design of protein molecules require a thorough grasp of the topological - and many other - complexities. The many rearrangements of structural elements possible in proteins lead to computational problems of considerable complexity.

Of the more than 20,000 protein sequences known, about 20% are so similar in sequence to one of the proteins of known three-dimensional shape that their shape will be very similar too and therefore they can be modeled reliably (4556 or 19.2% out of 23742 sequences in the SwissProt 21 database, data as of May 1992 [4]). That still leaves most of the proteins with no knowledge of the three-dimensional structure. The problem will get worse in the short run as genome projects bring in tens of thousands of additional protein sequences. We call this the*information gap between protein sequence and structure*, or simply the *protein sequence-structure gap*. As with the sequence-function gap, computational molecular biology is challenged to make a significant contribution through improved techniques of similarity searches, structure prediction and folding simulations.

3 Protein folding - an unsolved problem

There are fundamentally two different ways to approach the important unsolved problem of predicting the three-dimensional shape (the 'fold') of a protein from the one-dimensional genetic sequence. The first requires predictive understanding of the physical processes or empirical rules that lead to the formation of protein structure in cells. A rudimentary outline of this process is given in Figure 4. The second relies on evolutionary relationships between protein molecules that can be detected by database searches, such as the one illustrated in Figure 5. Computing requirements for the first type of approach are near 'hopeless', making the second approach the method of choice -- until new solutions are discovered.

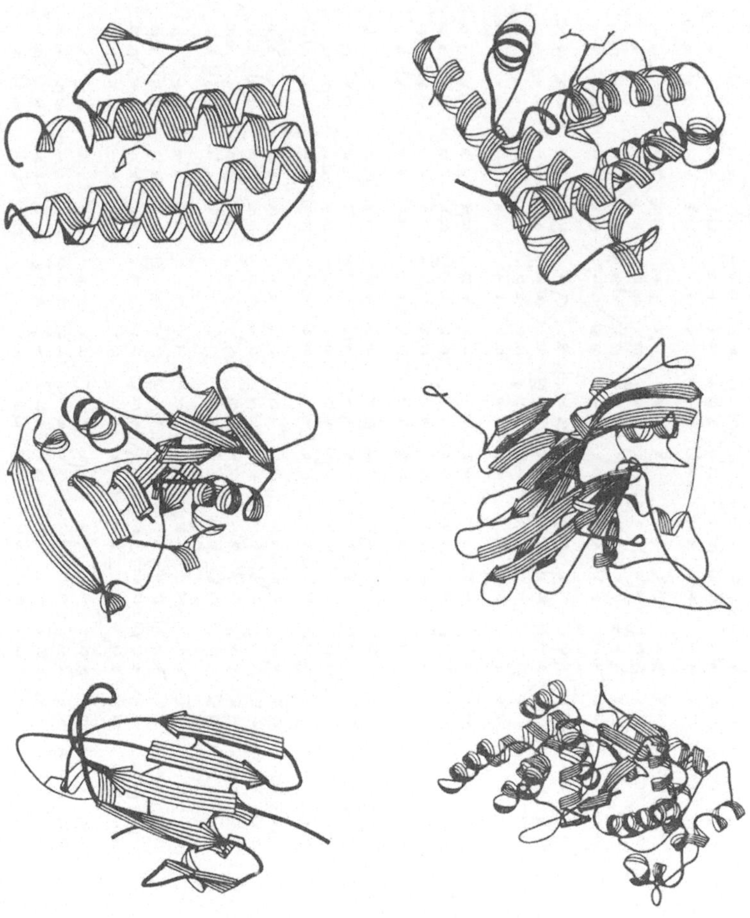

Figure 2:
Variety of protein structures

Cartoons of 6 out of about 200 different known protein shapes. The variety and beauty of protein structure is impressive. Which computational methods will be able to predict the shape of proteins, given the genetic sequence of polymer units ? *Top Left:* myohemerythrin, protein with four cylindrical substructures (helices) involved oxygen transport. *Top Right:* myoglobin, with 7 helical substructures, involved in oxygen transport in blood. *Middle left:* dihydrofolate reductase, with helical and ribbon-like ('strands') substructures, functions as an enzyme. *Middle right:* part of the protein 'shell' around the polio virus, with mostly strand-like substructures. *Bottom left:* subtilisin inhibitor, of mixed structural type, slows down or stops the function of a protein-cutting enzyme. *Bottom right:* Tyr tRNA synthase, an enzyme involved in the synthesis of new proteins. Pictures made with the RIBBON program [5].

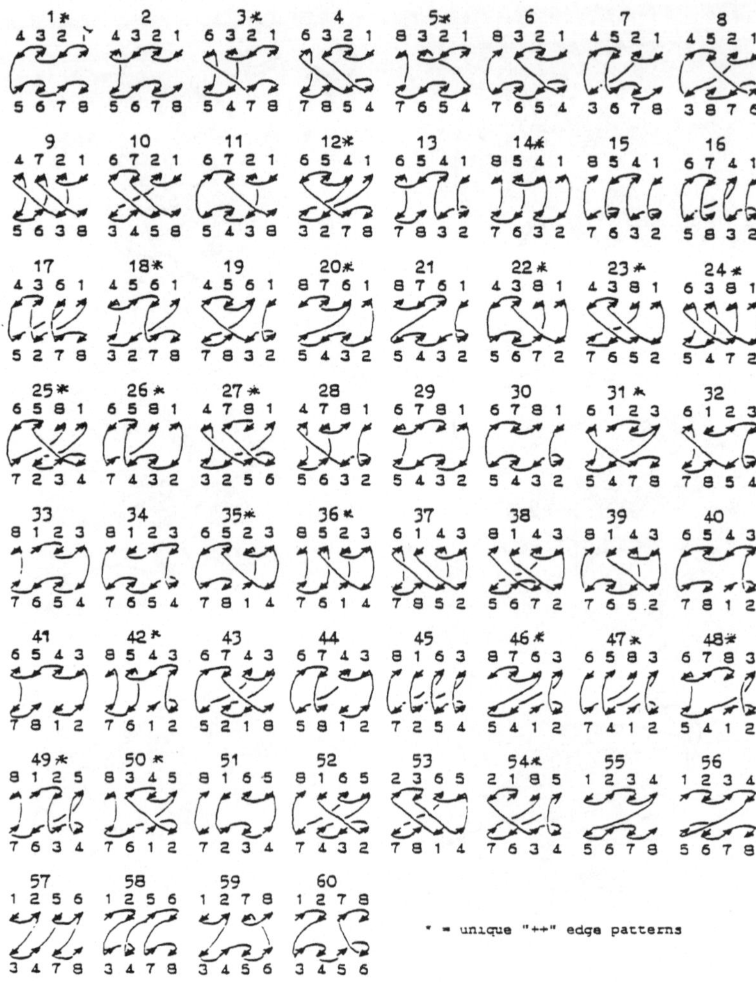

Figure 3:

Complexity of protein topology

In this analysis of one class of three-dimensional protein structures, different ways of connecting basic structural elements, called 'strands', are illustrated. For eight strands that form a 'sandwich', these are the sixty most probably arrangements, out of a combinatorially much larger theoretically possible set [6]. The empirical and physical rules for the most likely arrangements were developed and applied by A.V. Finkelstein and O. Ptitsyn of the Protein Research Institute at Pushchino, near Moscow.

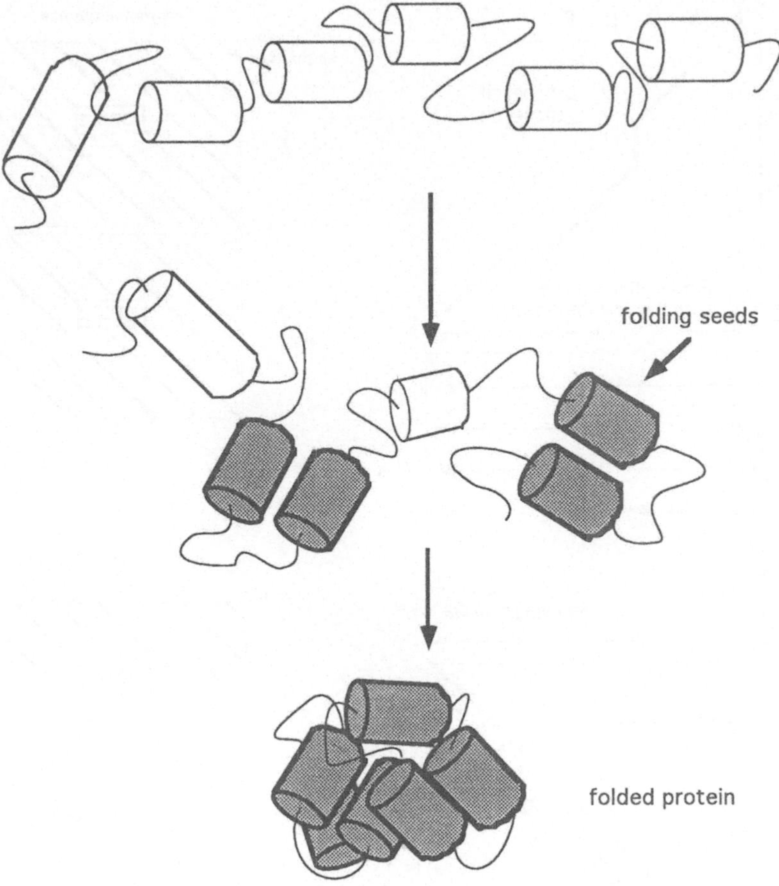

Figure 4:
Simplified view of protein folding

The process of protein folding takes about 1 second, or about 10^{12} microscopic molecular events. In this simplified view, first helical segments about 10-15 polymers units in length form locally. Later, higher structures evolve at certain 'seed' positions. In the final, cooperative, stage, the protein interior condenses and the internal packing of molecular groups is optimized. This process is much too complicated to be fully simulated by molecular dynamics for realistic times, even on a Teraflop machine. The problem of folding a protein correctly on a computer is one of the major unsolved problems of molecular biology [7].

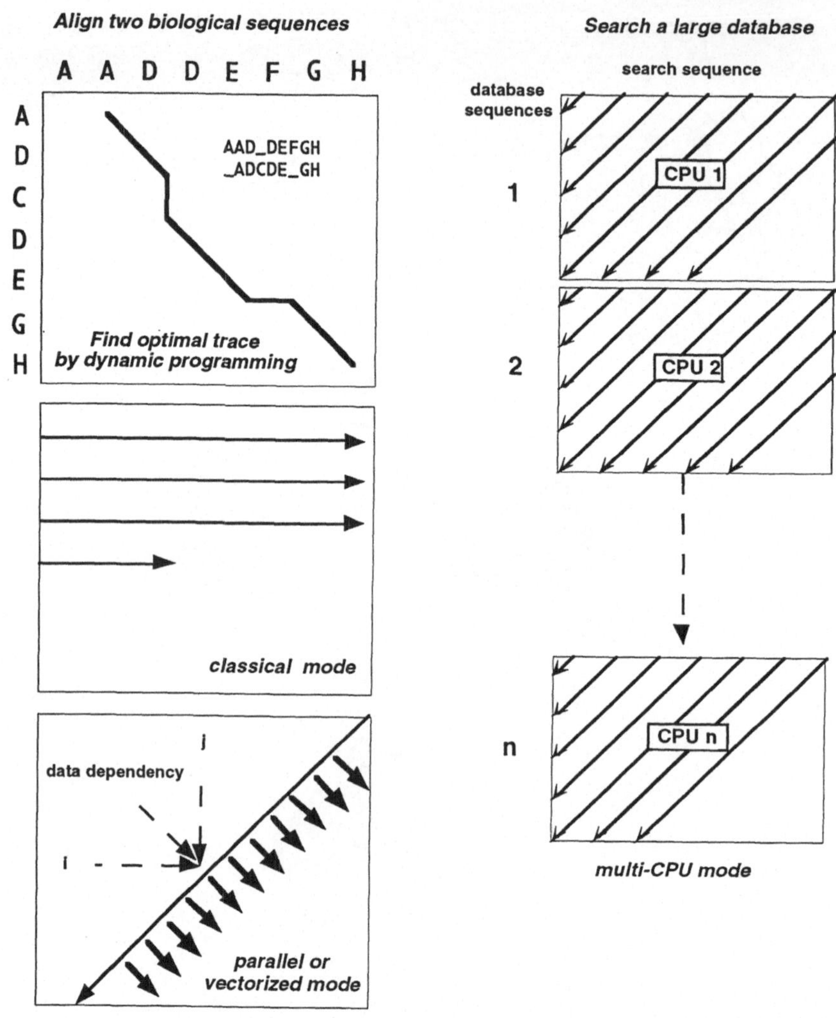

Figure 5:
Sequence search.

Biological sequences (protein, DNA or RNA) typically contain 100-1000 symbols. Similarities of biological function or structure can be detected by optimal alignment of two or more sequences. *Top left:* how two short sequences are optimally aligned. *Middle left:* Normal scan direction in the dynamic programming algorithm. *Bottom left:* analysis of data dependency shows that an antidiagonal scan direction is best for vectorizing and parallelizing the problem on a fine grained level. *Right:* The task of scanning a database of tens or hundreds of thousands of sequences can be distributed over many CPUs in a coarse grained, loosely coupled fashion. Fast execution of the task requires a multicomputer or a network of many workstations.

10^{-12}s	1ps	Local adjustments in protein structure Primary event in vision Diffusion of water molecules
10^{-9}s	1ns	Hinge motion in proteins
10^{-6}s	1µs	Unwinding of DNA-helix
		Enzyme-catalyzed reactions
10^{-3}s	1ms	
		Protein structure formation (folding)
1s		Synthesis of a protein
10^{3}s		Generation of a bacterium

Figure 6:
Rates of some processes in biological systems

Biological processes occur on time scales spanning many orders of magnitude. In order to describe molecular processes with the required accuracy, simulations must keep track of time scales in the femtosecond range (10^{-15} s). Some of the key biological phenomena, e.g., protein folding, are as slow as 1 second. This discrepancy of twelve or more orders of magnitude in time scales makes detailed simlulation of some of the most interesting molecular biological processes impossible on presently available computers.

4 Areas of high performance computing in molecular biology

To illustrate some of the most demanding computational tasks in molecular biology, let us look in more detail at two selected problems: searching sequence databases for biological similarities and simulation of the behavior of proteins.

4.1 Searching databases of genetic information for biological relationships

The need for scanning the very rapidly growing genome databases stems directly from the discrepancy between two key experimental techniques. Reading genetic information is very rapid compared to understanding the functional meaning of this information. In other words, for N molecules, sequence determination is much more rapid than experimental determination of biological function. Successful computer searches for similarities of function or structure can save enormous amounts of laboratory efforts.

Algorithms for sequence database searches have reached a fairly mature stage. Fast scanning for obvious similarities is based on hashing or linear scan algorithms and can be performed in reasonable time on workstation computers. Their complexity is O(K*N) or better for scanning a database of size N with K sequences. More sophisticated similarity comparisons between sequences use dynamic programming algorithms, which are much more expensive. Their complexity is O(K*L*N), where L is the sequence length. Further developments in this field will require clustering the databases and searching with information derived from sequence families, rather than just from single sequences, as well as from protein structures.

Parallelization of the dynamic programming database search is illustrated in Figure 5. Fortunately, because of the biological organization in separate sequence entities corresponding to separated function, the search task can be distributed easily over many CPU's, with no communication bottleneck. For example, the $7*10^7$ 'letters' in the present protein sequence database are in 24,000 separate entities and could be distributed over as many computing nodes. An ideal problem for just about any multicomputer architecture, including networks of workstations.

4.2 Simulating the behavior of biological macromolecules by molecular dynamics

A molecular biologist's dream is to become a molecular fish, swimming around inside a cell and watching the behavior and interactions of proteins, DNA, RNA, lipids, filaments, etc., as the cell turns over metabolites, turns on and off genes, grows, goes into replication and eventually dies. This is utopia ! Instead, molecular geneticists have to laboriously amplify the number of biological macromolecules from defined cellular states in order to performs macroscopic observations. Computational biology aims at providing a detailed microscopic view of the relevant molecules, but is about nine orders of magnitude away from achieving this goal. Yet, for a few particular scientific questions, molecular dynamics simulations are beginning to provide useful answers, reviewed by Karplus and Petsko [8].

How is molecular dynamics simulation performed ? Let us take as an example simulation of the motion of a protein molecule in water. The protein with its several thousand atoms is described by the positions coordinates (x,y,z) of its constituent atoms. The immediate environment is represented by several thousand water molecules and, say, tens of soluble ions. Even for a small protein this adds up to about 10,000 degrees of freedom. The atoms in the system are assumed to follow the equations of motion of classical mechanics, with an appropriate interatomic potential U, defined for all atom types in the system. The equation of motion is solved numerically, e.g., by a leap-frog algorithm [9]. For the forces F, acceleration a, velocities v, positions r, masses m, atom labels i, potential U, number of particles n, time t, time increment Δt we have

$$\mathbf{a}_i = \mathbf{F}_i/m_i = -\frac{\partial}{\partial \mathbf{r}_i} U(1..n)/m_i$$

$$\mathbf{v}_i (t+\tfrac{1}{2}\Delta t) = \mathbf{v}_i (t-\tfrac{1}{2}\Delta t) + \mathbf{a}_i(t) \cdot \Delta t$$

$$\mathbf{r}_i(t+\Delta t) = \mathbf{r}_i(t) + \mathbf{v}_i(t+\tfrac{1}{2}\Delta t)\cdot \Delta t$$

The time step Δt is about $0.5*10^{-15}$ seconds when (high frequency) bond vibration is allowed and $2*10^{-15}$ seconds when bond lengths are constrained to standard values.

The interatomic potential is the sum of a strong ('covalent' or 'bonded') and a weak ('non-bonded' -- electrostatic and dispersion forces) component. Written in terms of bond lengths b, bond angles α, dihedral angles θ and ϕ, angular offset δ, rotational multiplicity n, target values with subscript zero, force constants k, atomic charges q, atom indices i and j, interatomic distance r_{ij},

$$U_{bonded} = \sum_{bonds} \tfrac{1}{2}\, k_b (b-b_o)^2 + \sum_{angles} \tfrac{1}{2}\, k_\alpha (\alpha-\alpha_o)^2$$

$$+ \sum_{impropers} \tfrac{1}{2}\, k_\theta (\theta-\theta)^2 + \sum_{propers} k_\phi (1+\cos(n\phi-\delta))$$

$$U_{non\text{-}bonded} = \sum_{pairs(i,j)} C_{12}/r_{ij}^{12} - C_6/r_{ij}^6 + q_i q_j / 4\pi\varepsilon_o r_{ij}$$

To ensure time-averaged global properties, the protein plus water system is coupled to a temperature and pressure 'bath'.

The advantage of the all-atom representation is that the solution of the equations of motion is straightforward. The disadvantage is that the strong, bonded, parts of the potential dominate the numerical accuracy, i.e., they require very short time steps of the order of 10^{-15} seconds. This renders calculations spanning biologically interesting time intervals very expensive. Other representations, however, e.g., using internal polymeric degrees of freedom, such as dihedral angles, rather than cartesian atomic coordinates, lead to very complicated equations of motion.

In the framework of all-atom molecular dynamics simulation (see example Figure 7), we are 9 orders of magnitude away from being able to simulate protein folding (Figure 8). We do not know whether the final solution to this problem will come from more clever physical approximations, better algorithms or faster hardware. We are sure, however, that if computational methods can be used to solve the problem of simulating the behavior of proteins, DNA, and their partners, the benefits to molecular biology and therefore to medicine and biotechnology will be enormous.

Figure 7 shows six snapshots 40 picoseconds apart taken from a simulation of a mutant of PTI (trypsin inhibitor from cow pancreas). At the top are two stereo pairs that can be viewed by relaxing one's eyes (left-middle pair) or crossing one's eyes (middle-right pair). The normal biological function of PTI is the inhibition of a digestive enzyme. The mutant (cysteines at

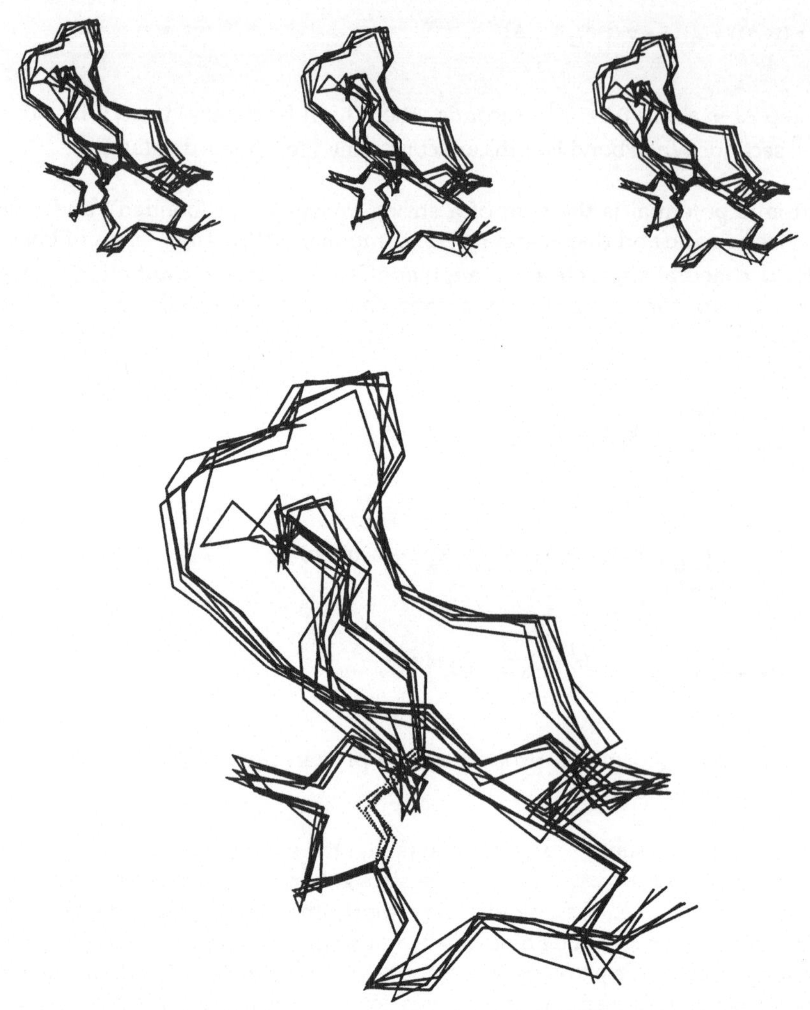

Figure 7:
A brief moment in the life of a protein: frames
from a 200 ps simulation of protein motion

The molecular dynamics simulation simulates a time trajectory of a single protein in water. In the simulation, the classical mechanical equations of motion are solved numerically for the following system: a bovine pancreatic trypsin inhibitor mutant (a protein consisting of 58 polymer units with 578 atoms), 6 chloride counter ions and 2358 water molecules. The intermolecular potential was cut off at a range of 12 Å and the nearest neighbor pair list of interacting atoms updated every 10 steps. Temperature and pressure are held constant. One integration step corresponds to $2*10^{-15}$ sec in the life of the protein, but takes about 3.6 sec CPU time.

chain positions 5, 14, 38 and 55 mutated to serine) was simulated for comparison with experimental results obtained with nuclear magnetic resonance spectroscopy (Tom Creighton and colleagues, EMBL). The lines are (virtual) connections between the centers of the polymer units, the dotted line is a chemical link between units number 30 and 51. The mean diameter of the molecule is about 20 Å. The interatomic packing is so tight that water is all but excluded from the core of the molecule. However, without the surrounding water the simulation would be physically unrealistic. The price paid is a manyfold increase of the total CPU effort.

The 200 picosecond simulation was carried out by Pieter Stouten, Protein Design Group, EMBL, on a Fujitsu FACOM supercomputer using the GROMOS program suite [10], and required more than 100 hours CPU time. The Fujitsu VP2600 is located at the Protein Engineering Research Institute in Osaka, Japan, and is rated at 5 Gigaflops. Computer graphics by the program WHAT IF [11].

4.3 Other areas of CPU intensive applications in biology

There are several other important areas of computational biology that we cannot cover in this paper. These include:

- calculating the energetics of interaction between biological molecules
- optimization of docking between macromolecules
- designing highly specific drugs with minimal side effects
- designing new types of proteins for medical and technical applications
- quantitative structure-activity relationships
- drug-receptor docking
- quantum mechanical simulation of biological catalysis (enzymology)
- comparison of genetic maps
- genome assembly from sequence fragments
- image processing (tomography)
- predicting three-dimensional protein and ribozyme structure from one-dimensional sequence
- neural network prediction of protein structure
- revealing subtle similarities between biological macromolecules in immense databases
- sequence-structure optimization in protein design
- simulation and optimization of bioreactors

4.4 Custom hardware for molecular dynamics

At least two groups are working on special hardware for molecular dynamics. The group of Klaus Schulten at the University of Illinois has built a multi-transputer system with ring topology that is said to perform very cost-effective protein simulations [12]. The group of Herman Berendsen at the University of Groningen has undertaken a special chip design to perform specialized floating point operations for molecular dynamics. These are very interesting efforts in the context of this compendium, but cannot be covered here in detail for time and space reasons.

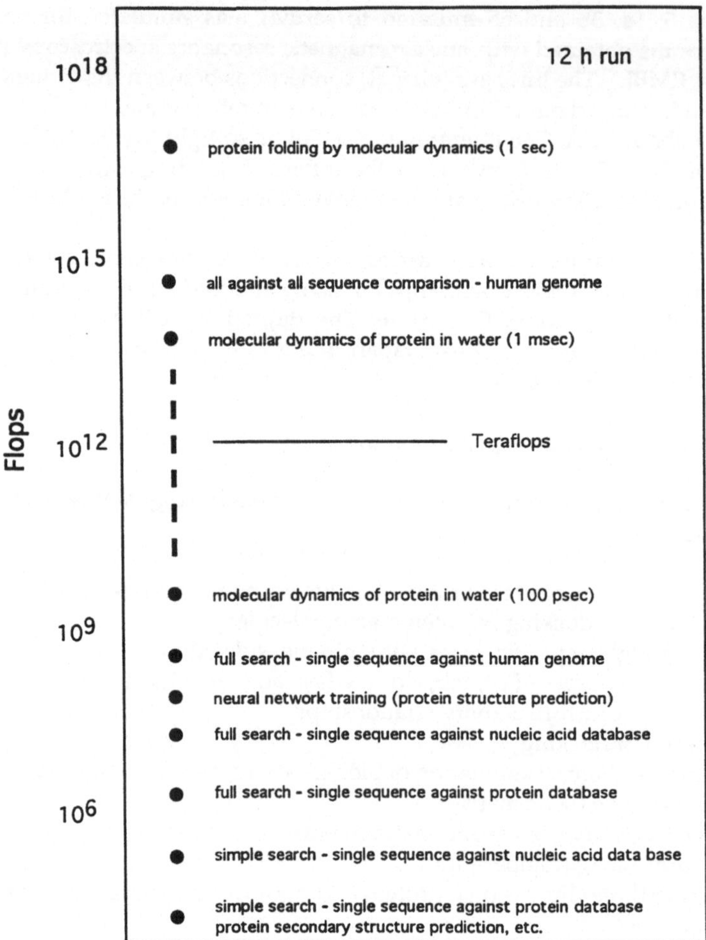

Figure 8:
Effective floating point performance requirements for biological computations

Assuming a 12 hour job on a dedicated CPU, what is the minimum 'sustained' Flops rating required for some of the key problems in computational molecular biology ? A full sophisticated sequence search with one sequence against the entire human genome requires 'only' 1 Gigaflops, but brute force comparison of the entire genome with itself, with no shortcuts, would require 10^3 Teraflops. Molecular dynamics of a small protein molecule in water (500 protein atoms, 100 ps) starts at a few Gigaflops. Realistic simulation of a protein long enough to observe fast biological phenomena on the millisecond scale would require 10^4 Teraflops, using currently available algorithms. Full simulation of protein folding would take 10^7 Teraflops.

5 Future requirements

The computational challenges arising from genome projects range from the straightforward, requiring simply a scaleup of current technology, to the exceedingly complex, requiring the invention of new algorithms and software systems in combination with the use of high performance computers.

Here we hope to have illustrated understandably some of the key biological problems and demonstrated the fact that in some areas we are short by several orders of magnitude in computing power (Figure 8). Advanced hardware with a high degree of parallelism and high floating point performance will open up the possibility of solving a number of important biological problems, but will not automatically provide the answers. Software development will be the key. *Only with a massive software effort will we be able to make efficient use of the high performance computers expected to become available in the next few years.*

The success of genome projects will crucially depend on the availability of the appropriate computer technology, both software and hardware. European science lags behind in many of these areas and we will need to provide the necessary facilities and train a new generation of interdisciplinary scientists and technicians. If applied wisely, the results of genome projects will lead to significant improvements in the quality of life, especially through the prevention and cure of diseases.

6 Acknowledgments

We thank our colleagues for making available their software: Wilfred van Gunsteren and Herman Berendsen for GROMOS, Gerrit Vriend for WHAT IF and John Priestle for RIBBON. We thank A.V. Finkelstein and B.A. Reva for the topological diagram and Ulrike Goebel for the protein cartoons. The order of authors is alphabetical. Pieter Stouten contributed the molecular dynamics simulations and Reinhard Schneider the parallelized and vectorized sequence search method. Coordination was by Chris Sander. We are grateful to Haruki Nakamura and the Protein Engineering Research Institute in Osaka for access to the Fujitsu FACOM VP2600 supercomputer.

References

[1] A. Bairoch, B. Boeckmann, The SWISS-PROT protein sequence data bank, *Nucl. Acids Res.* **19** (1991) 2247-2250.

[2] F.C. Bernstein, T.F. Koetzle, G.J.B. Williams, E.F. Meyer, M.D. Brice, J.R. Rodgers, O. Kennard, T. Shimanouchi, M. Tasumi, The Protein Data Bank: a computer-based archival file for macromolecular structures, *J. Mol. Biol.* **112** (1977) 535-542.

[3] U. Hobohm, M. Scharf, R. Schneider, C. Sander, Selection of representative protein data sets, *Protein Science* **1** (1992) No. 3.

[4] C. Sander, R. Schneider, Database of Homology-Derived Protein Structures and the Structural Meaning of Sequence Alignment, *Proteins* **9** (1991) 56-68.

[5] J.P. Priestle, RIBBON: a stereo cartoon drawing program for proteins, *J. Appl. Crystallogr.* **21** (1988) 572-576.

[6] A.V. Finkelstein, B.A. Reva, in *Protein Design on Computers* (C Sander and G Vriend, eds.), EMBL Biocomputing Technical Document **6** (1991) p. 139.

[7] G.N. Reeke Jr., Protein folding: computational approaches to an exponential-time problem, *Ann. Rev. Comput. Sci.* **3** (1988) 59-84.

[8] M. Karplus, G.A. Petsko, Molecular dynamics simulations in biology, *Nature* **347** (1990) 631-639.

[9] H.J.C. Berendsen, W.F. van Gunsteren, in *Molecular Dynamics Simulation of Statistical-Mechanical Systems* (G Ciccotti and WG Hoover, eds.), North-Holland, Amsterdam (1986) p.43.

[10] W.F. van Gunsteren, H.J.C. Berendsen, GROMOS: Groningen molecular simulation computer program package, University of Groningen, The Netherlands (1987).

[11] G. Vriend, WHAT IF: a molecular modeling and drug design program. *J. Mol. Graph.* **8** (1990) 52-55.

[12] H. Grubmüller, H. Heller, K. Schulten, Molecular dynamics simulation on a parallel computer, preprint (1989).

Paralleles Supercomputing,
Perspektiven für die 90er Jahre

Wolfgang Kroj

Cray Research GmbH
Riesstraße 25
8000 München 50
Tel.: 089/14903-0
E-Mail: wgk@cray.com

1 Einleitung

Vor genau 10 Jahren wurde mit der CRAY X-MP der erste Multiprozessor-Supercomputer vorgestellt und damit der Weg des Supercomputing in die Parallelverarbeitung eröffnet. (Aufgrund der der Vektorarchitektur zugrundeliegenden Parallelitätsprinzipien könnte man durchaus schon die CRAY-1 als parallelen Supercomputer bezeichnen.) Zum Durchbruch des parallelen Supercomputing trugen dann die Erhöhung der Anzahl der Prozessoren, in erster Linie aber die Entwicklung von anwenderfreundlicher Software, zur Parallelisierung bei. Mit Macro-, Micro- und Autotasking hat Cray Research die wesentlichen Standards zur Implementierung von Parallelverarbeitung gesetzt. Das im November 1991 angekündigte Topmodell CRAY Y-MP C90 setzt neue Maßstäbe für parallele Supercomputer Performance.

1976	CRAY-1	Erster Vektorrechner
1982	CRAY X-MP/2	Erster Vektorparallelrechner
1984	CRAY X-MP/4	Macrotasking released
1985		Microtasking released
1986		Paralleles Supercomputing im Produktionseinsatz (ECMWF)
1988	Cray Y-MP/8	
1989		Autotasking released
1990		Multi-Gigaflops-Leistung für Produktionsprogramme durch Parallelisierung
1991	CRAY Y-MP C90/16	
1992		MPP Programmiermodell
1993	*CRAY MPP*	*FORTRAN 90*

Abbildung 1:
Die Entwicklung des parallelen Supercomputings bei Cray Research

Alle CRAY Systeme zeichnen sich durch ihre ausgewogene Architektur aus, die höchste effektive Durchsatzleistung liefert.

Die ausgewogene CRAY Architektur

CPU Geschwindigkeit (Skalar, Pipelining, Vektor)
+
Multiprocessing
+
Speicherbandbreite
+
Speicherzugriff (Multiport)
+
I/ O Bandbreite
+
Peripherie & Netzwerke

Höchste effektive Durchsatzleistung

Abbildung 2:
Die ausgewogene CRAY Architektur

Die CRAY Y-MP Supercomputerfamilie umfaßt heute 9 verschiedene Modelle und deckt einen Leistungsbereich von mehr als zwei Größenordnungen ab.

Modell	Taktzeit der CPU (ns)	Anzahl CPUs	Hauptspeicher- größe (MB) Min.-Max.	Größe des Erweiterungs- speichers (MB)	Spitzen- leistung (MFLOPS)
CRAY Y-MP EL	30	1 - 4	256 - 1024	-	133 - 532
CRAY Y-MP2E	6	1 - 2	256 - 512	1024 - 4096	333 - 666
CRAY Y-MP M92	6	1 - 2	1024 - 8192	4096	333 - 666
CRAY Y-MP 4E	6	2 - 4	256 - 512	1024 - 4096	666 - 1332
CRAY Y-MP M94	6	2 - 4	4096 - 16384	4096	666 - 1332
CRAY Y-MP 8I	6	4 - 8	512 - 1024	2048 - 4096	1332 - 2664
CRAY Y-MP 8E	6	4 - 8	1024 - 2048	4096 - 16384	1332 - 2664
CRAY Y-MP M98	6	4 - 8	8192 - 32768	16384	1332 - 2664
CRAY Y-MP C90	4	16	2048 - 4096	4096 - 16384	16000

Abbildung 3:
Die CRAY Y-MP Supercomputerfamilie

2 Überblick über die Hardware-Architektur der CRAY Y-MP C90

Als Basistechnologie werden für die CRAY Y-MP C90 CPUs 10.000 Gate Array Silizium Bipolar Chips verwendet. Damit wird im Vergleich zur Y-MP die 4-fache Integrationsdichte erreicht.

Abbildung 4 zeigt am Beispiel des Gleitkommaadierers die fortschreitende Integration der Cray Technologie. Waren bei der CRAY-1 zur Realisierung des Gleitkommaadierers noch ca. 2100 Chips, verteilt auf 21 Module nötig, so sind das bei der C90 heute nur noch 3 der 200 Chips, die auf einem Modul untergebracht sind. Sowohl der Gleitkommaadierer als auch der Multiplizierer benötigen im Vergleich zur Y-MP weniger Maschinentakte.

CRAY Architektur - Floating Point Add

CRAY 1 1976 - 1982	CRAY X-MP 1982 - 1988	CRAY Y-MP 8E 1988 -	CRAY Y-MP C90 1991 -
21 modules	5 double modules	10 IC devices / add	3 IC devices/ add
(~100 ICs/ module)	(~200 ICs/ module)	(312 ICs/ CPU)	(~200 ICs/ CPU)
10 module types	5 module types	6 option types	2 option types
5/4 gates	16 gates	2500 gates	10,000 gates
12.5 ns	9.5 ns	6 ns	~4 ns
4 CPs	4 CPs	5 CPs	4 CPs
50 ns	38 ns	30 ns	~16 ns

Abbildung 4:
CRAY Architektur - Floating Point Add

Jede Vektorfunktionseinheit der CRAY Y-MP C90 ist als sogenannte "Double Track Pipe" ausgelegt und liefert <u>pro Maschinentakt zwei 64-Bit Resultate</u>. Das Gesamtsystem kann somit pro Takt 64 Ergebnisse liefern und eine Spitzenleistung von 16 GFLOPS erreichen. Das entspricht der Gesamtleistung von über 100 CRAY-1 Supercomputern. Durch Verdoppelung der Länge der Vektorregister auf 128 Elemente sowie doppelte Auslegung aller Speicherpfade wurde die ausgezeichnete Balance der Y-MP erhalten.

C90 Double Track Pipes

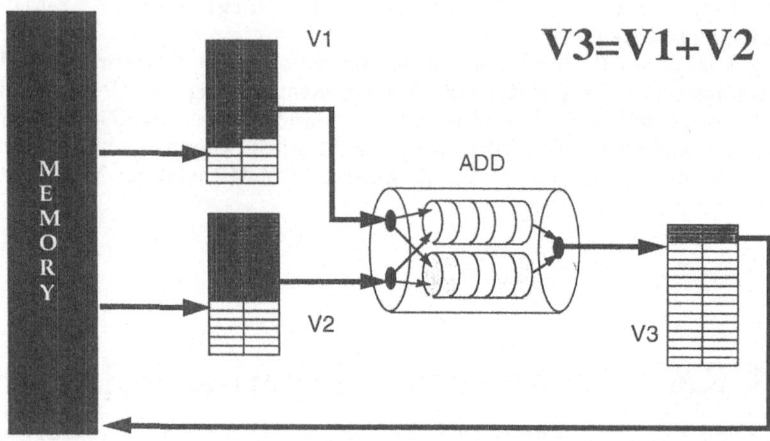

Abbildung 5:
C90 Double Track Pipes

Pro CPU können in jedem Maschinentakt über die beiden Lese-, den Schreib- sowie den I/O Pfad unabhängig voneinander jeweils zwei 64-Bit Worte vom bzw. zum Hauptspeicher transportiert werden. Daraus ergibt sich für das Gesamtsystem eine effektive CPU-Speicherbandbreite von 256 Gigabytes pro Sekunde. Der Hauptspeicher ist mit BiCMOS Chips (15ns) bestückt und mit 256 bis 512 Megaworten (2-4 GB) in 1024 Bänken organisiert. Eventuell auftretende Speicherkonflikte werden dynamisch aufgelöst.

In der CRAY Y-MP C90 wurden im Vergleich zur Y-MP einige neue Instruktionen implementiert:

- Vector leading zero count
- Vector shift vector
- Vector word shift
  (Bringt wesentlichen Speedup für Summation
  eines Vektors - Skalarprodukt!)
- Shared Register Operationen
  (Zur besseren Unterstützung der Parallelverarbeitung)
- Trap Instruktion
  (Betriebssystementwicklung)
- Breakpoint on write address range
  (Debugging)
- Maintenance und Support Operationen (HPM)

Des weiteren wurde die Interruptsteuerung verbessert.

Die CRAY Y-MP C90 verfügt über ein Hochleistungs-I/O-System mit bis zu 16 Clustern und einer effektiven I/O-Bandbreite von 13,6 Gigabytes/Sek. Über 4 Terabytes Online Plattenkapazität ist anschließbar. Außerdem werden Magnetbänder/Kassetten, Diskarrays und D2 Helical-Scan-Peripherie unterstützt sowie die Netzwerkstandards Ethernet, FDDI und HIPPI.

Zum Arbeitsspeicher des Mainframes besteht von jedem I/O-Cluster eine High-Speed-Kanal-Verbindung (HISP) mit einer Aggregat-Transferleistung von 400 Megabytes/Sek. Der SSD ist in Ausbaustufen von 4 bis 16 Gigabytes verfügbar und mit bis zu 4 Very-High-Speed-Kanälen (VHISP) mit einer Transferrate von je 1,8 Gigabytes/Sek. an den Mainframe gekoppelt. Der SSD kann als Logical Device Cache, erweiterte Speicherbereiche (Secondary Data Segments) oder für Unicos Filesysteme genutzt werden.

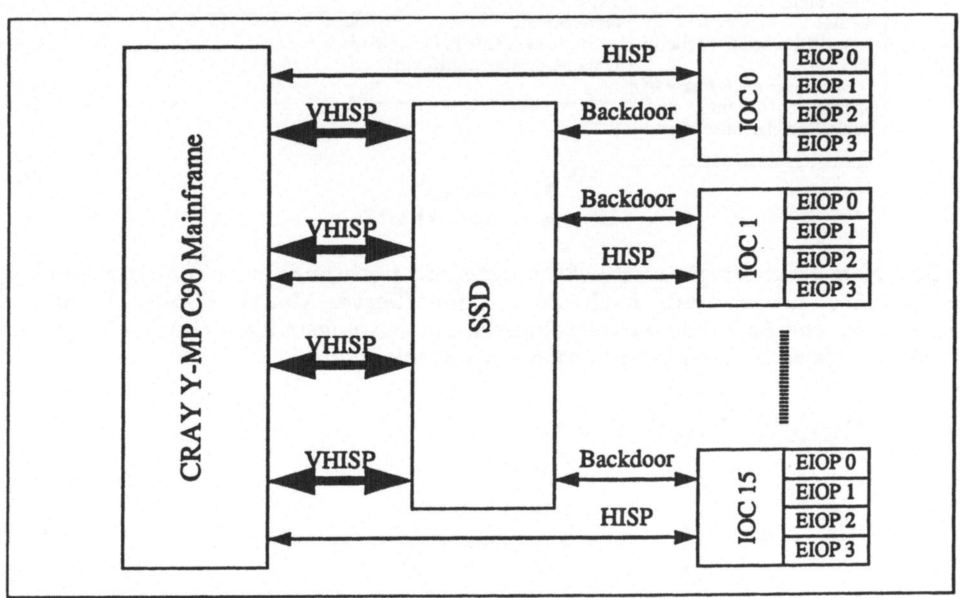

Abbildung 6:
C90 Mainframe mit maximaler I/O-Konfiguration

3 Cray Supercomputer Software

Schon Anfang der 80er Jahre hat Cray Research die Weichen Richtung UNIX als Standard-Betriebssystem-Plattform gestellt. Seit der Freigabe von UNICOS 1985 verfügt Cray nun über 7 Jahre Erfahrung im Einsatz bei Kunden. Das akutelle Release 7 beinhaltet alle für den Supercomputerbetrieb wichtigen Erweiterungen zum Standard UNIX und ist in Punkto Performance, Funktionalität und Ease of Use am Markt unerreicht.

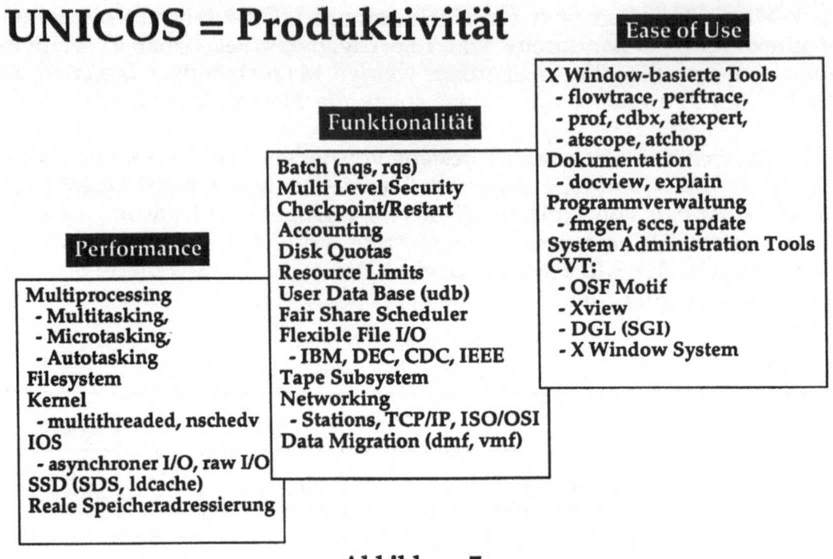

Abbildung 7:
Unicos = Produktivität

Die Cray Netzwerkstrategie erschließt Anwendern höchste Supercomputerleistung auch über verteilte Anwendung nach dem Client/Server-Modell. Dabei kommt der Visualisierung von Supercomputerergebnissen auf leistungsfähigen Graphikworkstations über schnelle Netze (z. B. UltraNet) besondere Bedeutung zu.

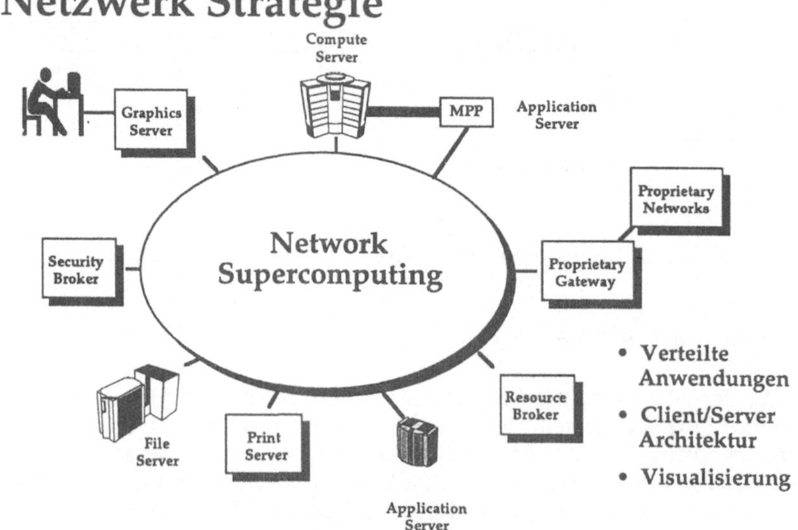

Abbildung 8:
Netzwerk Strategie

Durch ihre hervorragenden Leistungsdaten, insbesondere im I/O-Bereich, eignen sich Cray Supercomputer insbesondere als File- und Datenbankserver.

Parallelverarbeitung wird auf allen Ebenen der Benutzerumgebung unterstützt, angefangen beim Betriebssystem über Bibliotheken und Compiler bis hin zu X-Window-basierten Tools zur Parallelisierung.

<u>Macrotasking</u> erlaubt dem Anwender bei Programmen mit hoher Granularität die explizite Generierung und Steuerung von Tasks über Aufrufe der Multitasking Library.

<u>Microtasking</u> implementiert ein Master/Slave-Konzept, bei dem ein Master-Prozeß die verfügbaren "Slaves" beim Eintritt in eine parallele Region zu Hilfe nimmt. Die Lastverteilung erfolgt dynamisch. Microtasking eignet sich zur Parallelisierung auf Schleifenebene und wird vom Benutzer durch Direktiven gesteuert.

<u>Autotasking</u> implementiert automatische Parallelisierung durch den Compiler. Das Cray FORTRAN Compiling System cf77 besteht aus drei Komponenten, die dem Anwender auch separat zugänglich sind:

```
fpp   - FORTRAN Preprozessor
fmp   - FORTRAN Midprozessor
cft77 - Cray FORTRAN 77 Compiler.
```

Die automatische Parallelisierung erfolgt durch fpp. Der Benutzer kann die Parallelisierung durch Direktiven beeinflussen.

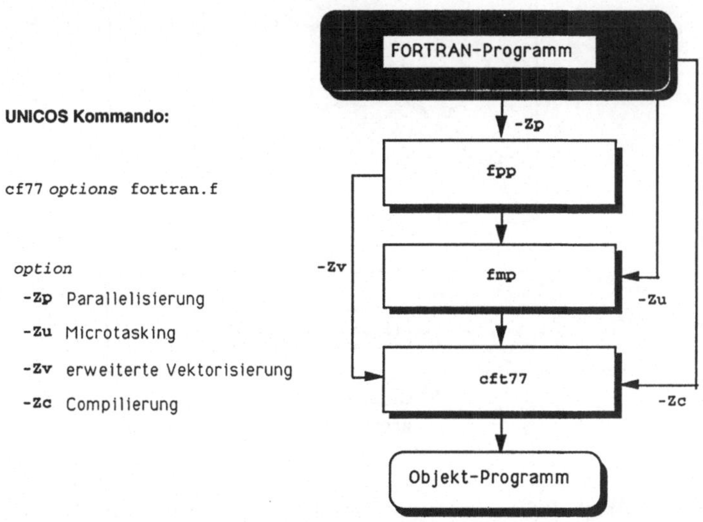

Abbildung 9:
cf77 Compilationssystem

Sowohl Micro- als auch Autotasking arbeiten auf Basis von Direktiven. Damit bleibt das Anwenderprogramm sourcecodekompatibel. Dies ist insbesondere dann sehr wichtig, wenn ein Programm auf Rechnern unterschiedlichen Typs (z.B. CRAY und Workstation) zum Einsatz kommt.

Bei der Parallelisierung von Programmen wird der Anwender durch eine Reihe von X-Window-basierenden Tools tatkräftig unterstützt.

atexpert gibt Auskunft über das Verhalten eines Programms bei paralleler Ausführung. Dazu ist es weder notwendig, daß das Programm in einer dedizierten Umgebung noch mit der letztlich interessanten Anzahl physikalischer CPUs ausgeführt werden muß.

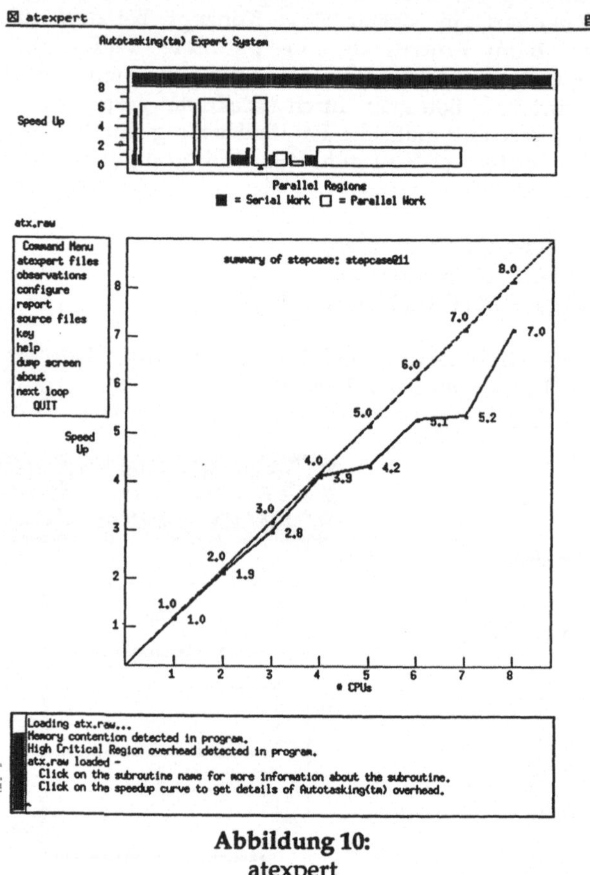

Abbildung 10:
atexpert

atscope zeigt den Gültigkeitsbereich von Variablen (private/shared) und erlaubt dem Anwender diese zu ändern.
atchop weist den Benutzer auf solche Routinen hin, bei denen durch Parallelisierung eine Veränderung der Reihenfolge der Operationen im Vergleich zur Single-Task Version auftritt. Dies ist bei der Untersuchung von numerisch instabilen Algorithmen nützlich.

Letztendlich hat erst das Vorhandensein solcher Tools die Akzeptanz von Parallelverarbeitung beim Anwender erreicht.

Beim Slalom-Benchmark erreicht der C90-Prototyp in der Solverroutine knapp 15 GFLOPS und damit 97,7% seiner theoretischen Peakleistung.

Anzahl CPUs	Anzahl Patches	YMP total MFLOPS	Solver MFLOPS	Anzahl Patches	C90 total MFLOPS	Solver MFLOPS
1	14638	263	285	23462	682	755
2	21490	569	619	35180	1518	1670
4	30782	1212	1307	51448	3252	3565
8	43548	2327	2503	73764	6629	7269
16⁻	---	---	---	105470	13554	14994

Abbildung 14:
Ergebnisse von SLALOM mit CG-Solver

Der von M. Simmons und H. Wasserman vom Los Alamos National Lab durchgeführte Benchmark zeigt folgende Ergebnisse im Vergleich zur CRAY Y-MP:

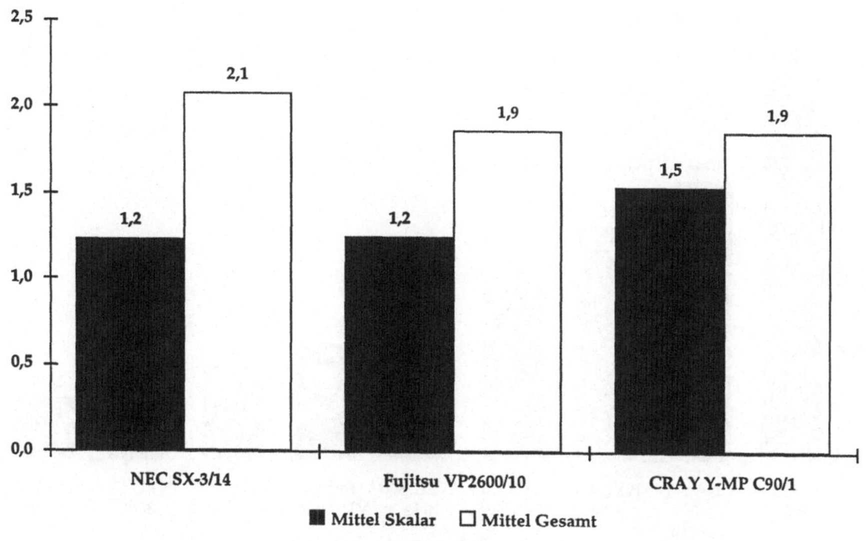

Abbildung 15:
LANL Benchmarks

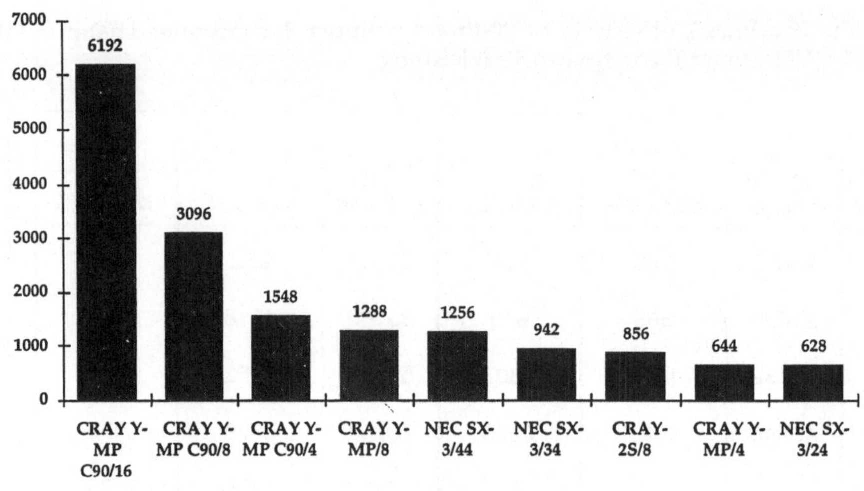

Abbildung 12:
Linpack 100 x 100 Durchsatz

Diese Betrachtungsweise verdeutlicht die Überlegenheit der CRAY-Architektur, bei der man sich bewußt <u>für mehr Prozessoren und weniger Pipes</u> entschieden hat. Die vielen Pipes anderer Supercomputerarchitekturen stehen eben meistens leer, während bei Cray die zusätzlichen Prozessoren andere Aufgaben übernehmen können.

Der "Linpack 1000 x 1000 best effort" Benchmark erlaubt beliebige Modifikationen und basiert bei allen Herstellern auf Assemblerroutinen.

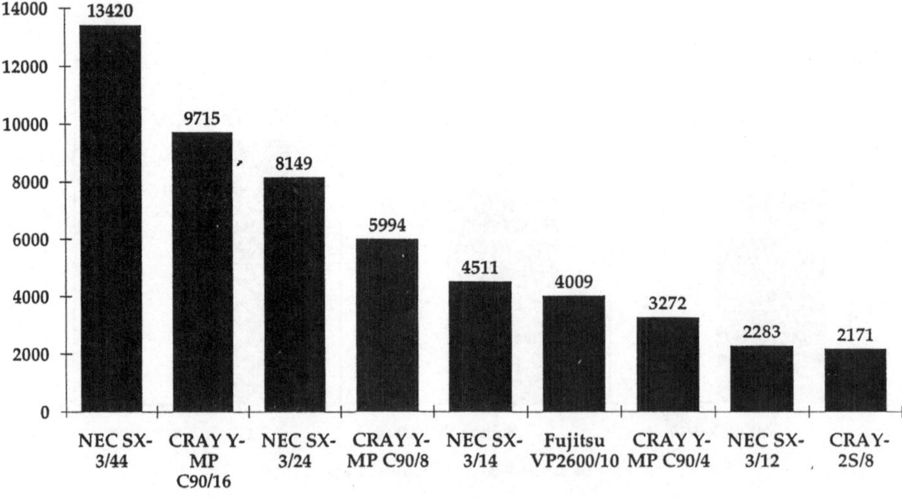

Abbildung 13:
Linpack 1000 x 1000

Beim Slalom-Benchmark erreicht der C90-Prototyp in der Solverroutine knapp 15 GFLOPS und damit 97,7% seiner theoretischen Peakleistung.

Anzahl CPUs	Anzahl Patches	YMP total MFLOPS	Solver MFLOPS	Anzahl Patches	C90 total MFLOPS	Solver MFLOPS
1	14638	263	285	23462	682	755
2	21490	569	619	35180	1518	1670
4	30782	1212	1307	51448	3252	3565
8	43548	2327	2503	73764	6629	7269
16-	---	---	---	105470	13554	14994

Abbildung 14:
Ergebnisse von SLALOM mit CG-Solver

Der von M. Simmons und H. Wasserman vom Los Alamos National Lab durchgeführte Benchmark zeigt folgende Ergebnisse im Vergleich zur CRAY Y-MP:

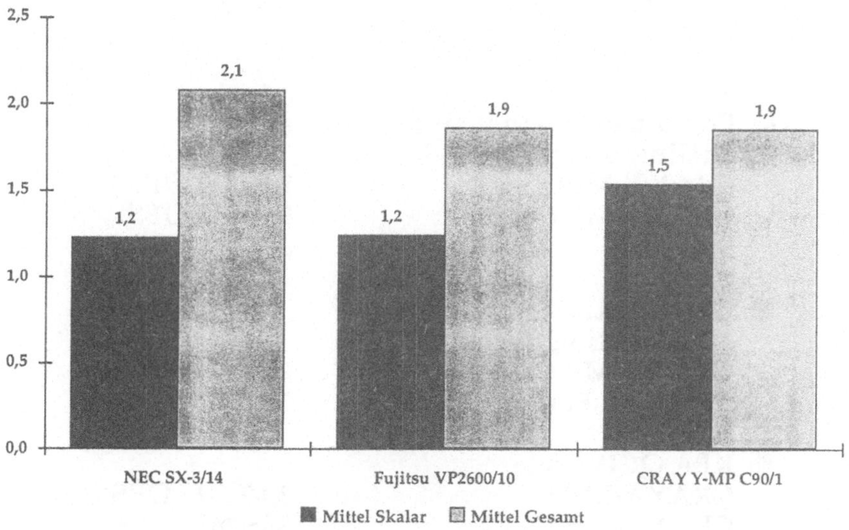

Abbildung 15:
LANL Benchmarks

Der Perfect Club Benchmark besteht aus 13 Anwendungsprogrammen aus verschiedensten Wissenschaftsbereichen. Die Gesamtlaufzeiten für die Benchmarksuite ohne Optimierung sind im folgenden Vergleich dargestellt:

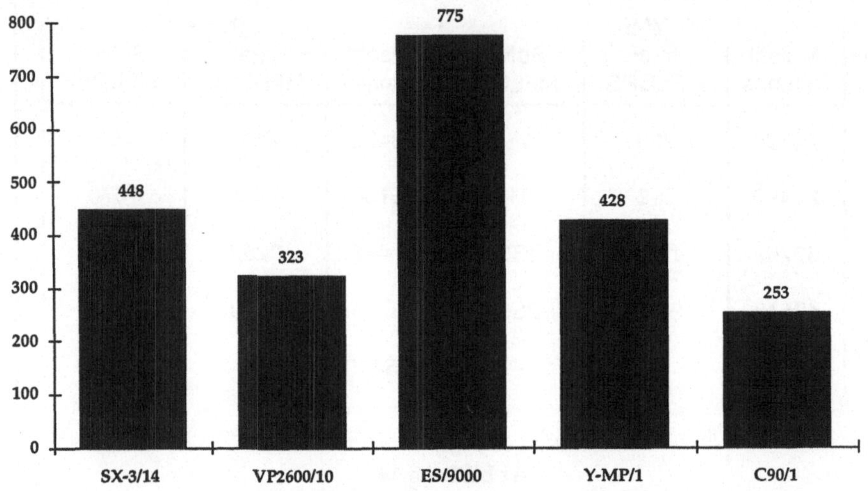

Abbildung 16:
Perfect Benchmark Baseline

Erste Erfahrungen europäischer Anwender übertreffen die Erwartungen:

■ **Proudman Oceanographic Laboratory**
Shallow water sea model
CRAY Y-MP/ 8　　　　　　　　**1,8 GFLOPS**
CRAY Y-MP C90/ 16　　　　　　**9,0 GFLOPS**
Speedup　　　　　　　　　　　**5**

■ **Geco-Prakla**
3D Migration Kernel
CRAY Y-MP C90/ 16　　　　　　**6,4 GFLOPS**
CPU-Zeit/ Elapsed Zeit　　　　**15,5**

■ **KFA QCD-Code**
CRAY Y-MP/8　　　　　　　　　**1,67 GFLOPS**
CRAY Y-MP C90/1　　　　　　　**805 MFLOPS**

Abbildung 17:
CRAY Y-MP C90 Anwendungen

Für das Spektralmodell des ECMWF wurde mit großem Erfolg Parallelverarbeitung eingesetzt:

Anzahl CPUs	Normal Step	Radiation Step
1	1	1
4	3.29	3.74
8	6.76	7.49
12	9.77	10.88
16	12.76	14.21

Speedup durch Parallelverarbeitung auf CRAY Y-MP C90

5 Perspektiven für Vektorparallel-Architekturen

Die neue CRAY Y-MP C90 stellt heute das Top-End der Supercomputerlandschaft dar. Dies wird erreicht durch konsequente Implementierung von Parallelverarbeitung:

- Parallele Funktionseinheiten
- Parallele Vektorpipes
- Parallele Prozessoren
- Paralleler Speicherzugriff
- Paralleler I/O
- Parallele Software

Als Produktionssysteme sind derzeit Vektor-Parallel-Rechner gefragter denn je. Die balancierte Architektur der CRAY Y-MP C90 liefert Durchsatzleistung mit höchster Effizienz. Die vorhandene Basis von optimierter 3rd Party Software ist groß.

Für die Zukunft sind Taktzeiten im Bereich von 1 ns realistisch. Unter Beibehaltung des shared Memory-Konzepts sind auch mehr als 16 Prozessoren integrierbar und Systemleistungen von jenseits 100 GFLOPS werden erreicht werden. Eine große Herausforderung liegt hier in effizienter Software. Durch Standardisierung und Weiterentwicklung der Basisdienste für verteilte Anwendungen wird sich eine heterogene Rechenumgebung etablieren.

6 MPP Gesichtspunkte

Neben den klassischen Supercomputer-Architekturen mit einer moderaten Anzahl exterem leistungsfähiger Vektorprozessoren gewinnen die sogenannten massiv-parallelen (MPP) Systeme auf Basis von RISC-Prozessoren an Bedeutung. Das folgende Diagramm verdeutlicht den möglichen Speedup S auf N Prozessoren bei Parallelisierungsgrad P von größer 99%:

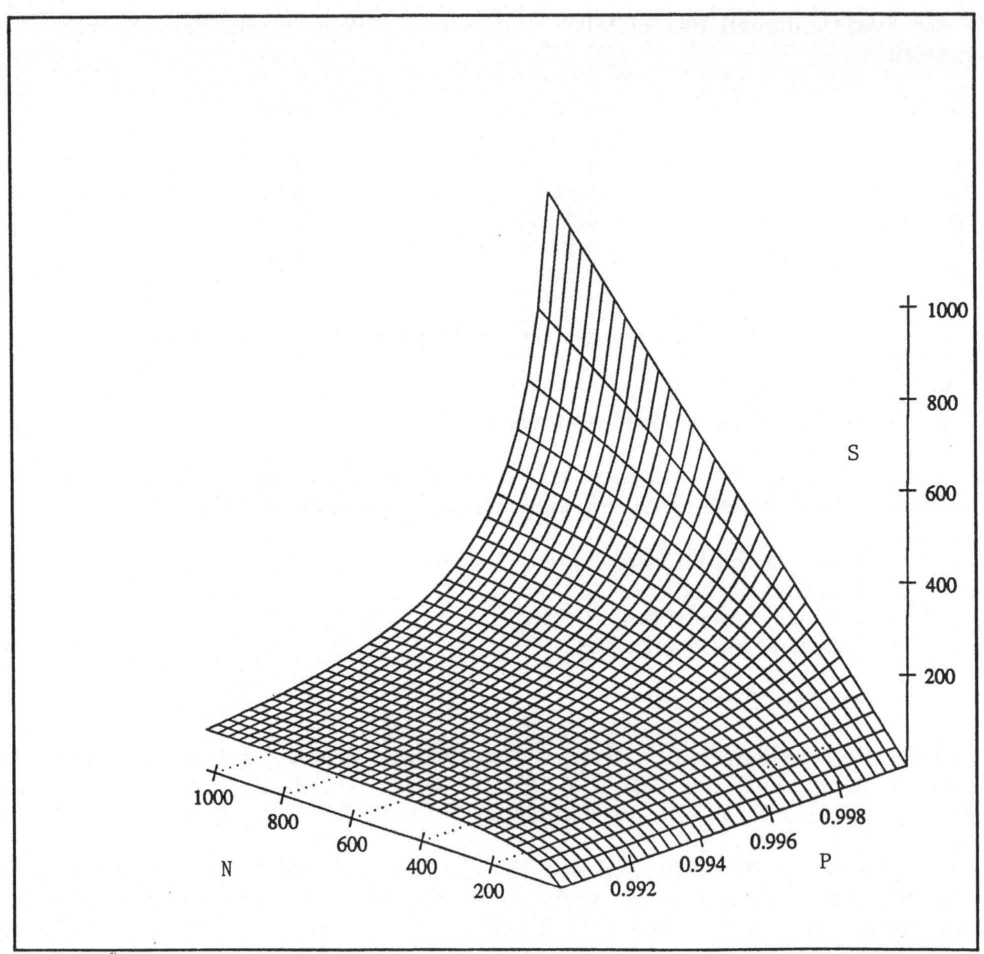

Abbildung 18:
Amdahl's Law

Um eine gute Effektivität eines MPP-Systems zu erreichen, muß also zunächst ein hoher Parallelisierungsgrad der Anwendung vorliegen. Wenige leistungsfähige Prozessoren sind bei gleicher Aggregatleistung einer größeren Anzahl geringerer Leistung vorzuziehen, wie folgende Betrachtung zum Teraflops-Computer zeigt:

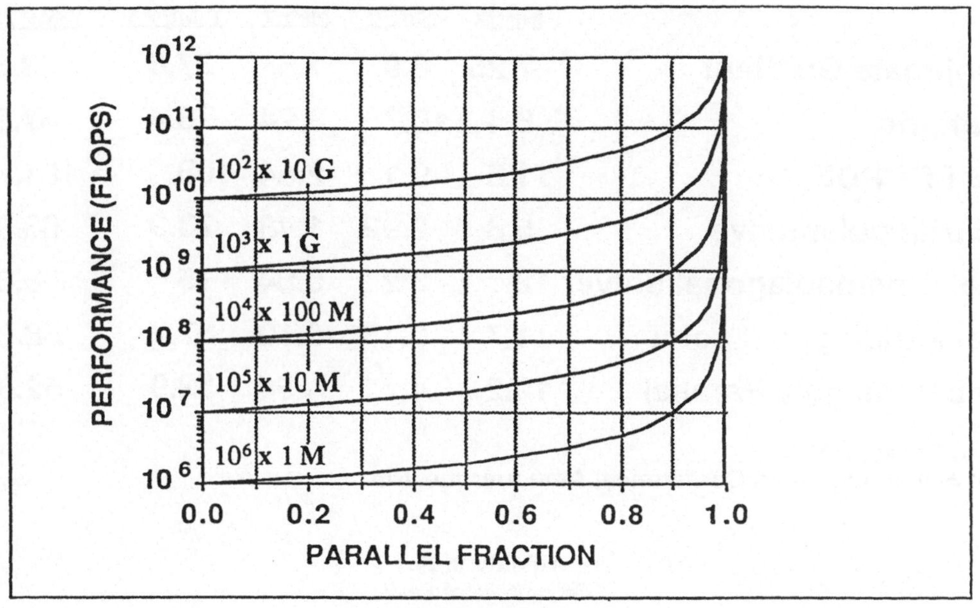

Abbildung 19:
Teraflops Computing

Zukünftige MPP-Entwicklungen werden technologiegetriebene sein (RISC). Derzeit wird die Leistungsfähigkeit von MPP-Systemen vorwiegend anhand der Summe der theoretischen Spitzenleistungen aller Einzelprozessoren beurteilt. Das läßt wesentliche Hardware-Gesichtspunkte wie

- Topologie des Systems
- Speicherbandbreite/Zykluszeit
- Bandbreite des Verbindungsnetzwerks
- Routing
- Speicheradressierung
- SIMD/MIMD
- Synchronisationsmechanismen

außer acht.

7 MPP Effizienz heute - Benchmarkerfahrungen bei NASA/AMES

David Bailey von NASA/AMES hat folgenden Benchmark auf den gängigen MPP-Systemen sowie auf einer Y-MP durchgeführt. Die dabei deutlich gewordene geringe Effizienz der MPP-Systeme führt Bailey auf die zu geringe Kommunikationsbandbreite zwischen den Einzelprozessoren zurück.

	MPPx	MPPy	MPPz	Y-MP / 1	Y-MP / 8
Conjugate Gradient	7.25	0.9	1.6	37.5	23.6
Multigrid	8.4	10.7	3.24	78.4	67.3
3-D FFT PDE	11.3	9.1	2.54	108.	101.
LU triangular solve	5.8	2.92	1.43	73.9	63.9
Scalar pentadiagonal solver	12.	3.2	0.84	75	68.3
Block tridiagonal solve	11.7	5.18	0.72	67.2	58.3
Embarassingly Parallel	12.2	4.71	4.54	52.9	52.5

David Bailey, NASA
1991 Supercomputing Conference, Albuquerque, NM

Abbildung 20:
Percentage of Peak

8 Das MPP-Projekt von Cray Research

Mittelfristiges Ziel des Cray MPP Projekts ist es, 1997 ein System am Markt anzubieten, das für Produktionsanwendungen eine sustained Performance von 1 TeraFLOPS liefert. Dies wird im Rahmen eines 3-Phasen-Konzepts realisiert werden:

Phase 1 **Makroarchitektur DEC ALPHA Prozessor**
150 + GFLOPS Spitzenleistung
verfügbar 1993

Phase 2 **System skalierbar bis 1 TeraFLOPS**
verfügbar 1995

Phase 3 **TeraFLOPS-Leistung für Produktionsanwendungen**
verfügbar 1997

Dabei bietet die Möglichkeit der engen Kopplung eines MPP-Systems an ein CRAY Y-MP System für den Anwender den Vorteil, die ersten Gehversuche auf massiv-parallelem Gebiet aus der komfortablen high-performance UNICOS-Umgebung heraus wagen zu können. Darüber hinaus stellen verteilte Anwendungen zwischen Vektorparallel-Supercomputer und MPP-System eine interessante Alternative dar.

Bei aller Euphorie sollte man sich jedoch darüber im klaren sein, daß MPP Systeme auf absehbare Zeit noch keineswegs General Purpose Charakter haben werden. Die wesentlichen Herausforderungen liegen in einer balancierten Hardwarearchitektur und einem flexiblen Programmiermodell.

An Overview of the HITACHI S-3800 Series Supercomputer

Kouichi Ishii, Hitoshi Abe, Shun Kawabe and Michihiro Hirai

Kanagawa Works, Hitachi Ltd.
1 Horiyamashita, Hadano-shi,
Kanagawa-ken, 259-13 JAPAN

Abstract

Hitachi Ltd. has developed a world-class supercomputer group, the HITACHI S-3000 Series, to meet accelerating demands for higher performance, larger system capacity and greater fitness with established development environments in engineering/scientific community. It comes in two subgroups, the water-cooled S-3800 and the air-cooled S-3600, each consisting of several models. Built on leading-edge hardware technologies, and comprising multiple scalar as well as vector engines, the top-of-the-line S-3800/480 delivers a maximum arithmetic throughput of 32 GFLOPS, an order of magnitude higher than that of the predecessor group S-820. The Series operates under an OSF/1 version of the UNIX® operating system, which provides the users with easy access to a variety of established application packages, as well as Hitachi's proprietary VOS3/AS. To allow communications with other computing resources and high-power workstations via a high speed network, the Series supports the HIPPI interface. For quick visualization of simulation results, the real-time animation feature developed first for the S-820 is also available.

1 Introduction

As mankind continues its endeavor to expand its comprehension and mastery of nature and to enhance quality of life through technological innovation, the supercomputer becomes increasingly indispensable. As the scope of research and the scale of modeling are stepped up year after year, computation power is required to grow at spiraling rates. For example, in a weather forecasting model, improving the mesh grain ten folds means a thousand fold increase in computation speed to have the results in the same turn-around time.

Furthermore, as the user community becomes more diversified, the supercomputer is required to satisfy its increasingly varying needs. While the main supercomputer conducts numerically intensive production runs, the front-end general-purpose computer performs development jobs such as compilation and systems functions such as file management, and interfaces with other systems and users connected locally or online. In such environments, needs are growing for allowing multiple users to share their files and to submit/transmit jobs and results between their peers as well as between them and the main supercomputer as illustrated in Figure 1-1. Many of such environments are

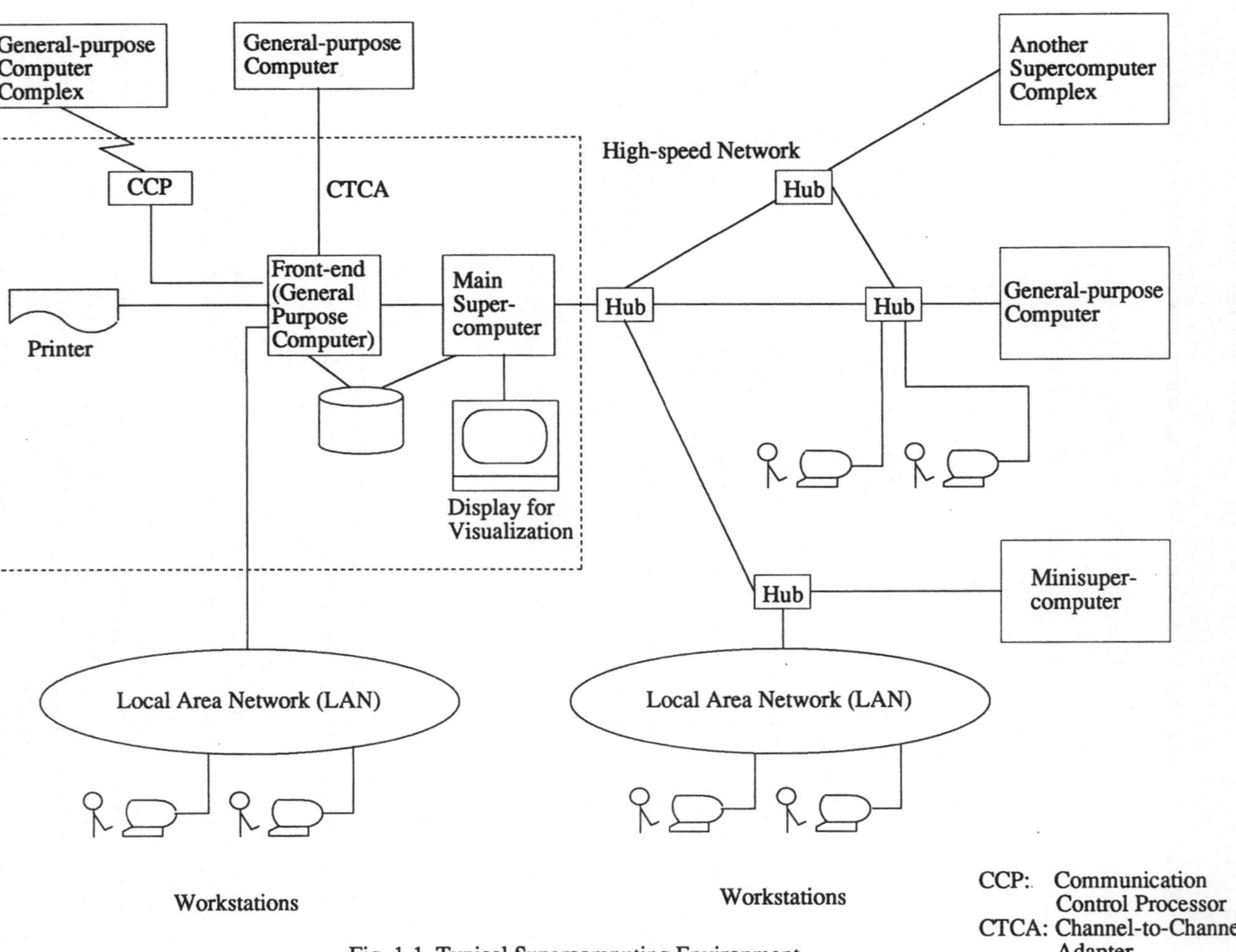

Fig. 1-1 Typical Supercomputing Environment

now heterogeneous in terms of hardware equipment, network protocol and software platform. Today's supercomputer complex must therefore be designed to work in open environments, ensuring better accessibility, connectivity and interoperability.

Taking these emerging trends and ever-increasing performance needs into consideration, we have developed the S-3000 Series with the following objectives:
- Deliver world-class computing power.
- Support network speeds large enough to enable high data traffic between systems.
- Fit neatly in distributed computing environments.
- Satisfy open system requirements at various levels, such as connectivity, portability, interoperability and scalability.
- Offer unique capabilities.
- Provide powerful development tools.

The S-3000 supercomputer is positioned as a high-power compute server in the large-scale information processing network operating in an open environment. The S-3000 Series consists of two subgroups: the water-cooled, high-end S-3800 Series, which is targeted at users requiring the highest performance, and the air-cooled, low-end S-3600 Series, which is situated in the range of the predecessor S-820.

This paper presents an overview of the S-3800 supercomputer, focusing on its major hardware enhancements over the S-820.

2 System Overview

Developed as the high-end successor to the S-820, the S-3800 is characterized by its world-class performance, large system capacity, enhanced support for open environments and existing applications, and improved human interface.

The S-3800 Series comes in six models, from Model 160 with one Vector and one Scalar Processor to Model 480 with four Vector and four Scalar Processors. The Vector Processor, except in Models 160 and 260, is capable of performing eight billion floating-point operations per second (8 GFLOPS); thus, the top-of-the-line Model 480 delivers a maximum arithmetic throughput of 32 GFLOPS. This high level of performance has been realized by (1) the state-of-the-art hardware technology which is based on that of Hitachi's foremost commercial computer M-880 with some enhancements, (2) the advanced pipeline arithmetic and storage control logic, and (3) the multiprocessor configuration with up to four Vector and up to four Scalar Processors.

To provide a balance with the high performance, we have enhanced the system's capacity significantly over that of the S-820: the Main Storage form 512 Mbytes to 2 Gbytes, the Extended Storage from 12 Gbytes to 32 Gbytes, the number of channels from 64 to 128, and the total channel throughput from 288 Mbytes/s to 1.1 Gbytes/s at maximum. To satisfy emerging needs for speeds of communication between computingresources an order of magnitude higher than the conventional channel speeds, the system supports HIPPI (High Performance Parallel Interface).

To support increasingly popular modes of supercomputer usage, we have chosen a UNIX operating system as the 3000 Series's primary system software. More specifically, we have developed HI-OSF/1-MJ based on OSF/1™, which conforms both to POSIX (IEEE Standard 1003.1) and to X/Open's™ XPG3 (X/Open Portability Guide Version 3). To fit in modern supercomputing environments, HI-OSF/1-MJ has a number of features added on OSF/1, supporting vectorizing and parallelizing FORTRAN, vectorizing C, multiple vector/scalar configuration, real-time animation and HIPPI. The support of a UNIX platform and other open system features provides users with easier access to a variety of application packages which have been developed and have become standard in engineering/scientific community, and with greater connectivity and interoperability with existing resources in multivendor environments.

To allow quick viewing of the results of analysis or simulation, the system offers a real-time visualization capability called the Scientific Animation Graphics Feature. This optional feature sends out the animation pictures as video signals, in either NTSC (National Television System Committee) or a high definition television format, directly to an outboard display unit at an ordinary video rate (30 frames/s). As it eliminates frame-by-frame recording, the process of generating and viewing the animated results is speeded up by one to three orders of magnitude.

3 Architecture and System Organization

In recent years, with the rapid progress of science and technology, demand for high performance in numerical computation has been escalating at a much higher pace than advances in component technology allow. Parallel construction, which permits multiple streams of processing to run concurrently within a single supercomputer complex, is therefore gaining momentum. Whereas massively parallel structures based on a large number of microprocessors are attractive for their relatively low cost especially in the small to medium ranges of the engineering/scientific market, a major breakthrough in programming is yet to be made before they gain general acceptance in a wide spectrum of application. On the high end of the market, where pipelined single-engine designs have been predominant, more and more parallelism based on a relatively small number of vector processors is being introduced to minimize the gap between supply and demand in computing power.

Along this line, the S-3800 employs a multiple-vector/scalar processor approach, with a maximum of four Vector and four Scalar Processors. While the Scalar Processors perform pre- and post-processing of vector jobs, scalar jobs such as compilation, and system functions, the Vector Processors execute actual vector arithmetic or logical operations as directed by the Scalar Processors.

Since the Scalar Processor is a full-fledged general-purpose processor in itself, the S-3800 system can operate as a self-sufficient, standalone supercomputer complex (see Figure 3-1), or as a back-end supercomputer front-ended by a general-purpose computer in an LCMP (Loosely Coupled Multiprocessor) configuration (see Figure 3-2).

X/Open is a trademark of X/Open Company Limited.
OSF is a trademark of Open Software Foundation.

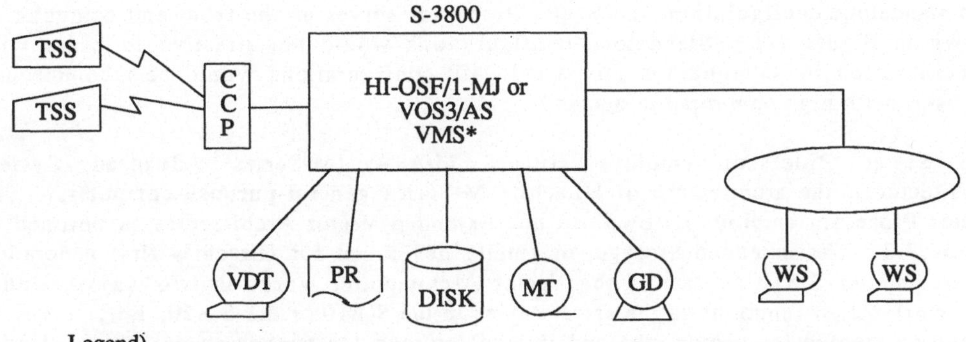

Legend)

CCP: Communication Control Processor
GD: Graphic Display
MT: Magnetic Tape
PR: Printer
TSS: TSS (Time Sharing Sytem) Terminal

VDT: Video Display Terminal
    (for system operation)
VOS3: Virtual Operation System 3
VMS: Virtual Machine System
WS: Workstation

*) VMS is required to run both HI-OSF/1-MJ and VOS3/AS simultaneously.

Fig. 3-1 Standalone Configuration of S-3800

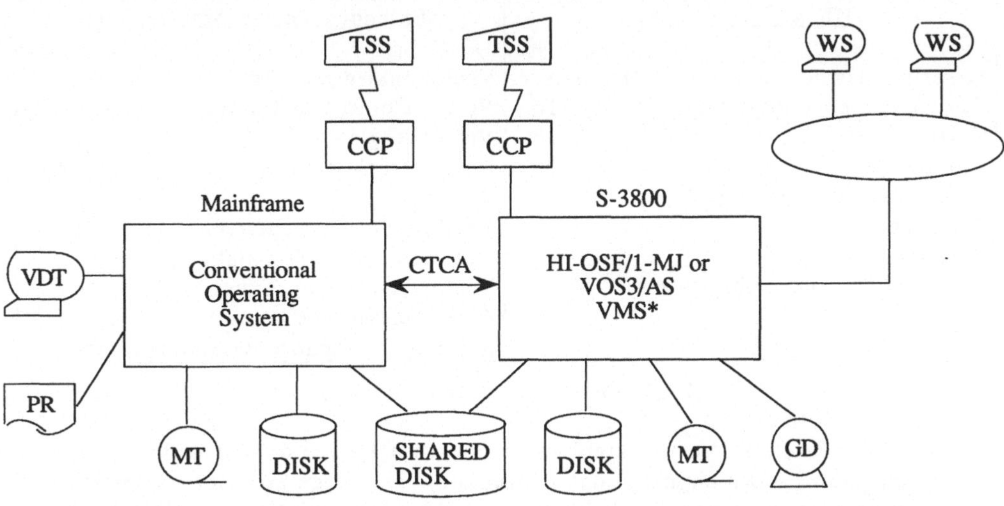

Legend)

CCP: Communication Control Processor
CTCA: Channel-to-Channel Adapter
GD: Graphic Display
MT: Magnetic Tape
PR: Printer
TSS: TSS (Time Sharing Sytem) Terminal

VDT: Video Display Terminal
    (for system operation)
VOS3: Virtual Operation System 3
VMS: Virtual Machine System
WS: Workstation

*) VMS is required to run both HI-OSF/1-MJ and VOS3/AS simultaneously.

Fig. 3-2 Loosely-coupled Configuration of S-3800

In a standalone configuration, the Scalar Processor serves as the front-end computer as shown in Figure 1-1. Standalone configurations would be attractive to users with moderate need for computation power. LCMP configurations would be recommended for users with high computation demand.

The Scalar Processor employs Hitachi M/ASA (M-Series Advanced System Architecture), the architecture of Hitachi's M-Series general-purpose computers. The Vector Processor employs its own, ad hoc Extended Vector Architecture as outlined in Figure 3-3. The Extended Storage, originally developed for Hitachi's first generation supercomputer S-810 as part of the Vector Architecture, works in two ways. Under HI-OSF/1-MJ, it functions in the same way as in the S-810 or the S-820, i.e., serves as swapping storage for vector jobs and internal storage for temporary data sets. Under VOS3/AS, the Extended Storage is split into two portions, one functioning as the supercomputer's extended storage (as under HI-OSF/1-MJ) and the other functioning as the more general-purpose Expanded Storage, which is part of M/ASA. In the latter mode, it is shared among scalar as well as vector jobs, and serves as storage for paging and swapping, and as storage for user data sets when used in conjunction with VOS3/AS's sequential access method.

Scalar Processor	Vector Processor
__HITACHI M/ASA__	__Extended Vector Architecture__
M-series Instruction Set 216 insts.	Vector Instruction Set 99 insts.
General-purpose Registers 16	Vector Control Instructions (Scalar) 18
Floating-point Registers 16	Vector Registers 32 sets
Control Registers 16	Vector Mask Registers 16
31-Bit Extended Addressing	Scalar Registers 32
Data Space	Vector Address Registers 48
Expanded Storage	Vector Address Translation
Extended Channel Subsystem	Vector Processing Timer
	Extended Storage
	Scientific Animation Graphics Support

Fig. 3-3 Architecture of S-3800

In addition, the Extended Vector Architecture includes 99 vector instructions, 18 vector control instructions —which are scalar instructions—, a large stack of vector registers, a vector processing timer and the optional Scientific Animation Graphics Feature.

As shown in Table 3-1, the vector instruction set has been enriched by adding nine instructions to the S-820's: eight for extended 3-term operations such as "vector = vector x vector + vector" and one for random number generation. Furthermore, to support multiprocessor configurations efficiently, we have added five vector control instructions, which are scalar instructions.

The Vector Processor can basically operate concurrently with the Scalar Processor. During compilation, a DO loop in the source code is converted ("vectorized") to one or more vector instructions for the Vector Processor, and an instruction for starting the

Vector Processor (EXVP (Execute Vector Processing) instruction) is inserted into the code for the Scalar Processor. During the execution step, the Scalar Processor, upon encountering an EXVP instruction, activates the Vector Processor, which, in turn, executes the series of vector instructions associated with it, while the Scalar Processor proceeds with the subsequent scalar operation.

Table 3-1 List of Vector Instructions

Kind	No. of Instructions
load/store (including list vector)	20
move	7
simple arithmetic	13
macro (compound arithmetic)	12
convert	2
compare	13
search	7
logical	7
mask	5
control	4
extended 3-term*	8
random number generation*	1
Total	99

*) new on the S-3800

The system is operated by HI-OFS/1-MJ or VOS3/AS in native mode, or a combination of both under Hitachi's virtual machine operating system VMS (Virtual Machine System). Developed as the primary operating system for the high end of Hitachi's M Series general-purpose computers, VOS3/AS is capable of managing enterprise-level systems with large configurations. To serve also in open, distributed computing environments, it supports industry standard protocols such as OSI (Open Systems Interconnection) and TCP/IP (Transmission Control Protocol/Internet Protocol) and interfaces of various kinds such as FDDI (Fiber-Distributed Data Interface) and HIPPI. Most of the features for the S-3000 Series added to OSF/1 are also supported by VOS3/AS.

When both HI-OSF/1-MJ and VOS3/AS run in an S-3000 system, either in a single processor or in a multiprocessor configuration, communication between the two operating systems, or more technically between any pair of virtual machines, is accomplished via a virtual CTCA (Channel-to-Channel Adapter) under the control of VMS.

Communication with other systems is accomplished via a LAN (Local Area Network) connection, and additionally via a [real] CTCA if supported by the other system.

In addition to HIPPI support, the system is equipped with optical channels which transfer data at a rate of 18 Mbytes/s (per channel) as well as conventional metal channels which transfer data at a maximum rate of 9 Mbytes/s (per channel).

Table 3-2 summarizes the specifications of the S-3800. They incorporate significant enhancements to those of the S-820 in terms of performance and system capacity. For details of the common features such as the Extended Storage, the vector registers and the vector instructions and their benefits, refer to Reference [1].

4   Logic Structure

4.1 Overview

As illustrated in Figure 4-1, the S-3800 supercomputer consists of the following component units:
- one to four Instruction Processors (IPs) depending on the model
- one System Controller (SC)
- one Main Storage with the capacity ranging from 512 Mbytes to 2,048 Mbytes (2 Gbytes)
- one Extended Storage with the capacity ranging from 2 Gbytes to 32 Gbytes
- one or two Input/Output Processors (IOPs), each of which contains from 8 to 64 channels
- one Service Processor (SVP)
- one or two Console Devices (CDs)
- an appropriate number of Power Distribution Units (PDUs) depending on the model and the configuration
- an optional High-speed Interface Adapter
- an optional Scientific Animation Graphics Feature

Each Instruction Processor consists of one Scalar Processor (SP) and one Vector Processor (VP), except for Model 182, whose second IP is not equipped with a VP. The Instruction Processor will be discussed in detail in Section 4.2.

The System Controller performs data transfer between the Main Storage and any of the Extended Storage, the Scalar Processors, the Vector Processors and the IOPs, solving contentions among them. The Main Storage serves as an ordinary processor storage which contains programs, data and system tables. The Extended Storage constitutes an intermediate level in the storage hierarchy and provides excellent potentials for significant elapsed time and system performance improvements, as discussed in Reference [1]. The High-speed Interface Adapter, which supports HIPPI, and the scientific Animation Graphics Feature connect to the System Controller.
Figure 4-2 illustrates how the System Controller, built around the Main Storage and the Extended Storage, manages flows of data in the S-3800 system.

The channels, housed in Input/Output Processors (IOPs), transfer data between the Main Storage (via the System Controller) and input/out devices, over an industry-standard protocol (with some enhancement).   The microprocessor-based Service Processor (SVP), in combination with a Console Device (CD) attached to it, monitors and controls the operation of the processor complex and performs system functions such as initial program load (IPL), and reliability, availability and serviceability (RAS) functions.

Table 3-2 Specification of S-3800

Model			160	180	182	260	280	480
Maximum Arithmetic Throughput		(GFLOPS)	4	8	8	8	16	32
No. of IPs (Instruction Processors)			1	1	2	2	2	4
	No. of SPs (Scalar Processors)		1	1	2	2	2	4
	No. of VPs (Vector Processors)		1	1	1	2	2	4
SP	No. of General Registers		16			2 x 16		4 x 16
	No. of Access Registers		16			2 x 16		4 x 16
	No. of Control Registers		16			2 x 16		4 x 16
	No. of Floating-point Registers		16			2 x 16		4 x 16
	Buffer Storage Capacity	(Kbytes)	256			2 x 256		4 x 256
VP	No. of Vector Instructions		99					
	No. of Pipeline Elements	Multiply + Add/Logical	4	8	8	2 x 4 (=8)	2 x 8 (=16)	4 x 8 (=32)
		Divide	1	1	1	2 x 1 (=2)	2 x 1 (=2)	4 x 1 (=4)
		Mask Operation	1	1	1	2 x 1 (=2)	2 x 1 (=2)	4 x 1 (=4)
		Vector Load	2	4	4	2 x 2 (=4)	2 x 4 (=8)	4 x 4 (=16)
		Vector Load/Store	2	4	4	2 x 2 (=4)	2 x 4 (=8)	4 x 4 (=16)
	No. of Vector Registers	(words)	32 x 256	32 x 512		2 x 32 x 256	2 x 32 x 512	4 x 32 x 512
	No. of Vector Mask Registers	(bits)	16 x 256	16 x 512		2 x 16 x 256	2 x 16 x 512	4 x 16 x 512
	No. of Scalar Registers		32			2 x 32		4 x 32
Main Storage(MS)	Capacities	(Mbytes)	256—1,024	512, 1024			1024, 2048	
	Error Checking/Correction		1-bit error correction, 2-bit error detection					
Extended Storage (ES)	Maximum Capacity	(Gbytes)	16				32	
	Max. Rate of Transfer with MS (Gbytes/s)		2 or 4					
	Error Checking/Correction		1, 2-bit error correction					
Input/ Output Processor (IOP)	Maximum No. of Channels	Metal	64					
		Optical	64					
		Total	128					
	Maximum Data Rate (Mbytes/s)	per Metal Channel	9					
		per Optical Channel	18					
		Total Aggregate	1,152					
High-speed Interface		(Mbytes/s)	2 x 100 (HIPPI)					
Scientific Animation Graphics	Speed	(frames/s)	30					
Feature		Interfaces	NTSC, HDTV					

Legend) HDTV: High Definition Television (Japanese specification)
NTSC: National Television System Committee

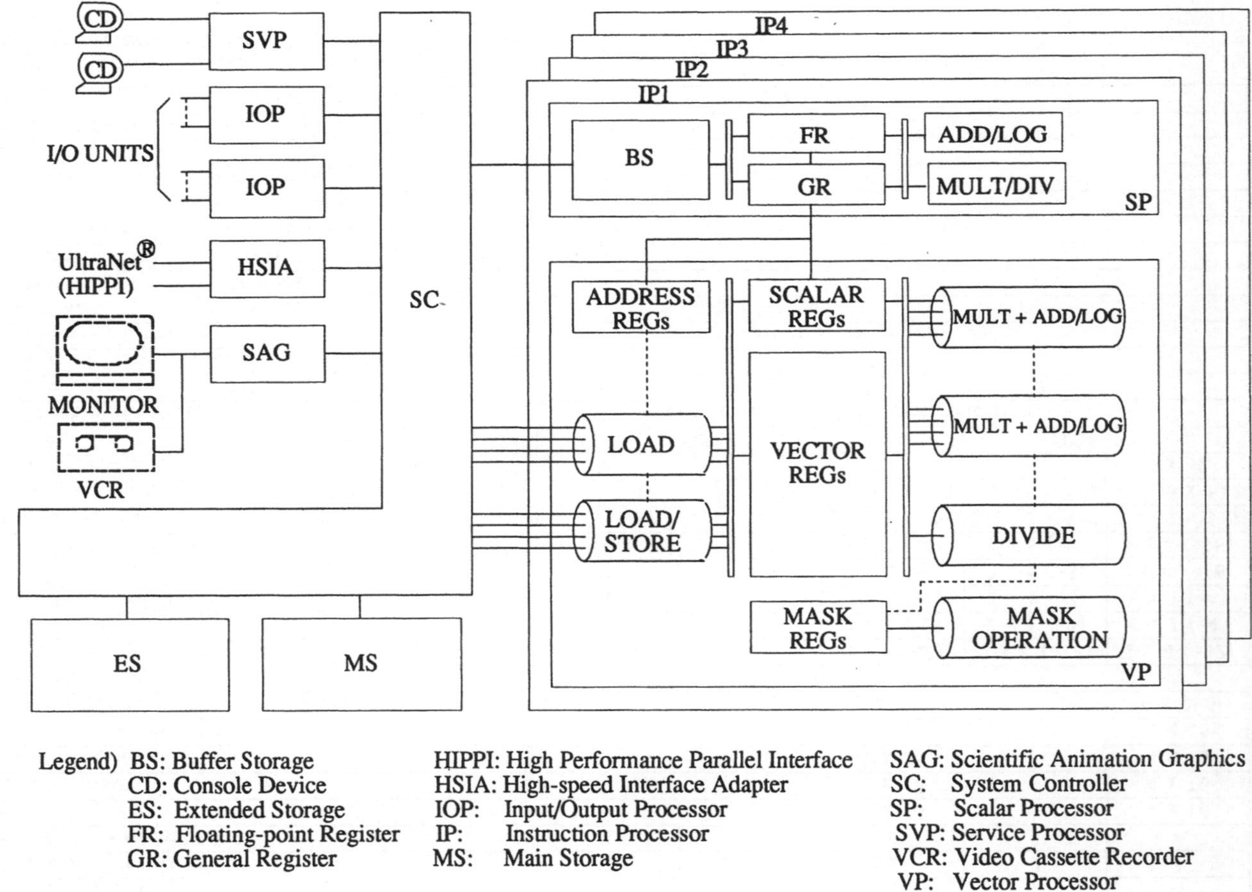

Legend)
BS: Buffer Storage
CD: Console Device
ES: Extended Storage
FR: Floating-point Register
GR: General Register

HIPPI: High Performance Parallel Interface
HSIA: High-speed Interface Adapter
IOP: Input/Output Processor
IP: Instruction Processor
MS: Main Storage

SAG: Scientific Animation Graphics
SC: System Controller
SP: Scalar Processor
SVP: Service Processor
VCR: Video Cassette Recorder
VP: Vector Processor

UltraNet is a registered trademark of Ultra Network Technologies, Inc.

Fig. 4-1 Processor Organization of S-3800

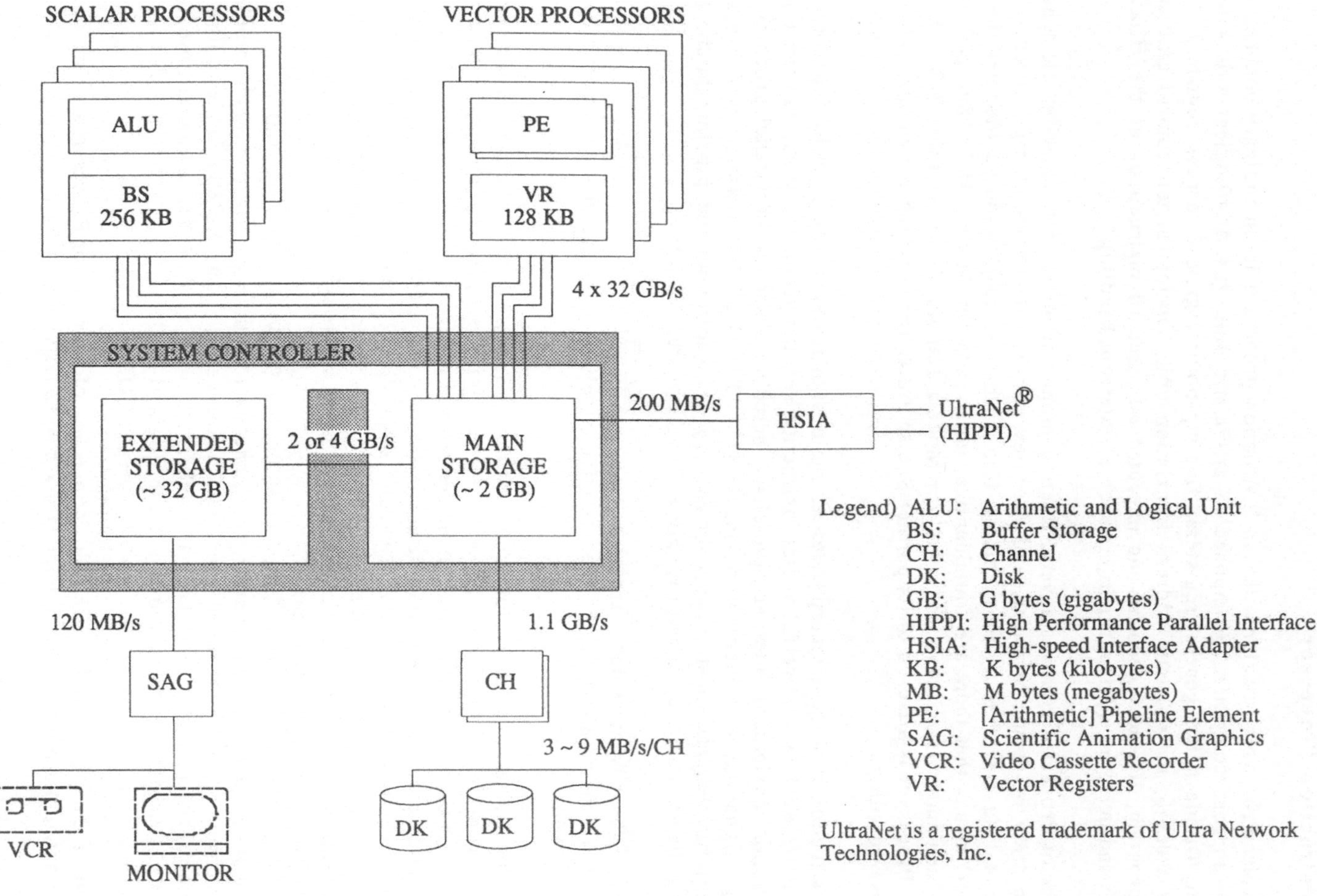

Fig. 4-2 Storage Hierarchy of S-3800

4.2 Instruction Processor

The Scalar Processor functions like an instruction processor in an ordinary commercial general-purpose computer. Composed of arithmetic units (an Add/Logical unit and a Multiply/Divide unit), general registers, floating-point registers, access registers, the Buffer Storage, the dynamic address translation unit, the instruction control unit and microprogram, it reads, decodes and executes all standard instructions of the Hitachi M/ASA and performs system functions such as interrupt handling.

The Vector Processor contains several floating-point arithmetic units (pipeline elements) and an array of vector registers, and executes vector instructions at high speed. In Figure 4-1, a set of four lines coming into or out of each resource (denoted by a cylinder) means that there are four identical units each for Models 180, 182, 280 and 480. The number is smaller, i.e., two, for Models 160 and 260 (see Table 3-2). Each Vector Processor is attached to its partner Scalar Processor to which it belongs; there is no cross-coupling.

The Instruction Processor incorporates all the design features employed by the S-820's counterpart, such as a powerful vector instruction set, the vector registers, and the logic construction maximizing internal parallelism including elementwise parallel processing, linking, signaling, and instruction stacking[1]. The S-3800's Instruction Processor achieves further performance improvements by (1) shortening the pipeline pitch, (2) refining the arithmetic unit, and (3) shortening the vector setup time.

Thanks to the advanced hardware technology as discussed in chapter 5 and carefully administered clock distribution, the effective pipeline pitch has been improved by a factor of two.

The arithmetic unit of each Vector Processor comprises two sets of operation units, each of which consists of four* multiply subunits and four* add/logical subunits, connected together in a cascade, in this order or in the reverse order depending on the instruction, and a divide unit. This cascading structure allows operations on three vector operands such as "vector = vector x vector + vector" to be directly executed as one instruction. These subunits, together with the vector load or the vector load/store units and rows of vector registers, form pipelines in that operands flow through them vector element after vector element in a pipeline element.

     *) For Models 180, 182, 280, and 480. Two for Models 160 and 260.

The pipeline elements can operate simultaneously with each other. Each pipeline element produces a 64-bit result every two nanoseconds. The S-3800 Model 180, the base uniprocessor, which contains altogether 16 (= 2 x (4 + 4)) arithmetic pipeline elements, thus has a maximum arithmetic throughput of

$$\frac{16}{2 \times 10^{-9}\text{sec}} = 8 \text{ GFLOPS.}$$

The top-of-the-line S-3800 Model 480, consisting of four Vector Processors, therefore has a maximum arithmetic throughput of 4 x 8 = 32 GFLOPS.

The Vector Processor analyzes vector register dependencies in the object vector instruction stream and fetches, and dispatches to the arithmetic unit, as many vector instructions as possible to keep these pipes full. The two operation units and the divide unit can together execute three different vector instructions simultaneously. Each operation unit incorporates another level of parallelism: elementwise parallel processing by which, within a single vector instruction, up to four pairs of vector elements are processed in up to four pipes simultaneously[1].

Thus, programs written carefully to exploit the parallel construction of the arithmetic unit, for example, programs with appropriate degrees of juxtaposition between add/subtract/logical and multiply, can realize close-to-peak arithmetic throughputs more easily than on the S-820.

Table 4-1 shows arithmetic execution speeds of some vector instructions on the S-3800 Model 180.

Table 4-1 Vector Instruction Execution Speed (S-3800/180)

(on 64-bit floating-point operands)

unit: MFLOPS

Add	2000
Multiply	2000
Divide	500
Multiply and Add	4000

In the S-820, the vector instruction uses three registers to specify the address base, the address displacement and the address increment values for the vector operands. Therefore, these registers must be loaded by scalar instructions before the actual vector instruction is issued. The time spent on such scalar instructions constitutes part of performance overhead, even though linking and signaling[1] may reduce some of it.

In the S-3800, the vector instruction has provisions to specify "no use" of a vector address base register and to explicitly specify the address increment value. This mechanism bypasses some of the register setup operation and reduces overhead associated with it.

All in all, the S-3800 has achieved a significant improvement over the S-820 in terms of uniprocessor performance: The S-3800/180 is nearly three times as powerful as the S-820/80.

4.3 Multiprocessor Design

Models 182 through 480 are multiprocessor models with two or four Instruction Processors, in other words, with two or four Scalar Processors and one, two or four Vector Processors (see Table 3-2). All the Instruction Processors in a multiprocessor configuration can be utilized simultaneously by a single user job thanks to the parallelizing FORTRAN compiler, or individually by different jobs. This additional level of parallelism contributes more significantly to the overall performance uplift form the predecessor S-820 than the improvements achieved within the Instruction Processor do.

Theoretical maximum arithmetic throughput of a multiprocessor increases in direct proportion to the number of [instruction] processors. Actual, sustainable throughput, however, is lower than theoretical maximum arithmetic throughput in varying degrees because of various overhead. The S-3800 incorporates several mechanisms to reduce multiprocessor overhead, such as the communication buffer.

When multiple tasks of a job are dispatched to multiple Instruction Processors, communication must be maintained between the tasks, for instance in the form of control tables. Since the control table is, by nature, shared by multiple Scalar Processors, table entries tend to be copied into their Buffer Storages. It should be ensured that when one task (Scalar Processor) updates the contents of a table entry, the change is reflected in all the copies held in the Buffer Storages. Although done by hardware, MS(Main Storage)-to-BS(Buffer Storage) transfers, address checking and BS block invalidation cause some slow down in instruction execution.

The S-3800 gets around this overhead by providing a communication buffer in the System Controller, which is shared by all the Instruction (Scalar) Processors. The control tables holding common parameters and flags are placed in the communication buffer. The contents of the communication buffer are not copied into the Buffer Storages, which eliminates MS-to-BS transfers, address checking and BS block invalidation.

4.4 Optional Features

Two optional features, the High-speed Interface Adapter and the Scientific Animation Graphics Feature, can be attached to the system, more specifically, to the System Controller.

Supporting HIPPI, the High-speed Interface Adapter allows up to two UltraNet®
networks to be connected to the S-3800. The Adapter fetches data from the Main Storage and sends it out on HIPPI, or receives data sent on HIPPI and stores it into the Main Storage, both at a maximum rate of 100 Mbytes/s per port. As it has a maximum of two such ports, it supports a total transfer rate of 200 Mbytes/s, which is equivalent to the high-speed version of HIPPI or two UltraNet networks. It thus allows the users to integrate an S-3800 into their existing high-speed network of supercomputers and powerful workstations or to provide a high-speed communication link between an S-3800 and an existing supercomputer complex.

The Scientific Animation Graphics Feature significantly speeds up the process of visualizing the results of numerical analysis or simulation, and allows the user to view

---

UltraNet is a registered trademark of Ultra Network technologies, Inc.

them in animation on the spot as they are produced by the supercomputer. In conventional visualization, the image data is first stored frame by frame in a storage called a frame memory, then converted into analog signals, and finally sent over an ordinary channel onto a video cassette recorder or a 16-mm film, again frame by frame. Using readily available resources, this process requires several seconds to several minutes per frame. Since animation requires 30 frames per second, it takes several hours to make and record a 30-second animation (900 frames) with conventional methods.

The Scientific Animation Graphics Feature capitalizes on the high bandwidth of the Extended Storage. It has direct access via the System Controller to the Extended Storage where the image data is stored by the program. It reads the image data at a maximum transfer rate of 120 Mbytes/s, encodes it into video signals, and sends them out for display and recording. To ensure uninterrupted data transfer between the feature and the Extended Storage, the data transfer instruction for animation making takes the highest priority in the System Controller.

The Feature is available in two versions: NTSC and Japan's HDTV (High Definition Television). The NTSC frame has 650 x 484 pixels, whereas the HDTV frame 1920 x 1035. Each pixel is represented by four bytes in NTSC or two bytes in HDTV. Since the refresh rate is 30 frames/s, animation requires a high data rate of 650 x 484 x 4 bytes x 30 frames/s = 38 Mbytes/s for NTSC, or 1920 x 1035 x 2 bytes x 30 frames/s = 119 Mbytes/s for HDTV. Thus, the maximum transfer rate of 120 Mbytes/s between the Feature and the Extended Storage is sufficient even for HDTV: A 30-second animation is generated and recorded in exactly 30 seconds, a significant reduction in time.

5   Hardware Technology

Hardware technology is one of the key determining factors of the [super]computer's performance, along with architecture, software and logic design. The S-3800 Series employs the state-of-the-art semiconductor and packaging technologies which are based on those of Hitachi's high-end general-purpose computer M-880[2], with some enhancements. They are highlighted by extremely fast semiconductors and a high density packaging scheme which puts them in a water-cooled High Density Module (HDM). Table 5-1 summarizes the hardware technologies developed for the S-3800 in comparison with those of the S-820, which preceded it by five years. Two-to five-fold improvements have been accomplished in terms of circuit speed and density. These improvements have been crucial to achieving a nearly three-fold increase in uniprocessor performance.

To realize the highest possible performance, we have enhanced the technologies of the M-880, which preceded the S-3800 by two years. We have speeded up the main logic LSI by 14% (gate delay from 70 to 60 picoseconds) by scaling the minimum feature size down from 0.8 μ (micrometer) to 0.5 μ, which also doubles the circuit density. We have also developed a few ad hoc LSIs such as the bipolar LSI with an access time of 1 ns (nanosecond) for the vector register, and the biCMOS SRAM with an access time of 15 ns for the Main Storage.

Like the M-880, the S-3800 uses water cooling in the Instruction Processor, the System Controller and part of the Main Storage as mandated by the high density of heat generated by the high-speed circuitry. Cooling water flows through the HDMs and then chilled by heat exchangers housed in separate cabinets.

Table 5-1 Hardware Technologies for S-3800

Item			S-3800	S-820
Logic LSI				
	High-speed ECL	No. of Gates	12K/25K*	2K/5K
		Gate Delay (ps)	70/60*	200/250
	High-density	No. of Gages	80K	24K/40K
	CMOS	Gate Delay (ps)	300	1,000
Memory LSI				
	Vector Register*	No. of Memory Bits	18K	7K
	RAM	No. of Logic Gates	9K	2.5K
	(bipolar)	Access Time (ns)	1.0	2.5
	Logic-in-Memory	No. of Memory Bits	64K/256K*	7K
	LSI	No. of Logic Gates	2K/11K*	1.2K
	(bipolar/biCMOS)	Access Time (ns)	1.6	6.0
	Main Storage*	No. of Memory Bits	1M/4M	64K/256K
	(biCMOS)	Access Time (ns)	15	20/45
	Extended Storage (CMOS)	No. of Memory Bits	4M	1M
Second-Level Packaging (LSIs Mounted on:)				
	Module/Board	Material	Ceramic (mullite)	Plastic (maleimide)
		No. of Layers	44	22
		Max. No. of Logic LSIs	41	72
		Relative Gate Density	22	1
Third-Level Packaging (2nd Levels Mounted on:)				
	Platter (Motherboard)	Material	maleimide styryl resin	maleimide
		No. of Layers	46	22
		Max. No. of 2nd Levels	18	21
Cooling			Water, Forced Air	Forced Air

Legend) K: 1,000   ns: nanosecond (10^{-9}sec)

       M: 1,000,000   ps: picosecond (10^{-12}sec)

*) Enhanced over M-880, or unique to S-3800

6 Conclusion

The HITACHI S-3800 has been developed as one of the most powerful supercomputers in the world, delivering a maximum arithmetic throughput of 32 GFLOPS. The world-class performance has been achieved by a multiprocessor design, state-of-the-art semiconductor and packaging technologies, and a parallel pipeline logic structure. In view of assimilation to open, distributed computing environments, the system operates under a UNIX as well as a proprietary operating system. To satisfy emerging needs for higher speed communication and quicker visualization, the S-3800 supports HIPPI and offers a real-time animation feature.

<u>Special Note</u>

The information presented herein pertains to the Japanese domestic version of the S-3800. It should be noted that the specifications of the S-3800, when offered outside Japan, may change without notice.

Bibliography

[1] M. Hirai, S. Kawabe, H. Wada and S. Goto: An Overview of The HITACHI S-820 Supercomputer System, Supercomputer '89 (Proceedings), Springer-Verlag 1989, pp.56-80

[2] F. Kobayashi, Y. Watanabe, M. Yamamoto, A. Anzai, A. Takahashi, T. Daikoku and T. Fujita: Hardware Technology for HITACHI M-880 Processor Group, Proceedings of 41st Electronic Components and Technology Conference (May 1991), IEEE 1991, pp.693-703

Paragon XP/S - The Road to TeraFLOPS

Thomas Bemmerl

Intel European Supercomputer
Development Center
Dornacher Str. 1
W-8016 Feldkirchen bei München

Summary

The solutions to today's foremost scientific challenges require order-of-magnitude increases in computing power. The route to TeraFLOP computing lies in parallel multi-computers that exploit advances in microprocessor technology.

As the only manufacturer of both advanced microprocessors and parallel supercomputers, Intel Corp. plays a unique role in the drive toward TeraFLOP computing. The Touchstone Program, a joint effort by Intel and the U.S. Defense Advanced Research Projects Agency (DARPA), already has led to the development of the world's fastest supercomputer, a 32-GigaFLOP, distributed memory, mesh interconnection machine installed at the California Institute of Technology (Caltech). The machine, called DELTA, will be used by member institutions of the Concurrent Supercomputing Consortium for research on the so-called Grand Challenges of Science, identified by the U.S. Office of Science and Technology Policy, and other projects.

The Need for a New Era in High Performance Computing

From Charles Babbage's eighteenth-century compute engine through the mechanical calculator to today's multi-GigaFLOP supercomputers, computation has become a fundamental instrument of science. Increasingly, computation supplements, and even replaces, the role of experimentation in advancing scientific knowledge.

Powerful though they are, today's supercomputers are nontheless inadequate for many of the foremost questions facing scientists today. For example, a majority of the Grand Challenge problems depend for their solution on the availability of TeraFLOP levels of computing performance - nearly 1.000 times faster than current conventional supercomputers. Grand Challenge problems are not only of theoretical importance; they include areas such as human genome mapping and global climate modelling, which will have far-reaching economic and sociological impact (Figure 1).

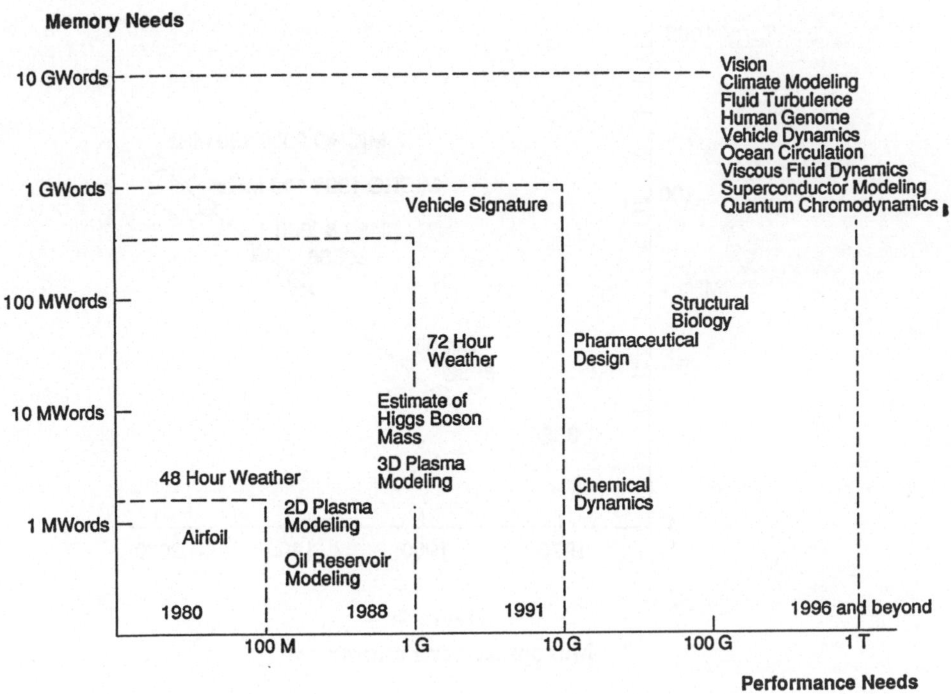

Figure 1:

Computing performance requirements for Grand Challenge problems

Entering the New Age

While the need for higher computing performance is critical, the traditional path to high performance computing is, at best, rocky and circuitous, and at worst, dead-ended. Conventional vector supercomputers face limits of physics and thermodynamics that make performance increases increasingly difficult to attain, within realistic contraints of time and budget. A single Cray Y-MP CPU, for example, has only twice the peak performance of the original Cray-1 processor introduced in 1976. The Y-MP's small-scale multiprocessing (up to eight CPUs) affords a sixteenfold aggregate performance increase over the original system, but speedups of the CPU itself have been relatively slight.

Microprocessor technology, in contrast, continues on a smooth path to higher performance. During the decade in which Cray CPU performance barely doubled, microprocessor performance improved a hundredfold. A single microprocessor, the i860, introduced by Intel in 1989, equals the power of a Cray-1 computer.

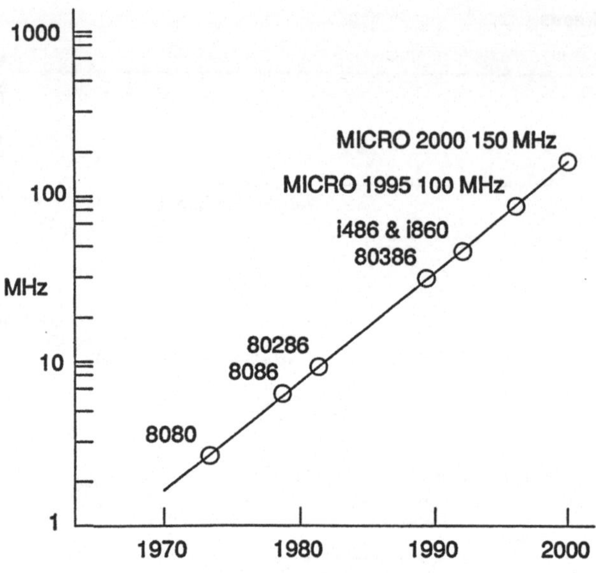

Figure 2:
Microprocessor Performance

According to Intel studies, in particular Intel's *Micro 2000* report, microprocessor performance will continue to double every two years through the end of this century (Figure 2). Thus, massively parallel, microprocessor-based multicomputers will far outstrip traditional supercomputers in performance. As a result, we have entered a new age of supercomputing, in which both current and future needs for high performance computing will be met by massively parallel computers.

Intel's Role: Superchips to Supercomputers

Intel Corp. designs and manufactures both advanced microprocessors and parallel multicomputers. As a result, Intel will play a leading role in moving the computing industry toward the TeraFLOP levels of computing required to solve Grand Challenge problems.

Intel's million-transistor i860 microprocessor has opened the door to microprocessor-based, high-performance numeric computation. The i860 operates at 40 MHz, has a 64-bit bus, and provides a superscalar architecture that allows execution of more than a single operation per clock cycle. The i860 integrates high-speed code and data caches, as well as a floating point unit and a 3-D graphics unit.

Intel projects that by the end of the decade, microprocessors will, on a one-inch square of silicon, encompass up to 100 million transistors and four 250 MHz processing units, for a peak performance of 500 MFLOPs and 750 VAX MIPS.

Intel is also the developer of the world's fastest computer: the Touchstone DELTA System, which provides 32 GigaFLOPs peak performance and was installed in March, 1991 at the California Institute of Technology (Caltech). The DELTA System is used by the fourteen institutions and companies of the Concurrent Supercomputing Consortium for Grand Challenge research and other projects. Among them are global climate modeling, chemical reactivity studies, visualization of data from the Magellan and Galileo satellites, aerospace simulations, human genome research, and the study of molecular processes.

Unlike earlier Touchstone prototypes, which use a hypercube interconnection scheme, DELTA employs a two-dimensional mesh with a bisection bandwidth approaching 1 Gbyte/sec. Using a mesh router chip from Caltech and a backplane-routingplane arrangement designed by Intel, DELTA scales to 512 nodes. Aggregate peak performance exceeds 30 double-precision GigaFLOPs and 17.000 VAX MIPS. System memory scales as well, reaching a maximum of over 8 Gbytes.

The DELTA System was developed as part of the Touchstone Program, a comprehensive, three-year effort to accelerate the progress toward TeraFLOP-level computing by achieving order-of-magnitude improvements in key aspects of high-performance, distributed-memory, message-passing multicomputers. Touchstone is funded by a total of $ 27 million (US) from Intel Corp. and the U.S. Defense Advanced Research Projects Agency's Information Science and Technology Office (DARPA/ISTO).

The Touchstone Program aims for order-of-magnitude price/performance advantages over conventional high-performance computing systems. Research tracks address the full range of hardware, software and applications issues: node performance and capability; the performance, bandwidth, latency and scalability of multicomputer interconnection schemes; I/O performance; packaging; operating systems; programming tools; ease of use; and applications development.

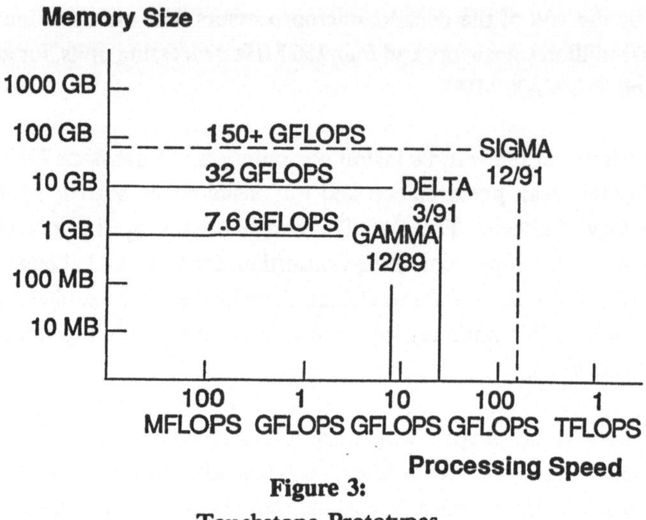

Figure 3:

Touchstone Prototypes

In 1992 Intel will demonstrate SIGMA, the fourth and final Touchstone prototype (Figure 3). SIGMA will incorporate technologies developed for earlier Touchstone systems, along with new ones such as scalable visualization facilities and an integrated development-tool architecture. SIGMA will scale to at least 2,048 nodes with 64 GBytes of main memory and half a Terabyte of online storage, providing aggregate performance in excess of 150 GFLOPs and 100.000 VAX MIPS. The system will incorporate high-density packaging that quadruples the packaging density of the previous prototypes.

The SIGMA prototype represents the base for Intel's newest supercomputer Paragon XP/S, introduced in November 1991. The Paragon system is the first to adopt the OSF/1 standard operating system for MPP systems.

Conclusion

While conventional supercomputers have slowed in their rate of progress, the performance horizon for microprocessor-based systems seems virtually unlimited. By focusing on the synergies among advances in silicon technology, microprocessor architectures and parallel multicomputing architectures, Intel is reframing the question of Tera FLOP computing, turning from "will we?" to "when?" and bringing closer the day when the computing power needed for Grand Challenge problems is both at-hand and affordable.[1]

An Overview of the Connection Machine Model CM-5

Guy L. Steele Jr.

Thinking Machines Corporation
245 First Street
Cambridge, Massachusetts 02142 USA

Abstract

The Connection Machine CM-5 provides high performance plus ease of use for large, complex data-intensive applications. Its architecture is designed to scale to teraflops performance on terabyte-sized problems. SPARC-based processing nodes, each with four vector pipes, are connected by two communications networks, the Data Network and the Control Network. The system combines the best features of SIMD and MIMD designs, integrating them into a single "universal" parallel architecture. This overview will discuss aspects of the processor design, network design, and software for the CM-5.

1 Introduction

The Connection Machine system CM-5 provides high performance plus ease of use for large, complex, data-intensive applications. Its architecture is designed to scale to teraflops or teraops performance for terabyte-sized problems. It features

- independent scalability of processing, communication, and I/O
- extremely high floating-point and integer execution rates
- high processor-memory bandwidth
- efficient execution of high-level languages
- multiple job execution, both timeshared and partitioned
- multi-user network access
- security between users
- flexible high-bandwidth I/O
- balanced scalar and parallel execution
- balanced I/O, processing, and memory
- high reliability and high availability

The CM-5 continues and extends support for the parallel programming model that has proved so successful in the CM-2. To achieve its goals, the CM-5 takes advantage of the latest developments in high-speed VLSI, new compiling technologies, RISC microprocessors, operating systems, and networking. It combines the best features of existing parallel architectures—including fine- and coarse-grained concurrency, MIMD and SIMD control, and fault tolerance—in a single, integrated, "universal" architecture.

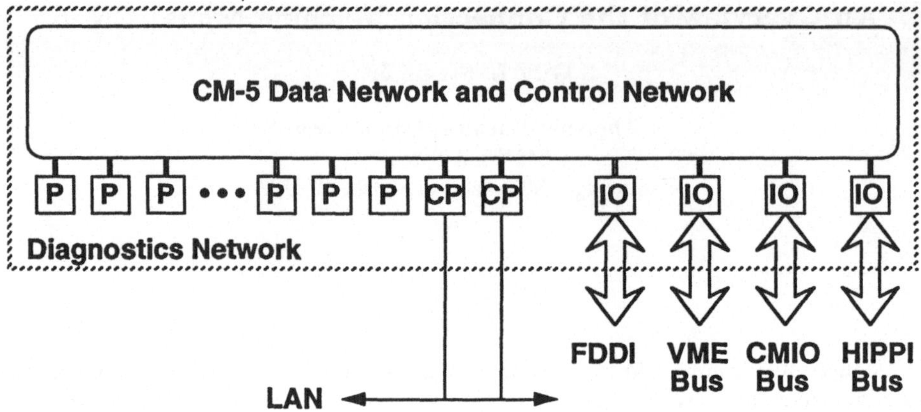

Figure 1: CM-5 Block Diagram

2 Brief Overview

A Connection Machine Model CM-5 system contains tens, hundreds, or thousands of computational processing nodes, one or more control processors, and I/O units that support mass storage and various standard I/O busses, such as HIPPI and FDDI. These are connected by the Control Network and the Data Network. A third low-level network, the Diagnostics Network, is used to monitor and configure components throughout the system. See figure 1.

Every processing node is a general-purpose computer that can fetch and interpret its own instruction stream, execute arithmetic and logical instructions, calculate memory addresses, and perform interprocessor communication. The processing nodes in a CM-5 system can perform independent tasks or collaborate on a single problem. Each processing node has 8, 16, or 32 Mbytes of memory; with the high-performance arithmetic accelerator, it has the full 32 Mbytes of memory and delivers up to 128 Mops or 128 Mflops. Thus a 1000-node CM-5 system, for example, peaks at 128 Gflops.

The control processors are responsible for administrative actions such as scheduling user tasks, allocating resources, servicing I/O requests, accounting, enforcing security, and diagnosing component failures. In addition, they may also execute some of the code for a user program. Control processors have the same general capabilities as processing nodes but are specialized for performing managerial functions rather than computational functions. For example, control processors have additional I/O connections and lack the high-performance arithmetic accelerator.

In a small system, one control processor may play a number of roles. In larger systems, individual control processors are often dedicated to particular tasks and referred to by names that reflect those tasks. Thus, a control processor that manages a partition and initiates execution of applications on that partition is referred to as a partition manager (PM), while a processor that controls an I/O device is called an I/O control processor (IOCP).

The Control Network provides tightly coupled communications services. It is optimized for fast response (low latency). Its functions include synchronizing the processing nodes, broadcasting a single value to every node, combining a value from every node to produce a single result, and computing certain parallel prefix operations.

The Data Network provides loosely coupled communications services. It is optimized for high bandwidth. Its basic function is to provide point-to-point data delivery for tens of thousands of items simultaneously. Special cases of this functionality include nearest-neighbor communication and FFT butterflies. Communications requests and data delivery need not be synchronized.

Once the Data Network has accepted a message, it takes on all responsibility for its eventual delivery; the sending processor can then perform other computations while the message is in transit. Recipients may poll for messages or be notified by interrupt on arrival. The Data Network also transmits data between the processing nodes and I/O units.

A standard Network Interface (NI) connects each node or control processor to the Control Network and Data Network. This is a memory-mapped control unit; reading or writing particular memory addresses will access network control registers or trigger communication operations.

The I/O units are connected to the Control Network and Data Network in exactly the same way as the processors, using the same Network Interface. Many I/O devices require more data bandwidth than a single NI can provide; in such cases multiple NI units are ganged. For example, a CM-5 HIPPI channel interface contains 6 NI units, which provide access to 6 Data Network ports, spanning 24 network addresses. (At 20 Mbytes/sec apiece, 6 NI units provide enough bandwidth for a 100 Mbyte/sec HIPPI interface with some to spare.)

Individual I/O devices are controlled by dedicated I/O control processors (IOCP). Some I/O devices are interfaces to external buses or networks; these include interfaces to VME buses and HIPPI channels. Noteworthy features of the I/O architecture are that I/O and computation can proceed independently and in parallel; that data may be transferred between I/O devices without involving the processing nodes; and that the number of I/O devices may be increased completely independently of the number of processing nodes.

Lurking in the background is a third network, the Diagnostic Network. It can be used to isolate any hardware component and to test both the component itself and all connections to other components. The Diagnostic Network pervades the hardware system but is completely invisible to the user; indeed, it is invisible to most of the control processors. A small number of the control processors include command interfaces for the Diagnostic Network; at any given time, one of these control processors provides the System Console function.

3 Local Architecture

The local architecture of the CM-5 system comprises the designs of the control processor and the processing node.

3.1 Control Processor

A control processor (CP) is essentially like a standard high-performance workstation computer. It consists of a standard RISC microprocessor, associated memory and memory interface, and perhaps I/O devices such as local disks and Ethernet connections. It also includes a CM-5 Network Interface, providing access to the Control Network and Data Network. See figure 2.

A control processor acting as a partition manager (PM) controls each partition and communicates with the rest of the CM-5 system through the Control Network and Data Network. For example, a PM initiates I/O by sending a request through the Data Network to a second CP, an I/O Control Processor. A PM initiates task-switching by using the Control Network to send a broadcast interrupt to all processing nodes; privileged operating-system support code in each node then carries out the bulk of the work. To access the Control Network and Data Network, each CP uses its Network Interface, a memory-mapped device in the memory address space of its microprocessor.

The microprocessor supports the customary distinction between user and supervisor code. User code can run in the control processor at the same time that user code for the same job is running in the processing nodes. Protection of the supervisor, and of one user from another, is supported by the same mechanisms used in workstations and single-processor time-shared

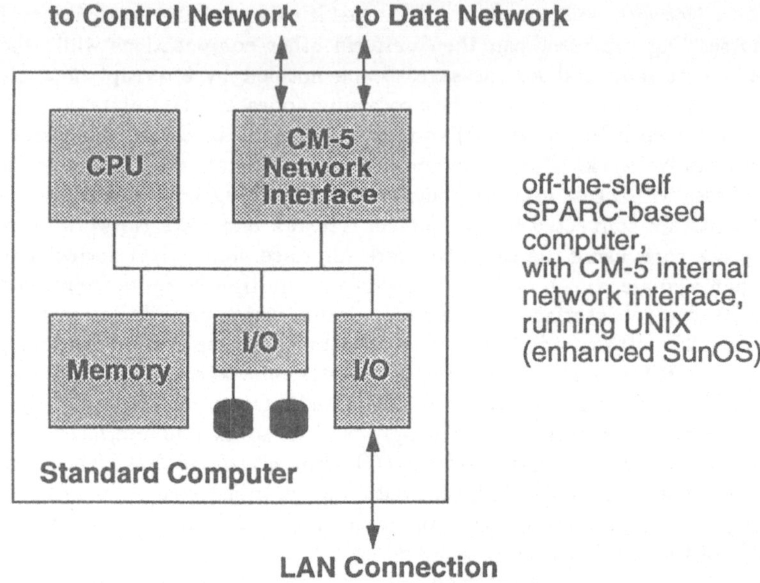

Figure 2: CM-5 Control Processor

computers, namely memory address mapping and protection and the suppression of privileged operations in user mode. In particular, the operating system prevents a user process from performing privileged Network Interface operations; the privileged control registers simply are not mapped into the user address space.

3.2 Processing Node

The CM-5 Processing Node is designed to deliver very good cost-performance when used in large numbers for data parallel applications. Like the control processor, the node makes use of industry-standard RISC microprocessor technology. This microprocessor may optionally be augmented with a special high-performance hardware arithmetic accelerator that uses wide datapaths, deep pipelines, and large register files to improve peak computational performance.

The node design is centered around a standard 64-bit bus. To this node bus are attached a RISC microprocessor, a CM-5 Network Interface, and memory. Note that all logical connections to the rest of the system pass through the Network Interface.

The node memory consists of standard DRAM chips and a 2 Kbyte boot ROM; the microprocessor also has a 64 Kbyte cache that holds both instructions and data. All DRAM memory is protected by ECC checking, which corrects single-bit failure and detects two-bit errors and DRAM chip failures. The boot ROM contains code to be executed following a system reset, including local processor and memory verification and the communications code needed to download further diagnostics or operating system code.

The memory configuration depends on whether the optional high-performance arithmetic hardware is included. Without the arithmetic hardware, the memory is connected by a 72-bit path (64 data bits plus 8 ECC bits) to a memory controller that in turn is attached to the node bus. See figure 3. In this configuration the memory size can be 8, 16, or 32 Mbytes. (This assumes 4-Mbit DRAM technology. Future improvements in DRAM technology will permit increases in memory size. The CM-5 architecture and chip implementations anticipate these future improvements.)

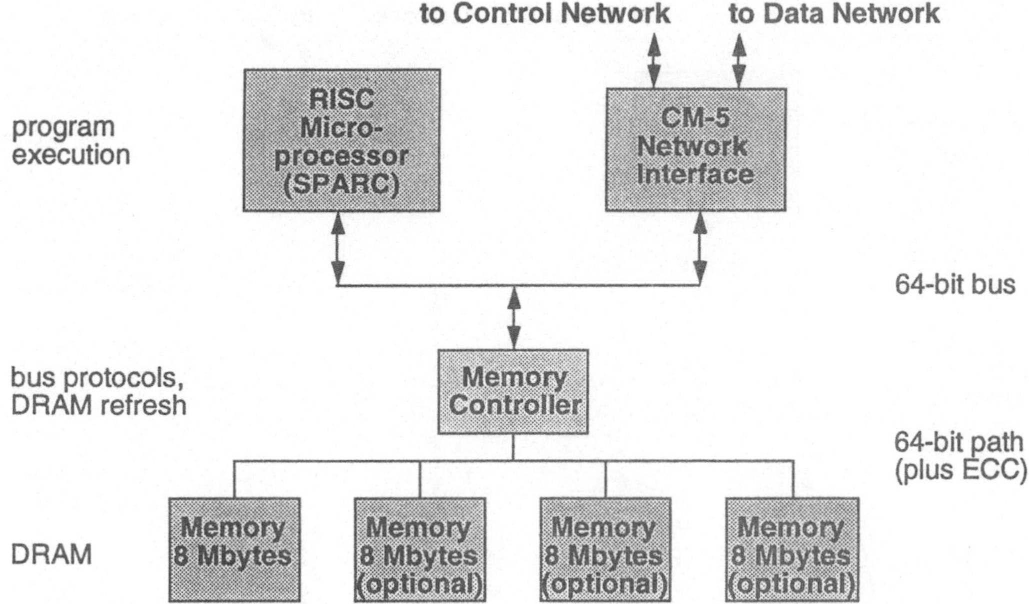

Figure 3: CM-5 Processing Node with Memory Controller

If the high-performance arithmetic hardware is included, then the node memory is divided into four independent banks, each with a 72-bit (64 data bits plus 8 ECC bits) access path.

The special arithmetic hardware consists of four vector units (VU), one for each memory bank, connected separately to the node bus. See figure 4. In this configuration the memory size is 8 Mbytes per VU for a total of 32 Mbytes per node. (Again, this figure assumes 4-Mbit DRAM technology and will increase as industry-standard memories are improved.) Each VU also implements all memory controller functions, including ECC checking, so that the entire memory appears to be in the address space of the microprocessor exactly as if the arithmetic hardware were not present.

The memory controller or vector unit also provides a word-based interface to the system Diagnostics Network. This provides an extra communications path to the node; it is designed to be slow but reliable and is used primarily for hardware fault diagnosis.

Each vector unit (VU) is a memory controller and computational engine controlled by a memory-mapped control-register interface. When a read or write operation on the node bus addresses a VU, the memory address is further decoded. High-order bits indicate the operation type:

- For an ordinary *memory transaction*, the low-order address bits indicate a location in the memory bank associated with the VU, which acts as a memory controller and performs the requested memory read or write operation.

- For a *control register access*, the low-order address bits indicate a control register to be read or written.

- For a *data register access*, the low-order address bits indicate a data register (in the vector-unit register file) to be read or written.

- For a *vector-unit instruction*, the node memory bus operation must be write (an attempt to read from this part of the address space results in a bus error). The data

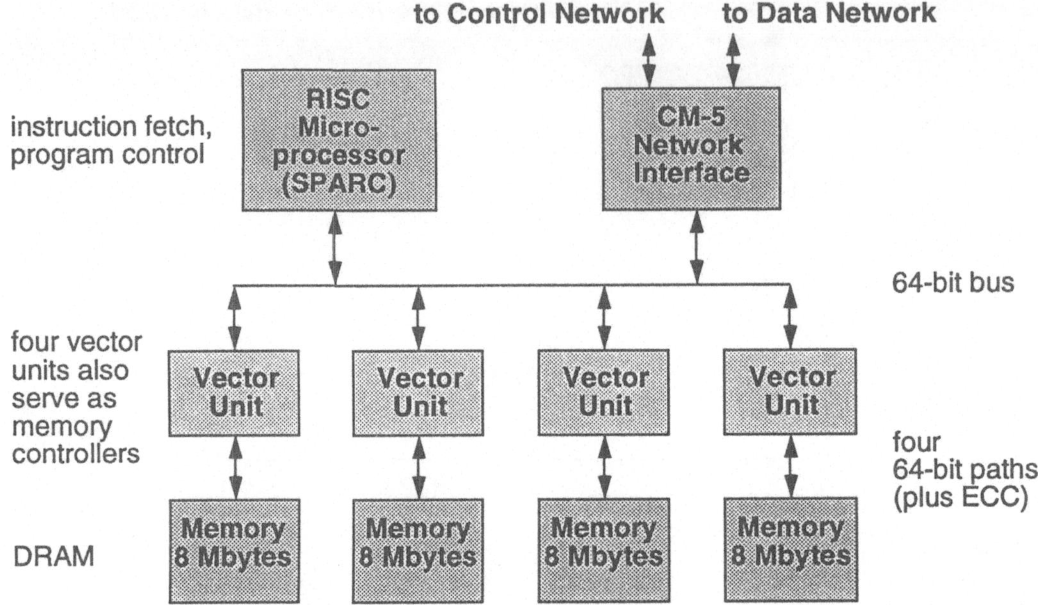

Figure 4: CM-5 Processing Node with Vector Units

on the memory bus is not written to memory but is interpreted as an instruction to be executed by the vector execution portion of the VU. The low-order address bits indicate a location in the memory bank associated with the VU; the instruction will use this address if it includes operations on memory. A vector-unit instruction may be addressed to any single VU (in which case the other three VUs will ignore it), to a pair of VUs, or to all four VUs simultaneously.

The first two types of operation are identical to those performed by the memory controller when vector units are absent. The third type permits the microprocessor to read or write the register file of any vector unit. The fourth type of operation initiates high-performance arithmetic computation. This computation has both vector and parallel characteristics: each VU can perform vector operations, and a single instruction may be issued simultaneously to all four. If the vector length is 16, then issuing a single instruction can result in as many as 64 individual arithmetic instructions (16 for each of the four VU's), or even 128 operations if the instruction specifies a compound operation such as `multiply-add`.

Vector units cannot fetch their own instructions; they merely react to instructions issued to them by the microprocessor. The instruction format, instruction set, and maximum vector length have been chosen so that the microprocessor can keep the vector units busy while having time of its own to fetch instructions (both its own and those for the vector units), calculate addresses, execute loop and branch instructions, and carry out other algorithmic bookkeeping.

Each vector unit has 64 64-bit registers, which can also be addressed as 128 32-bit registers. Other control registers worth noting are the 16-bit Vector Mask (VM) and the 4-bit Vector Length (VL) registers. The Vector Mask register controls certain conditional operations and optionally receives single-bit status results for each vector element processed. The Vector Length register specifies the number of elements to be processed by each vector instruction.

The vector unit actually processes both vector and scalar instructions; a scalar-mode instruction is handled as if it were a vector-mode instruction of length 1. Thus scalar-mode instructions

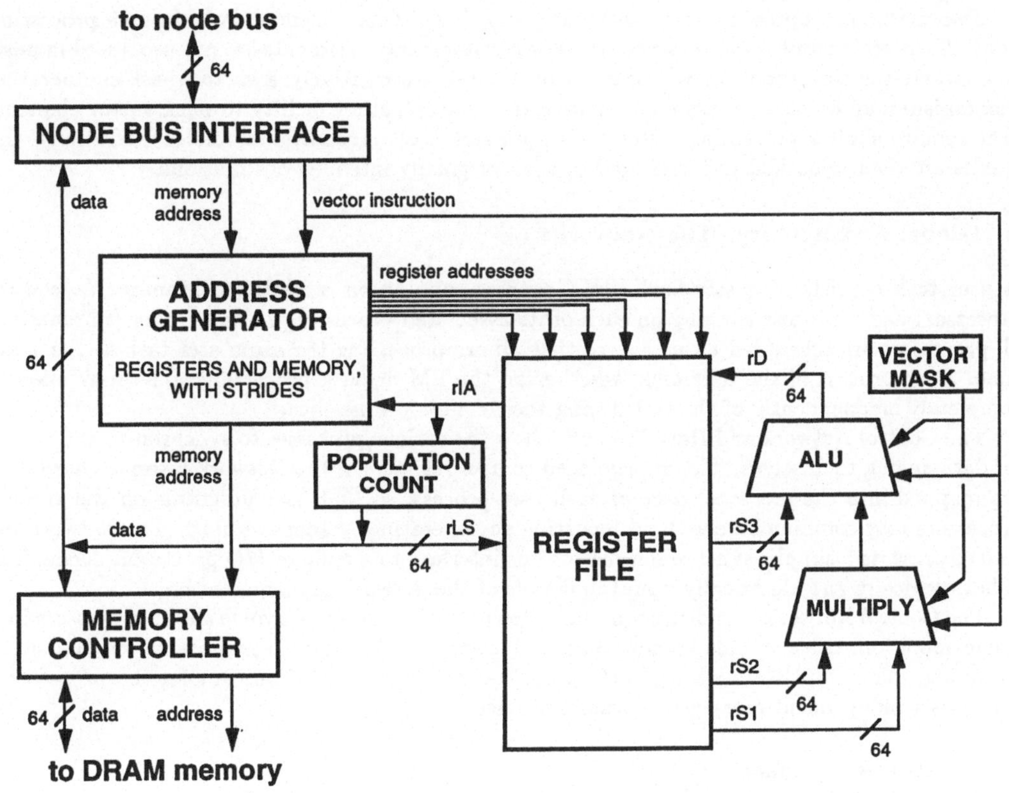

Figure 5: CM-5 Vector Unit Block Diagram

always operate on single registers; vector-mode instructions operate on sequences of registers. Each register operand is specified by a 7-bit starting register number and a 7-bit stride. The first element for that vector operand is taken from the starting register; thereafter the register number is incremented by the stride to produce a new register number indicating the next element to be processed. Using a large stride has the same effect as using a negative stride, so it is possible to process a vector in reverse order. Most instruction formats use a default stride of 1 for 32-bit operands or 2 for 64-bit operands, so as to process successive registers, but one instruction format allows arbitrary strides to be specified for all operands, and another allows one vector operand to take its elements from an arbitrary pattern of registers by means of a mechanism for indirect addressing of the register file.

Each vector unit includes an adder, a multiplier, memory load/store, indirect register addressing, indirect memory addressing, and population count. See figure 5. Every vector-unit instruction can specify at least one arithmetic operation and an independent memory operation. Every instruction also has four register-address fields: three for the arithmetic operation and one for the memory operation. All binary arithmetic operations are fully three-address; an addition, for example, can read two source registers and write into a third destination register. The memory operation can address a completely independent register. If, however, a load operation addresses a register that is also a source for the arithmetic operation, then load-chaining occurs, so that the loaded memory data is used as an arithmetic operand in the same instruction. Indirect memory addressing supports scatter/gather operations and vectorized pointer indirection.

Two mechanisms provide for conditional processing of vector elements within each processing node. Each vector unit contains a vector mask register; vector elements are not processed in positions where the corresponding vector mask bit is zero. Alternatively, a vector-mask enumeration mechanism may be used in conjunction with the scatter/gather facility to pack vector elements that require similar processing; after bulk application of unconditional vector operations, the results are then unpacked and scattered to their originally intended destinations.

4 Global Architecture: The Networks

A user task consists of a standard UNIX process running on a Partition Manager (a control processor) and a process running on each of its associated processing nodes. Under timesharing, all processors are scheduled *en masse*, so that all are processing the same user task at the same time. Each process of the user task, whether on the PM or on a processing node, may execute completely independently of the rest during their common time slice.

The Control Network and Data Network allow the various processes to synchronize and transfer data among themselves. The unprivileged control registers of the Network Interface hardware are mapped into the memory space of each user process, so that user programs on the various processors may communicate without incurring any operating system overhead. The Network Interface presents a simple, synchronous 64-bit bus interface to a node or I/O processor, decoupling it both logically and electrically from the details of the network implementation.

The Control Network supports communication patterns that may involve all the processors in a single operation; these include broadcasting, reduction, parallel prefix, synchronization, and error signalling. The Data Network supports point-to-point communications among the processors, with many independent messages in transit at once.

4.1 Network Interface

The CM-5 Network Interface provides a memory-mapped control-register interface to a 64-bit processor memory bus. All network operations are initiated by writing data to specific addresses in the bus address space. (Normally the operating system maps the unprivileged addresses into the address space of the user process, thereby giving the user program zero-overhead access to the network hardware while prohibiting user access to privileged features.)

The logical interface is divided into a number of functional units. See figure 6. Each functional unit presents two FIFO interfaces, one for outgoing data and one for incoming data. A processor writes messages to the outgoing FIFO and pulls messages from the incoming FIFO, using the same basic protocol for each functional unit. Different functional units, however, respond in different ways to these messages. For example, a Data Network unit treats the first 32 bits of a message as a destination address to which to send the remainder of the message; a Control Network combining unit forwards the message to be summed (or otherwise combined) with similar messages from all the other processors.

Each Network Interface records interrupt signals and error conditions generated within its associated processor; exchanges error and interrupt information with the Control Network; and forwards interrupt and reset signals to its associated processor.

4.2 Control Network

The Control Network is responsible for communications patterns in which many processors may be involved in the processing of each datum. One example is broadcasting, where one processor provides a value and all other processors receive a copy. Another is reduction, where every processor provides a value and all values are combined to produce a single result. Values may

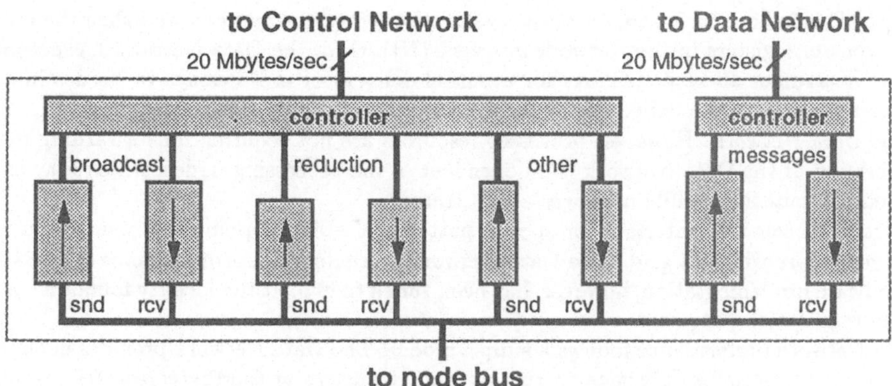

Figure 6: CM-5 Network Interface

be combined by summing them, finding the maximum input value, or taking the logical OR or exclusive OR of all input values; the combined result may be delivered to a single processor or to all processors. (Software provides minimum-value and logical AND operations by inverting the inputs, applying the hardware maximum-value or logical OR operation, then inverting the result.) Note that the control processor does not play a privileged role in these operations; a value may be broadcast from, or received by, the control processor or any processing node with equal facility.

The Control Network contains integer and logical arithmetic hardware for carrying out reduction operations. This hardware is distinct from the arithmetic hardware of the processing nodes; Control Network operations may be overlapped with arithmetic processing by the processors themselves. The arithmetic hardware of the Control Network can also compute various forms of parallel prefix operations, where every processor provides a value and receives a result; the nth result is produced by combining the first n input values. Segmented parallel prefix operations are also supported in hardware. All of these operations are carried out with a latency 2 to 5 microseconds and can be pipelined.

The Control Network provides a form of two-phase barrier synchronization (also known as "fuzzy" or "soft" barriers). A processor can indicate to the Control Network that it is ready to enter the barrier. When all processors have checked in, the Control Network relays this fact to all processors. A processor can thus overlap unrelated processing with the possible waiting period between the time it has checked in and the time it has been determined that all processors have checked in. This allows thousands of processors to guarantee the ordering of certain of their operations without ever requiring that they all be exactly synchronized at one given instant.

Fast, low-latency synchronization by the Control Network provides the advantages (such as avoiding race conditions) of SIMD architectures. But because synchronization is programmable rather than enforced on every instruction, the CM-5 also enjoys all the advantages of a MIMD architecture (such as taking conditional branch instructions independently on each processor). CM-5 compilers for data parallel languages automatically exploit both sets of advantages where appropriate.

4.3 Data Network

The Data Network is responsible for reliable, deadlock-free point-to-point transmission of tens of thousands of messages at once. Neither the senders nor the receivers of messages need be globally synchronized. At any time, any processor may send a message to any processor in the user task. This is done by writing first the destination processor number, and then the data to be sent, to control registers in the Network Interface (NI). Once the Data Network has accepted the message, it assumes all responsibility for eventual delivery of the message to its destination. In order for a message to be delivered, the processor to which it was sent must accept the message from the Data Network. However, processor resources are not required for forwarding messages. The operation of the Data Network is independent of the processing nodes, which may carry out unrelated computations while messages are in transit.

There is no separate interface for special patterns of point-to-point communication, such as nearest neighbors within a grid. The Data Network presents a uniform interface to the software. The hardware implementation, however, has been tuned to exploit the locality found in commonly used communication patterns.

Data Network performance follows a simple model. The Data Network provides enough bandwidth for every Network Interface to sustain data transfers at 20Mbytes/sec to any other NI within its group of 4; at 10 Mbytes/sec to any other NI within its group of 16; or at 5 Mbytes/sec to any other NI in the system. (Two Network Interfaces are in the same group of 2^k if their network addresses differ only in the k lowest-order bits.) These figures are for maximum sustained network hardware performance, which is sufficient to handle the transfer rates sustainable by node software. Note that worst-case performance is only a factor of 4 worse than best-case performance. Other network designs have much larger worst/best ratios.

To see the consequences of this performance model, consider communication within a two-dimensional grid. If, say, the processors are organized so that each group of 4 represents a 2×2 patch of of the grid, and each group of 16 processors represents a 4×4 patch of the grid, then nearest-neighbor communication can be sustained at the maximum rate of 20 Mbytes/sec per processor. For within each group of 4, 2 of the processors have neighbors in a given direction (North, East, West, South) that lie within the same group, and therefore can transmit at the maximum rate. The other 2 processors have neighbors outside the group of 4. But the Data Network provides bandwidth of 40 Mbytes/sec out of that group, enough for each of the 4 processors to achieve 10 Mbytes/sec within a group of 16. That is enough to provide 20 Mbytes/sec apiece to the remaining 2 processors. The same argument applies to the 4 processors in a group of 16 that have neighbors outside the group: not all processors have neighbors outside the group, so their outside-the-group bandwidth can be borrowed to provide maximum bandwidth to processors that do have neighbors outside the group.

There are two mechanisms for notifying a receiver that a message is available. The arrival of a message sets a status flag in a Network Interface control register; a user program can poll this flag to determine whether an incoming message is available. The arrival of a message can also optionally signal an interrupt. Interrupt handling is a privileged operation, but the operating system converts an arrived-message interrupt into a signal to the user process. Every message bears a four-bit tag; under operating system control, some tags cause message-arrival interrupts and others do not. (The operating system reserves certain of the tag numbers for its own use; the hardware signals an invalid-operation interrupt to the operating system if a user program attempts to use a reserved message tag.)

The Control Network and Data Network provide flow control autonomously. In addition, two mechanisms exist for notifying a sender that the network is temporarily clogged. Failure of the network to accept a message sets a status flag in a Network Interface control register; a user program can poll this flag to determine whether a retry is required. Failure to accept a message can also optionally signal an interrupt.

Data can also be transferred from one user task to another, or to and from I/O devices. Both kinds of transfer are managed by the operating system using a common mechanism. An intertask data transfer is simply an I/O transfer through a named UNIX pipe.

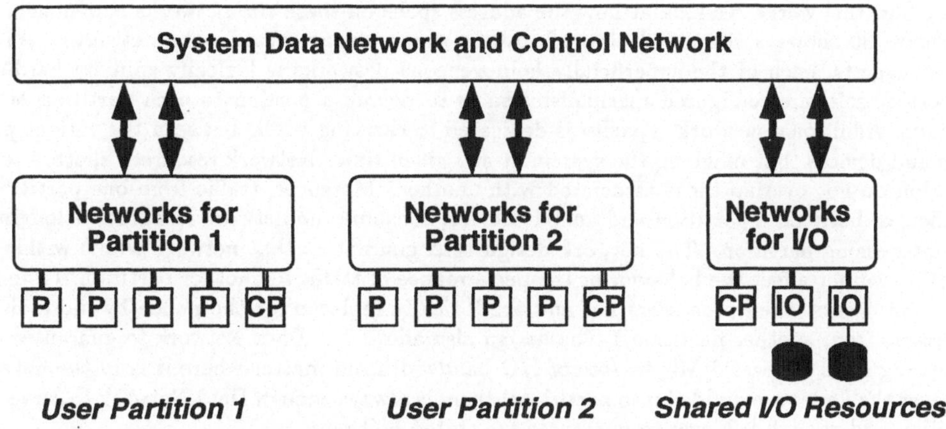

Figure 7: CM-5 Processor Partitions

5 System Architecture: Partitions

The set of computational and network resources in use at any given instant by a single user task is called a partition. Each partition constitutes a complete task execution system that may be used for timesharing, batch processing, or both. See figure 7. A partition is a group of processor nodes plus one control processor that manages it.

The system administrator creates partitions dynamically, to best accommodate the site's workload. Some administrators may use a partitioning strategy that involves changing the partitioning two or three times during the course of a day. Other sites may stick with a single set of partitions for several days at a time.

An administrator might, for example, create three partitions on a system: one dedicated to a production run of a single large application, a second one used for timeshared program development by day and scheduled batch processing by night, and a third small one dedicated to around-the-clock timeshared access.

All partitions are joined by the Control Network and Data Network into a single integrated system. Resources can therefore be reallocated from one partition to another when necessary. For example, all partitions might be joined to form one giant partition in order to tackle a single giant application. As another example, if processors were to fail in the partition dedicated to a production run, they could be replaced (by reconfiguring the networks) with processors borrowed from another partition. The production run could then be rolled back to a prior checkpoint and resumed with minimal disruption, while the failed processors were powered down and, at a convenient time, physically replaced.

I/O devices and interfaces, like processing nodes, reside in specific areas of the network address space and are managed by control processors. The I/O resources they control are available to processes running on any partition. The Data Network transfers data between I/O devices and partitions, while the Control Network is used by the operating system to monitor the transfers and signal errors.

From a system view, the Control Network and Data Network are designed to provide

- the capability for flexible partitioning of computing resources

- the isolation of each partition's network activity

- high throughput for all cases of data transfer

To see how this works, we look at how the address space on these two networks is managed.

Figure 30 shows a simplified view of address space management in the networks. As this figure suggests, each of the superficially homogeneous networks is logically split by hardware-supported, software-configured mechanisms so as to devote a portion to each partition or I/O resource. Additional network capacity is dedicated to carrying traffic between the various partitions and devices that make up the system at any given time. Network resources allotted to one partition do not overlap those associated with another. Moreover, traffic from one partition to another, or between a partition and an I/O device, consumes no network resources belonging to any intervening partition. The network design thus guarantees that network traffic within one partition cannot affect the behavior or the performance of traffic in another partition. (The only exception occurs when processors fail and are logically replaced for the nonce by more distant processors from another partition.) The design also allows the Data Network to guarantee each processing node at least 5 Mbytes/sec of I/O bandwidth, no matter where it is in the network. However the nodes are divided into partitions, there is always enough Data Network to serve each partition and enough left over to guarantee the stated I/O rate.

When a CM-5 system is first powered up, reset, and bootstrapped, the networks form a single partition that spans the entire system. The operating system then creates a temporary partition for initializing the nodes. It also initializes the I/O devices. After the startup procedures have been completed, administration software establishes one or more operating partitions.

Within each partition, the Network Interfaces are assigned virtual network addresses starting at zero. User programs use virtual network addresses; they are translated by hardware into physical network addresses wherever necessary, in exactly the same way that a memory management unit translates virtual memory addresses to physical memory addresses. Therefore, a user program need not concern itself with the physical network addresses of the partition being used to execute it.

The translation of virtual network addresses includes protection checking that prevents a user process from sending messages to destinations outside its partition. The supervisor can send messages from one partition to another; the mechanism is identical except that it is not subject to the same protection checks because for this purpose the supervisor uses absolute physical network addresses.

I/O is coordinated by the operating system. User processes may transfer data to and from I/O devices, or to and from other user processes (through the facility of UNIX named pipes). In both cases, the operating system breaks up the data into messages and sends the messages through the Data Network. If the two user processes happen to be in the same partition, the message traffic will be confined to that partition, not because of protection (the supervisor is responsible for sending the messages in this case) but simply as a consequence of the structure of the Data Network.

6   Fault Diagnosis and Recovery

The CM-5 system is designed to provide high system availability. An important aspect of this design is rapid diagnosis and smooth degradation in the face of component failures. An integrated part of the administration system, the CM-5 diagnostic system is notable for its completeness, its speed, and the high degree of fault isolation it provides. If a failure should occur in a running partition, the administrator can interrogate all items in parallel, isolate the failing item, repartition around the failure, and have the partition up and running again quickly.

In addition, the CM-5 provides hardware and software support for checkpointing, either at specified time intervals or by explicit program request. The goal is to allow user applications to be restarted with full system capabilities, even in the presence of failed components.

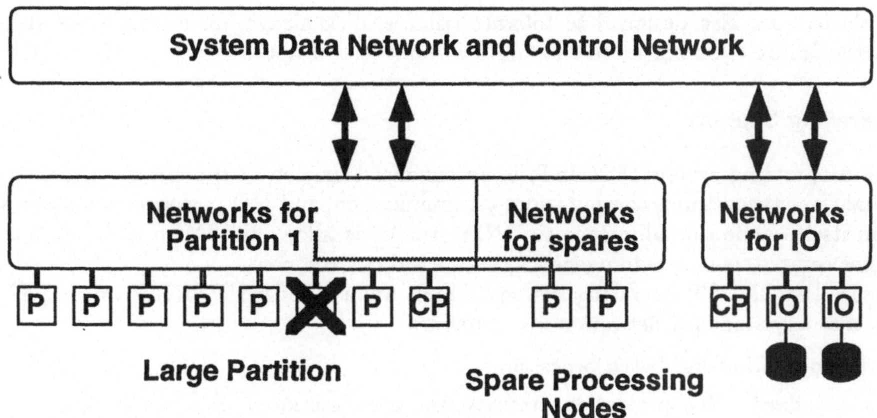

Figure 8: Logically Replacing a Failed Processor with a Spare

The Diagnostic Network can probe and control the rest of the system. This network is designed to be simple and reliable. It is not particularly fast compared to the Control Network or Data Network, but testing and diagnostic procedures are nevertheless speedy because the Diagnostics Network can operate on all parts of the system in parallel.

All CM-5 components are designed to be testable when in place in the system. Nearly all data paths are protected by parity or full CRC. All dynamic memory is protected by full ECC that corrects single-bit errors and detects double-bit errors and DRAM chip failures. Transfers through the Control Network and Data Network are checked by hardware, not merely end-to-end but on every link, so that network component failures can be located precisely.

Failed components can be logically and electrically isolated from the rest of the system under control of the Diagnostics Network. Surrounding components are instructed to ignore any and all signals from failed components. The failed section of the system can then independently execute diagnostic tests or be powered down for repair or replacement, while the rest of the system continues normal operation.

All major CM-5 system components use either redundant or spare component schemes. If a processing node fails, for example, then its local group of nodes is taken out of service and can be logically replaced by any other such group from anywhere in the system. See figure 8. (This is handled simply by updating the network-address translation map in each Network Interface that converts virtual network addresses to actual network addresses.) Similarly, all control processors are logically interchangeable; any control processor can manage any partition.

If a Control Network component fails, the consequences depend on the location of the failure within the network. It may be necessary to give up the use of 1/64 of the Network Interfaces in that partition and whatever they are connected to. In this case, spare processors may be logically mapped in to replace them. In other cases, the failure implies the loss of one partition. For example, if a CM-5 system supports up to 8 different partitions, then a Control Network failure might reduce the maximum number of partitions to 7—but the processing resources in the failed partition could be reallocated to other partitions.

If a Data Network component fails, the consequences similarly depend on the location of the failure. It may be necessary to give up the use of 1/64 of the Network Interfaces in that partition and whatever they are connected to. In other cases, no Network Interface need be abandoned; the total global bandwidth of the Data Network is diminished, but never by more than about 6 percent for each failure.

I/O devices are also designed to tolerate failures; disk arrays, for example, are designed to tolerate the failure of one or more disk units without loss of data.

7 Operating System

The CM-5 operating system, CMOST, is an enhanced version of the UNIX operating system. The enhancements optimize computation, communication, and I/O performance within the CM-5 system itself, while the adherence to UNIX standards allows the CM-5 to interact efficiently with other computers in a heterogeneous, networked environment.

Because the CMOST operating system is built upon standard UNIX, it can provide all the services that any standard network server provides:

- timesharing and batch processing
- standard UNIX protection, security, and user interfaces
- support for all standard UNIX-based communications protocols
- exchange of data with other systems in an open, seamless fashion
- the ability to access files on other systems via NFS protocols
- the ability to to supply data to other systems by acting as an NFS server
- the Network Queuing System (NQS) and other standard network-oriented programs
- for scalar programs, binary compatibility with SunOS

Enhancements provide higher-performance services and expanded functionality for users within the CM-5 system:

- high-speed file access
- fast parallel interprocessor communications capabilities
- other parallel operations for optimal utilization of CM-5 hardware
- central administration and resource management for all CM-5 computational and I/O facilities
- support for extended models of data parallel programming, such as data parallel pipes
- support for other parallel programming models
- checkpointing

The computational nodes on a CM-5 are grouped into partitions. A partition can be as small as 32 processors, or as large as the entire machine. The partitioning is flexible and is controlled by the system administrator, who can create and alter partitions as needed to meet site requirements. Each partition operates independently under the control of a control processor acting as a partition manager (PM). Users log into (or `rsh` onto) the PM and, once logged in, have full access to the PM itself, to all the computational nodes it controls, and through the operating system to all the I/O resources, partitions, and network connections of the CM-5 system.

Each partition manager runs a full version of the CMOST operating system. The PM makes all operating system resource allocation decisions and all swapping decisions for its partition, as well as most system calls for process execution, memory management, and I/O.

Each processing node runs an operating system microkernel, which supports the mechanisms required to implement the policy decisions made in the partition manager. All operating system code operates in supervisor mode, allowing it to access any network address and memory address in the machine.

When a user process begins running, its partition manager downloads code to the processing nodes and broadcasts identical memory maps to each node. The nodes then execute the provided code, each acting on its own data and executing computations and branches accordingly.

All nodes in a partition operate on the same process at the same time. Interprocessor communication between nodes within an application is handled entirely by user code, without any operating system overhead. For external communications the user process calls on the operating system, which requests and supervises the transfer on behalf of the user process. Data may be transferred between two processes running timeshared in the same partition or between two processes running concurrently in different partitions.

Interprocess communication is based on parallel extensions to UNIX sockets and pipes and is managed by the operating system. I/O transfers are handled in the same manner as transfers between partitions.

I/O programming on the CM-5 uses standard UNIX mechanisms, including sockets, pipes, character devices, block devices, and serial files. All I/O operations are modeled as reads and writes to files, regardless of the type of device used for storage.

CMOST extends the UNIX I/O environment to support parallel reads and writes and to support very large files, including files above the size supported in most current UNIX implementations. The virtual file system interface supports device-independent file behavior and supports many different file system types, including the standard UNIX file system, the Network File System (NFS), and two CM file systems: CMFS, which is supported on all Connection Machine systems and which allows the CM-5 and CM-2 to share files, file systems, and I/O peripherals; and a high-performance file system that is supported only on the CM-5.

The CM-5 arranges communications to allow maximum simultaneous performance of computation and I/O. Transfers from one partition do not affect the performance of other partitions. Simultaneous transfers from several partitions see minimal interactions unless they require access to the same I/O device. Direct I/O-to-I/O transfers allow direct movement of data between a remote machine and a CM-5 I/O device, or between primary and secondary I/O devices on a CM-5, without affecting activities in partitions.

The Connection Machine file systems manage high-speed disk storage (such as DataVaults) and other I/O peripherals.

Within CM-5 files, data is stored in canonical (serial UNIX) ordering, thus allowing its use by both serial and parallel systems and processes. When a serial process does I/O, data remains in canonical order throughout; for parallel I/O, data moves between the canonical order and the ordering required by the computational nodes.

This reordering serves two important purposes. First, it allows a program to run on partitions of any size without affecting its I/O: a file written by a process running on a partition of one size may be read with equal ease by a process running on a partition of a different size. Second, it allows the same file to be read by parallel or serial processes. A serial process may read a file written by a parallel process, and vice versa.

Data can travel through sockets directly between CM-5 processes and other machines on the network. A user process can create a socket, send parallel data to it, and have that data received as a serial stream by a serial or vector computer. The same socket can carry serial data from control processors; as with file I/O, network communication uses standard protocols and data ordering for transmission, and uses parallel ordering only within the parallel computational nodes.

8 Programming Languages and Libraries

Fortran for the Connection Machine system is standard Fortran 77 supplemented with the array-processing extensions of the ANSI and ISO (draft) standard Fortran 90. These extensions provide convenient syntax and numerous intrinsic functions for manipulating arrays.

Newly written Fortran programs can use the array extensions to express efficient data parallel algorithms for the CM. These programs will also run on any other system, serial or parallel, that implements Fortran 90. CM Fortran also offers several extensions beyond Fortran 90, such as the FORALL statement and some additional intrinsic functions. These features are well known in the Fortran community and are particularly useful in data parallel programming.

C* is an extension of the C programming language designed to support data parallel programming. The C* language is based on the standard version of C specified by the American National Standards Institute (ANSI). C programmers will find most aspects of C* code familiar to them. C language constructs such as data types, operators, structures, pointers, and functions are all maintained in C*; new features of ANSI C such as function prototyping are also supported. C* extends C with a small set of new features that allow programmers to use parallel architectures efficiently and effectively.

C* is well suited for applications that require dynamic behavior, since it allows the size and shape of parallel data to be determined at run time. In addition, it provides programmers with all the standard benefits of C, such as block structure, access to low-level facilities, string manipulation, and recursion. C* also provides a straightforward method for calling CM Fortran subroutines from a C* program.

The *Lisp language is a high-level programming language for the Connection Machine system. Based on the Common Lisp programming language, *Lisp allows you to write data parallel programs for the CM using the data types, programming constructs, and programming style of Lisp. Programs written in *Lisp make full use of CM hardware, yet at the same time retain the clarity, expressiveness, and flexibility of Lisp.

The Connection Machine Scientific Software Library (CMSSL) is a constantly growing set of numerical routines that support computational applications while exploiting the massive parallelism of the Connection Machine system. CMSSL provides data parallel implementations of familiar numerical routines, providing new solutions to problems of both performance and algorithm choice and design. While CMSSL routines have been designed to meet the needs of Fortran users, any CMSSL routine may be called from any CM programming language that supports the data formats required by that routine.

The current version of the library includes, among other things, routines for vector and matrix multiplication, outer product, matrix inversion and linear system solver, QR factorization, QR solver, triangular solver, tridiagonal solver, sparse matrix operations, Fast Fourier Transforms, random number generation, and statistical analysis.

CMSSL furthermore provides versions of each routine that, instead of performing one operation—such as a single matrix multiplication—take arrays arguments with an extra dimensionand perform a set of similar operations—such as many matrix multiplications at once. This introduces further opportunities to exploit parallelism and to choose the best algorithm for the data at hand.

9 Programming Environment

The Prism programming environment is an integrated Motif-based graphical environment within which users can develop, execute, debug, and analyze the performance of programs written for the Connection Machine system. It provides an easy-to-use, flexible, and comprehensive set of tools for performing all aspects of Connection Machine programming.

Users can either load an executable program into Prism, or start from scratch by calling up an editor and a UNIX shell within Prism and using them to write and compile the program.

Once an executable program is loaded into Prism, users can (among other things):

- Execute the program. Users can simply start the program running or single-step through it. Execution can be interrupted at any time.

- Debug the program. Users can perform standard dbx-like debugging operations such as setting breakpoints and traces, printing the value of a variable or expression, and displaying and moving through the call stack.

- Analyze the program's performance. Data on execution time, broken down by procedures or by lines of source code, may be displayed as histograms.

- Visualize data. The values of interactively specified variables or expressions may be displayed in a variety of textual and graphical formats.

Prism operates on terminals or workstations running the X Window System.

10 Conclusions

In the past, programmers of supercomputers were forced to choose between MIMD machines, which were good at independent branching but bad at synchronization and communication, and SIMD machines, which were good at synchronization and communication but poor at branching. The CM-5 supports the full data parallel model by providing high performance for branching and synchronization alike—and, indeed, for all aspects of both SIMD-style and MIMD-style architectures. Other programming models are supported as well. Programs are easily ported from its SIMD predecessor the CM-2, as well as from MIMD machines such as those manufactured by NCube and Intel.

Thinking Machines has endeavored to provide this unusual hardware architecture with a smooth, easy-to-use programming environment. A CM-5 system appears to the user to be a set of networked UNIX systems, each with a computational accelerator and large I/O bandwidth to a set of shared I/O devices. Compilers accept high-level programs written in parallelizable versions of Fortran or C and take care of the details of vector strip-mining as well as interprocessor communication. The user may also choose to code at a lower level, where many copies of his Fortran or C program are run, one on each processor; in this case interprocessor communication is coded by the programmer, using explicit calls to library routines.

The CM-5 architecture, using the current implementation technology, allows a wide range of options for both processing power and I/O capacity; the largest CM-5 systems are well over 100 times the size and power of the smallest systems. Moreover, processing power and I/O capacity may be chosen independently. The Data Network scales accordingly to provide the bandwidth necessary to serve however many components are in the system.

For further information about the CM-5 architecture, consult *The Connection Machine CM-5 Technical Summary* (October 1991), Thinking Machines Corporation (Cambridge, Massachusetts).

Kendall Square Research Introduction to the KSR1

James Rothnie

Kendall Square Research
170 Tracer Lane
Waltham, Massachusetts, 02154 USA

Abstract

The KSR1 is Kendall Square Research's first family of highly parallel computer systems. Systems are expandable to thousands of processors and are programmed as shared memory machines. The shared memory programming model enables a standard software environment (UNIX, C, FORTRAN, ORACLE) and third-party applications. The appearance of shared memory is achieved through a new technique called ALLCACHE™ memory.

1 KSR1 Computer System

The KSR1 is a highly parallel computer system designed to be scalable to thousands of processors while preserving the simplicity and familiarity of a shared memory programming model. Each processor is a RISC-style superscalar 64-bit unit operating at 20 MIPS and 40 MFLOPS (peak). A KSR1 system contains from eight to 1088 processors with a peak performance range from 320 to 43,520 MFLOPS, all sharing a common virtual address space of one million megabytes (2**40 bytes).

2 KSR1 Software

The KSR1 is the first general purpose computer with supercomputer performance and workstation price performance. KSR expects its user community to be performing all the classical scientific calculations, all the typical business functions (e.g., transaction processing, decision support), and all the typical Unix functions (e.g., document preparation, mail) at the same time on the same machine. The design of the system is such that each community will get superb performance and cost effective performance.

KSR OS™ is an extension of OSF/1. As such, it is a very complete implementation of all of Unix. KSR OS is fully compatible with BSD 4.3 which has no official validation suite. In addition, it will pass the validation suites for ATT SVr3 base and kernel extensions, X/Open XPG3, and POSIX.

KSR OS does not use any front end machines and there is no distinguished processor. Thus, there are no OS bottlenecks and no reason to limit the traditional Unix flexibility. In particular, KSR OS supports an arbitrarily large number of multi-threaded processes timesharing a large number of processors. This ability to timeshare is crucial in many interactive applications, in which periods of intense computing are followed by human time scale periods of thought. Interactive applications spanning the entire range between state of the art numeric processing guided by a user involving scientific visualization all the way to traditional transaction processing as practiced by banks and airlines are all efficiently and naturally supported in the KSR OS environment.

The KSR1 environment is what a sophisticated Unix user would expect to find. At the user interface level, there is X11 and Motif. At the language level, there is Fortran, with automatic parallelization, C (both the ANSI and PCC dialects), and IBM-compatible COBOL. At the database level there is the ORACLE relational database management system (RDBMS), including application development tools. Kendall Square Research is extending ORACLE's features for the parallel environment. At the transaction processing level, there is AT&T's Tuxedo /T and Tuxedo /D, fast non-relational file access methods, and fourth generation languages.

For decision support applications, ORACLE for KSR1 provides automatic parallel processing for complex queries. Kendall Square Research has developed a general purpose technique called Query Decomposition which automatically parallelizes SQL queries generated by ORACLE-based applications. Future third party RDBMS software ported to the KSR1 will also take advantage of the Query Decomposition tool.

Parallel Fortran programming on the KSR1 can be fully-automatic, semi-automatic or manual. The parallel programming environment of the KSR1 is based on a proprietary parallel run-time system (PRESTO), that dynamically executes run-time decisions based on compiler-generated or programmer-specified directives. The functioning of the runtime system is one of the keys to KSR's dramatically improved performance. The system dynamically decides the level of resources it will devote to a particular parallel task at runtime based on the amount of calculation required at this particular time and the resources available at that time rather than making a static decision about the resource allocation question at compile time. The result of this policy is that real world problems that have significant variations in their processing requirements can be run together taking advantage of all the cycles on the machine rather than running them one at a time, wasting cycles in those parts of the program that don't exhibit maximum parallelism.

Within its highly parallel applications development environment, Kendall Square Research offers scientific and mathematical subroutine libraries, and important third-party software packages for computational fluid dynamics, quantum chemistry, mathematical algorithms for engineering applications, molecular dynamic modeling for computational chemistry, and finite element analysis for engineering applications.

3   KSR1 Networking

KSR1 supports an extensive set of connectivity technology including:

- TCP/IP, NFS, DCE, SNA-3270, 3770, LU6.2/PU2.1, ISO/OSI X.25, X.29, X.28, X.3 protocols;

- Ethernet, Token Ring, HiPPI, and FDDI transports and;

- Industry standard buses, the first of which is VME, to facilitate the integration of third-party communication products.

4   ALLCACHE Memory

The KSR1's shared memory programming model is made possible by a new architectural technique called ALLCACHE memory. The KSR1 memory system is designed to do for distributed memory what virtual memory did for hierarchical memory — it replaces the complexity and rigidity of the physical mechanism with a uniform address space, now shared by a set of processors. System hardware and software maps this space into physical devices. The KSR1 ALLCACHE memory system, achieves this programming simplicity without sacrificing the benefit of distributed memory — scalability — its performance continues to be good even as the number of processors grows very large.

The memory models of today's highly parallel computer architectures raise problems for programmers which are reminiscent of storage management in the 1960s. Twenty-five years ago, storage management via overlay structures was an integral part of the job of writing a program. Necessarily, programmers attacked the task with a static analysis of the memory requirements of a single program. Advances in programming practice and system architectures, however, gradually rendered static storage management infeasible. The goals of machine independence, re-use of modular program elements, and algorithms of high complexity characterized by data structures of widely varying size and shape were inconsistent with static, programmer controlled storage management. In addition, the introduction of system environments in which computers were organized for simultaneous use by several programs made it impossible for the author of a single program to predict accurately the time-varying storage requirements of the entire system.

Ultimately these programming needs led to the development of virtual memory in 1961 by a group at Manchester, England, on the Atlas Computer (T. Kilburn, D.B.G. Edwards, M.J. Lanigan, and F.H. Sumner, "One Level Storage System"). Virtual memory was quickly adopted as a near universal feature of management in modern computer architectures.

Virtual memory makes storage management dynamic and largely automatic. It permits programmers to write applications with a storage abstraction that is simple and powerful — a single, uniform address space. System hardware and software map the virtual address space into physical devices.

Highly parallel computer architectures reprise these early storage management issues with a new twist. All of the highly parallel systems that have been introduced have distributed memories. That is, the physical memory comprises a set of memory units, each connected to a unique processor. The processor-memory pairs are interconnected by a network. Distributed memories have been universal among highly parallel machines because they provide the only known means of providing completely scalable access to memory — that is, access whose bandwidth increases in direct proportion to the number of processors.

In most of today's parallel systems, the job of managing the movement of codes and data among these distributed memory units belongs to the programmer. The job is similar in style to the task of managing the migration of data back and forth between primary and secondary storage prior to the introduction of virtual memory, but it is much more complex. As before, programmers need to be concerned about exactly what will fit where and what to remove to make room for something new. Now however there are thousands of memory units to deal with instead of just two or three.

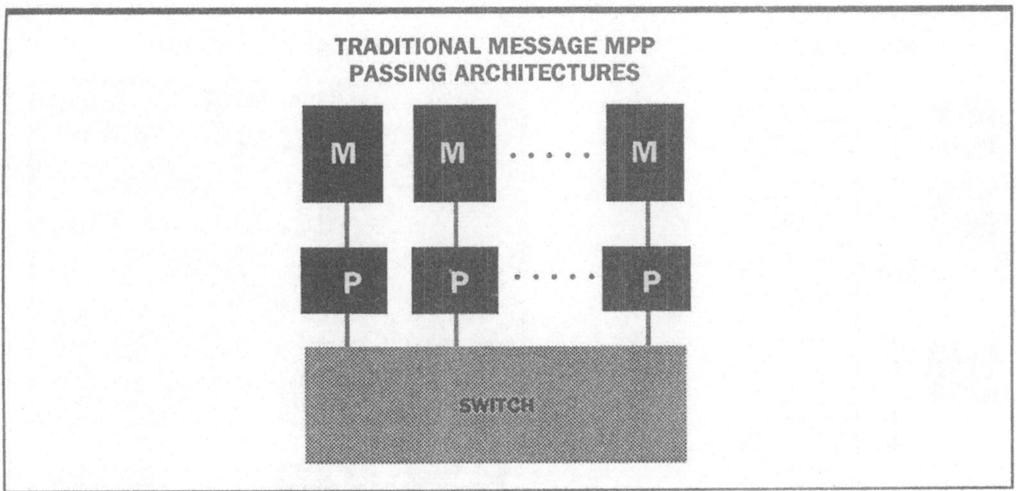

Figure 1– Multicomputer

ALLCACHE memory provides programmers with a uniform 2**40 byte (million megabyte) address space for instructions and data. This space is called system virtual address space or SVA space. The contents of SVA locations are physically stored in a distributed fashion. ALLCACHE memory physically comprises a set of memory arrays called local caches, each capable of storing 32MB. There is one local cache for each processor in the system. Hardware mechanisms (the search engine described later) cause SVA addresses and their contents to materialize in the local cache of a processor when the address is referenced by that processor. The address and data remain at that local cache until the space is required for something else.

As the name suggests, ALLCACHE memory behavior is like that of familiar caches: data moves to the point of reference on demand. However, unlike the typical cache architecture (which we might call SOMECACHE memory), the source for the data which materializes in a local cache is not main memory but rather another local cache. In fact, all of the memory in the machine consists of large, communicating, local caches; the main memory of the machine is identical to the collection of local caches.

As illustrated in Figure 2, the address and data that materialize in local cache A in response to a reference by processor A may continue to reside simultaneously in other local caches. Consistency is maintained by distinguishing the type of reference made by processor A: a) If the data in the location will be modified by A, the local cache will receive the one and only instance of an address and its data. b) If the data will be read but not modified by A, the local cache will receive a copy of the address and its data.

When processor A first references the address X, the ALLCACHE memory searches that processor's local cache to see if the requested location is already stored there. If not, a hardware search engine locates another local cache (say, local cache B) where the address and data exist.

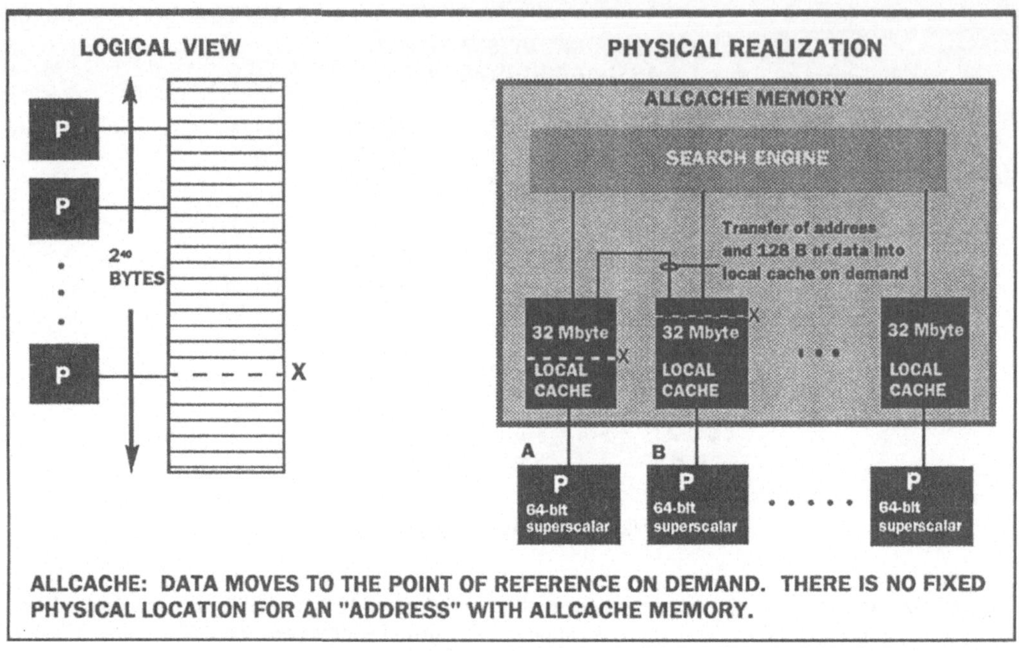

Figure 2– ALLCACHE™ Memory

If the processor request being serviced is a read request (for example, to load the value into a register) then the search engine will copy the address and data from local cache B into local cache A. The amount of data copied will be 128 bytes, called a sub-page. At the end of this operation the sub-page will reside at both A and B. If the processor request is a write request (for example, to store the contents of a register into this location) then the search engine will remove the copy of the sub-page from local cache B as well as from any other local caches where it may exist before copying it into local cache A. Thus the search engine is responsible for finding and copying sub-pages stored in local caches and for maintaining consistency by eliminating old copies when new contents are stored.

In order to maintain consistency, each local cache records state information about the sub-pages it has stored. These states are specific to the physical instance of a sub-page within a particular local cache. Thus a single sub-page in SVA space may be in Invalid state in one local cache and in Copy state in another. Some sub-page states are used and maintained exclusively by hardware as part of the operation of the search engine. Others can be manipulated indirectly by the operation of software.

There are times when two or more processors need to synchronize their access to SVA locations. The ALLCACHE memory supports this requirement through instructions which lock and unlock sub-pages. These instructions can be used to implement any multi-processor synchronization functions including data locks, barriers, critical regions, and condition variables. (All of these forms of synchronization and others are available via KSR compilers, libraries, and OS calls.)

A "lock" in ALLCACHE memory is achieved by setting a sub-page to the Atomic state. A program does that by issuing a GET instruction on the address of a byte within the desired sub-page. This instruction will cause the search engine to find the sub-page and — if the page is not in Atomic state — return it to the requesting processor in Atomic state. In the process the search engine will ensure that all other copies of the sub-page are set Invalid. If the sub-page is already Atomic it will not be returned to the requestor immediately. Instead the request packet will return to the requestor with an indicator that the sub-page was found in the Atomic state. A program removes Atomic state from a sub-page by issuing the RELEASE instruction.

In addition to the basic functional roles of the search engine (finding sub-pages within the set of local caches and maintaining consistency), the search engine must be scalable — it must be implemented in such a way that good performance continues to be delivered as the number of processors grows. This objective is achieved in the KSR1 by implementing the search engine as a hierarchy.

The KSR1 search engine is a two-level hierarchy of uni-directional rings. Each ring is a sequence of point- to-point connections among a set of units, with the last unit in the set being connected back to the first. Each unit is a combination of a router for request/response packets and a directory. The router can move a packet farther along the ring or send it up or down in the hierarchy. All of the units on all rings can operate simultaneously, so the search- engine is a highly parallel mechanism.

The lowest level rings are called Search-Engine:0s (or SE:0). Each SE:0 can be configured to contain from eight to 32 processor/local cache pairs. Each processor/local cache pair is connected to exactly one SE:0 via a unit which contains a directory for that local cache. There is one entry in the directory for each page allocated in the local cache. The entry gives the SVA address of the page and the state of each of its sub-pages. When a packet passes such a unit, it can determine whether the subpage the packet is seeking can be found in the desired state in the local cache. If so, the unit routes the packet there, if not it moves the packet on to the next unit on the ring.

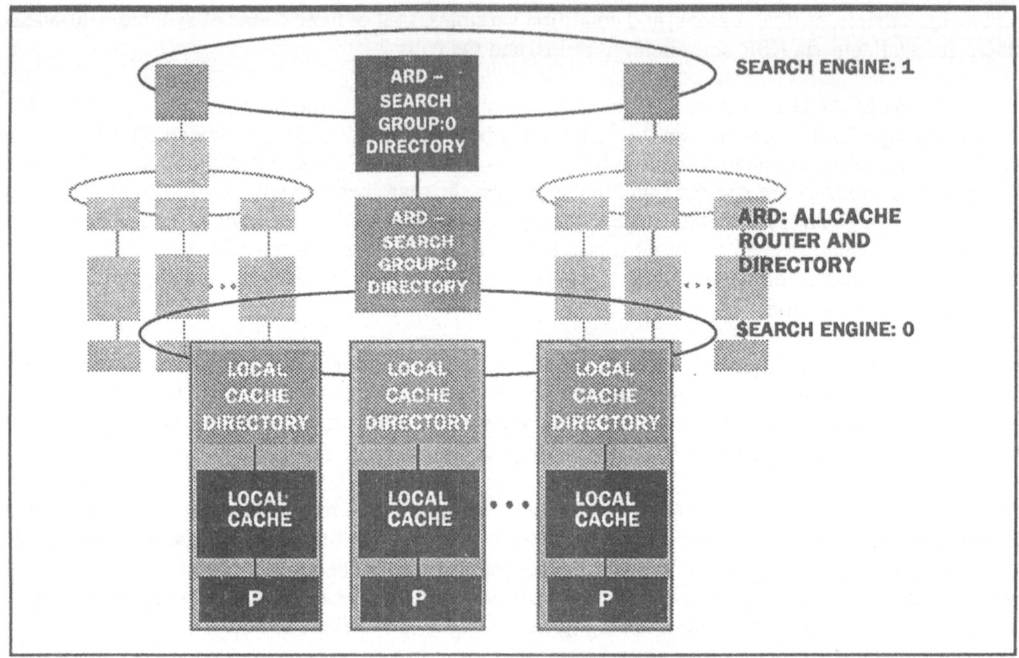

Figure 3– Hierarchy of Ring Structures

The unit on a SE:0 which connects upward to the next higher level is called a ALLCACHE Routing and Directory cell or ARD. It contains a directory covering the entire SE:0 — there is an entry in its directory for every page allocated on every local cache on the ring. When a packet reaches an ARD it will be moved to the next unit on the SE:0 if the directory in the ARD indicates that the data sought is on the SE:0. If not, the packet is routed up to the next higher level in the hierarchy.

The ring at the top level of a KSR1 is called Search-Engine:1 (or SE:1). SE:1 becomes involved in a search operation when a processor requests a sub-page which is stored (for the moment) in a local cache on a different SE:0. A SE:1 can be configured to connect two to 34 SE:0s. Hence the maximum system size in a KSR1 is (32*34) 1088 processors with 34 Gigabytes of ALLCACHE memory.

SE:1 is composed of ARDs, each containing a directory for the SE:0 to which it is connected. This directory is essentially a duplicate of the one stored in the ARD on the corresponding SE:0. When a packet reaches an ARD on SE:1, it will be moved to the next ARD on the ring if the directory in the ARD indicates that the data sought is not on the corresponding SE:0. Otherwise, the packet is routed down to the ARD on SE:0.

In the KSR1 the packet passing speed of an SE:0 is 8 million packets per second. SE:1s can be configured to handle 8, 16, or 32 million packets per second. Each packet contains 128 bytes of data; hence the SE:0 bandwidth is 1 Gigabyte/sec and the SE:1 bandwidth ranges from 1 to 4 Gigabytes/sec.

5 The KSR1 Processor

The KSR1 processor is a four chip set implemented in 1.2 micron CMOS. One of these chips, called the Cell Execution Unit or CEU, is the basic control unit of the processor. On each clock cycle it fetches two instructions from memory. Certain instructions (loads, stores, branches, address arithmetic) will be executed directly by the CEU; others will be executed by a co-processor for execution. The CEU is responsible for all instructions dealing with memory. These instructions operate on 40 bit addresses. This design characteristic of the processor architecture is fundamental to the system design. In order to build a shared memory multi-processor with large numbers of processors, a large address is essential, 32 bits is not sufficient to address the amount of memory required. The KSR1 architecture actually envisions a 64 bit address (pointers are stored as 64 bit quantities) but, due to implementation constraints, the first generation address size is 40 bits — and that is clearly sufficient for 1088 processor systems being built at this time. The CEU has 32 address registers, each 40 bits wide.

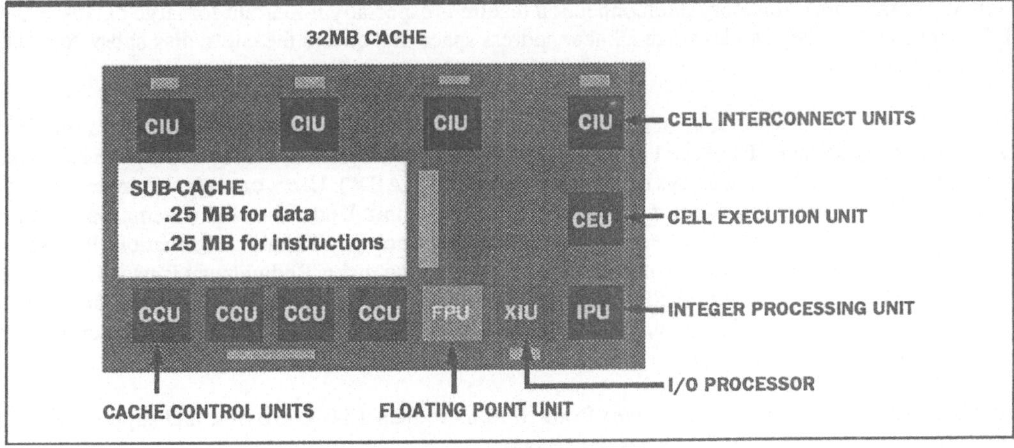

Figure 4– The KSR1 Processor

The CEU operates with three co-processors:

FPU (floating point unit) - This chip executes arithmetic operations on IEEE floating point format values. It has 64 registers each 64 bits wide. It supports linked triad instructions in which two floating point operations are initiated from a single instruction, giving a peak floating point rate of 40 MFLOPS. Sustained floating point performance depends on the application, of course. Examples include: 6.6 MFLOPS (Livermore Loops harmonic mean), 15 MFLOPS (100 X 100 Linpack), 28 MFLOPS (FFT), and 32 MFLOPS (Matrix Multiply).

IPU (integer and logical operations unit) - This chip performs arithmetic and logical operations on 64 bit integers stored in 32 registers (each 64 bits wide).

XIU (I/O channel) - This chip provides a 30 MB/sec pathway to peripheral devices. Since there is an XIU on every cell, large systems can be configured with very high aggregate bandwidth to disk drives and networks.

6   KSR1 Mass Storage

The KSR1 mass storage subsystem is a direct extension of the ALLCACHE memory architecture. ALLCACHE supports single level addressing across all KSR1 mass storage subsystems. The memory system is responsible for moving data between mass storage files and memory. A program can access a mass storage file by memory access "load" and "store" instructions.

This memory system frees the programmer from creating explicit read and write operations to the mass storage file. The programmer simply views these files as part of a program's address space. At the same time, the programmer is not required to change other programs compatible with KSR1 that use explicit "read" and "write" conventions.

The KSR1 mass storage-memory interconnection feature is especially important for large database and OLTP applications. They can leverage a linear address space that covers the entire disk subsystem and memory system.

The KSR1 mass storage subsystem achieves high availability and high performance by leveraging low cost, high density storage. The KSR1 subsystem uses disk drive systems, configured by the KSR OS operating system, as redundant arrays of inexpensive disks ("RAID"). Users can select storage capabilities, including mirroring disk support or N+1 redundancy support. Under the N+1 scheme, each group of four disks has a fifth parity disk responsible for keeping track of all stored information. In case of failure, the data is reconstructed by software from the remaining disks. Redundancy is used to achieve very high reliability. Additionally, KSR1 mass storage subsystems can split individual files across multiple drives, a method called "file striping." Files as large as 8 Terabytes can be distributed across disk drives for maximum performance.

The KSR1 mass storage subsystem ranges from 10 to more than 15,000 GBytes, and supports an I/O bandwidth speed of up to 15,300 MBytes per second.

7   A Highly Available System

Highly parallel systems offer the potential for high system availability unmatched in earlier architectures. Since these systems are built from large numbers of identical components, they can be engineered to operate with some of those components out of service. The KSR1 is designed to exploit this potential.

The KSR1 high availability strategy is based on two underlying principles:

- Ubiquitous error detection. The KSR1 will detect and isolate problem components anywhere in the machine.

- Redundancy. No single component within a KSR1 is required for system operation.

These two themes recur all through the KSR1 architecture.

The KSR1 supports the detection of most single faults. Some internal chip faults are detected indirectly. All faults, including those which are corrected transparently by hardware, are reported to system software. Fault detection is supported on a consistent basis, in the following manner:

- All DRAM is ECC-protected. The cache and RRC directory are implemented partially using DRAMs. Single-bit errors are correctable. Software-assisted memory scrubbing is used to minimize the probability of multiple-bit errors. If the single-bit error rate for a field-replace-able unit exceeds a threshold, the unit should be replaced.

- All other RAM is parity-protected to detect errors. This includes all visible and transparent locations.

- All data transfers over interconnects and buses are at least parity protected. The interconnection between SE:0 and SE:1, the InterRingLink, is protected by a checksum.

- Memory-system protocol ownership and logical inconsistencies are detected cells and RRCs. For example, inconsistencies in memory-system state – such as dual-subpage ownership or inappropriate commands – are detected.

- Memory-system faults are confined by a flag within each descriptor, which records that the descriptor or the data which it describes might have been damaged.

- Request time-outs are used by memory-system requestors to detect missing responses.

- The disk subsystem optionally provides redundancy to handle disk-drive and most device-controller failures. This is accomplished by a parity and checksumming technique which tolerates a single failure across each array of five disk drives. In addition, an error-correcting code allows small burst errors to be corrected by the device controller. If correctable errors for a disk exceed a threshold, the disk should be replaced.

- Some system-software faults are detected by individual watchdog timers on each cell.

Redundancy is present all throughout the KSR1 architecture, and especially in the interconnect, the power system, and the mass storage system.

The interconnect as described earlier in this chapter is a hierarchy of rings. A component failure in a ring would seem to prevent communication among the parts of the hierarchy which are descendents of the broken ring. In fact, however, each ring is built as a set of independent sub-rings, and a single component failure can only break a single sub-ring. When a failure occurs, a portion of the ring's bandwidth is lost (due to the loss of the sub-ring) but connectivity is not lost. SE:0s have two sub-rings. SE:1s can be configured to have two, four, or eight sub-rings.

The KSR1 power system is designed for continuous operation. Every power module is equipped with battery back-up which stores sufficient energy to deliver the module's rated capacity for five minutes when external power is interrupted. This is enough time to survive most power failures and provides the interval needed to switch to a generator or other alternative power source if available. The power system will signal the KSR OS toward the end of the battery coverage period so that the system can be shut down gracefully. Power modules are connected to power-using components via redundant regulators organized in an N+1 scheme. This ensures that system power will not be interrupted, even momentarily, if a component of the power distribution system fails.

8   Summary

The KSR1 offers a highly parallel computer system for production environments. The KSR1 eliminates the trade offs associated with today's high performance systems, by coupling the power of highly parallel computing technology with the familiar shared memory programming model traditionally used by mainframes and supercomputers. On this platform, users can work with a broad range of familiar software tools including a fully implemented UNIX operating system (OSF/1), COBOL, Fortran, C, and ORACLE RDBMS. This is made possible by ALLCACHE, the first memory architecture to deliver the conventional, sequentially consistent shared memory programming model in a highly parallel computer.

Parallel/Distributed Computing on Clusters of High Performance Risc Workstations

P. Sguazzero and R. Di Antonio

IBM European Center for Scientific and Engineering Computing
viale Oceano Pacifico 171
00144 Rome, Italy

Abstract

Shared−memory vector multiprocessors (VMP) and parallel extensions to FORTRAN offer the most common hardware/software solution to the problem of reducing the elapsed time in large scale computations on numerical grids. Typical kernels in such computations are nested DO−loops in which the outer iterations can be distributed to multiple processors while inner iterations can be dealt with by pipelined vector hardware. An additional level of parallelism can be introduced by grouping VMPs in clusters and by extending FORTRAN to allow a single application to exploit multiple (distributed memory) computers.

The combination in a UNIX environment of high performance RISC machines with high speed interconnect technology constitutes a cost−effective platform of potential interest for application people to explore loosely coupled computing. A short overview of some of the parallel programming environments −mainly based on the message passing programming paradigm− currently in use at ECSEC on such platform is provided.

Introduction

Recent advances in computer technologies, such as RISC architectures and fiber optics communications, coupled with the drive towards standardization of operating systems and network protocols, have opened up new possibilities for high performance computing. New processing platforms based on clusters of high performance workstations, now begin to offer a viable solution for numerically intensive workloads. These platforms exploit distributed and parallel processing techniques, a pervasive paradigm of modern computer technology, and can be quite efficient given the large memories and the high floating point performance of single compute nodes.

IBM is leveraging on the outstanding numeric performance of the RISC 6000 superscalar architecture, to provide over time a scalable line of distributed memory machines. The line of multicomputers will range from clusters of workstations up to highly parallel systems with a consistent distributed memory programming model. This design −moderately innovative from the perspective of its model of memory/computation− leverages on the proven technology of RISC compilers and their expected evolution on well−understood programming paradigms and is expected to be remarkably effective. The market seems to indicate strongly the importance of scalability, that is the availability of a series of computing platforms from low−end workstations to the highest performance supercomputers in which programming paradigms, interfaces, and indeed applications can move with ease.

The goal of the Clustering Project at the IBM European Center for Scientific and Engineering Computing (ECSEC) is to experiment with clusters of RISC/6000 workstations complemented by commercially available connectivity hardware and software. Clusters are viewed as collective facilities with the flexibility of being used as constituent computing engines and the aggregate power of a parallel machine: apart from providing the usual interactive service, they must be able to operate dually as batch servers and as multicomputers for parallel programming.

Clusters as a batch servers

A cluster can be used as a batch server provided two basic software elements are available:

- a batch queueing system
- distributed file system

A batch queueing system accepts user commands for job submission and delivers jobs to the appropriate batch queue, performing some matching between the resources requested by a job and the resources available on each machine. The batch queueing system is also expected to exploit an important function, **load balancing**, i.e., the batch system must be able to deliver an incoming job to the least loaded machine, so that, on the average of a sufficiently large set of jobs, all available machines will be equally loaded. This mechanism must coexist and cooperate with a resource matching mechanism that lets the system manager choose the most appropriate set of machines for each job. NQS/exec cite NQS is a software solution for this problem.

A distributed file system is necessary for two main reasons:

- avoiding useless replication of data
- achieving maximum location independence

Network File System (NFS) is the standard tool for building a distributed file system and is often sufficient when a small number of machines is involved. NFS is an integral part of AIX V3.

Clusters as a parallel machines

A set of uniprocessor machines connected with high speed connection can be seen as a distributed memory machine. Programming such a multicomputer differs from programming a traditional shared memory multiprocessor mainframe and is more similar to the programming of a massively parallel machine with distributed memory architecture. The simplest approach is based on the message passing paradigm. When a node in a network of cooperating machines needs data that is not available in its own memory, it must receive it through a message sent from the node possessing the data. A distributed application program is then made up of a set of (possibly different) sequential programs, running on different nodes and exchanging messages and data with each other.

A cluster can be used as a parallel machine provided that at least a communication library is supplied with the system. The standard communication library included in AIX V3 (BSD socket library) is theoretically sufficient. A more friendly and sophisticated environment is needed to enhance programmer's productivity and simplify the porting of serial codes. Both Express [6] from ParaSoft, and PVM [8] from Oak Ridge National Laboratories, offer such an environment. Although different, they use a message passing approach to parallel programming and can be considered functionally equivalent for many applications.

In the following sections we examine in greater detail some of the hardware and software components used at the IBM ECSEC facility to set up a cluster or RISC/6000 for the dual purpose of batch processing and parallel programming.

Hardware Components

There are multiple options to implement high speed connection among RISC/6000 workstations:

- **IBM Serial Optical Channel Converter (SOCC) and NCS DX4290 Router**
  SOCC is a point−to−point optical fiber connection which provides an asymptotic peak performance of 225 Mbit/sec. A communication adapter is connected directly to the System I/O bus of the RISC/6000. Each SOCC adapter has two ports. The 5xx models can have one adapter installed whereas the 9xx models can accept two adapters. Hence, any−to−any connections can be implemented among 3 RISC/6000 model 5xx or 5 model 9xx workstations. To connect more than 3 or 5 workstations either a router or a switch must be used. Point−to−point effective bandwiths (at the application level) in excess of 15MByte/sec have been measured when transmitting packets of few tens of KBytes between RS/6000 model 530 with 40ns clock: this figure includes the effect of 700 msec of latency.

  A router supporting the SOCC is the DX4290 from Network Systems Corporation: it offers up to a maximum of 16 ports for SOCC fiber links. The router is supported by AIX 3.2. The router does not guarantee data delivery so that a high level protocol like TCP/IP must be used for the communication. Tests have measured an aggregate bandwidth of about 16−18 MBytes/sec (TCP/IP stream sockets, 8 nodes) and a single link bandwidth of about 5 MBytes/sec (with the best possible conditions: large packets and no other activity on the systems). It should be possible to increase the communication speed by using a protocol simpler that TCP/IP.

- **ULTRA Hubs and MCA Adapters**
  Ultra Network Technologies offers an alternative solution for high−speed communication among RISC/6000 based on Ultra Network Hubs and MCA adapters. The adapters for RISC/6000 are Micro−Channel based cards which use an Intel i960 processor. The nominal bandwidth is 250 Mbits/sec with an expected bandwidth in the range between 5 and 15 MBytes/sec (depending on the packets size and other factors). A socket compatibility library is available in order to run in the most effective way applications and services that rely on TCP/IP. The links require a hub for the connection.

  Two hub models are available from Ultra: model 250 and model 1000. The hub model 250 has an aggregate bandwidth of 500 Mbits/sec and supports a maximum of 16 workstations. Model 1000 supports up to 44 workstations and has a double bandwidth. It·provides also mainframe connectivity with different options (HIPPI, S/390 parallel channels). ECSEC is a beta test site for the adapters, and a hub model 1000 has already been installed and is operational for this purpose.

- **FDDI**
  FDDI stands for Fiber Distributed Data Interface. It uses optical fiber for data transmission at a rate of 100 Mbps. It can connect up to a maximum of 500 active stations and uses a protocol similar to the token−passing protocol. While the IBM token ring implementation

does not allow a station to transmit more than one frame without releasing the token in between, FDDI allows it to do that.

FDDI uses two rings, one called the primary and the other the secondary ring. The secondary ring acts as a backup ring path for the primary ring. Two classes are defined for stations connected to an FDDI network: class A stations attach to both the rings directly, while class B stations attach to only one of the rings, directly or through a concentrator. If a class A station disconnects, the ring will reconfigure around it in order to remain operational. Using concentrators and carefully choosing the class for each station lets the system manager set up a system with high availability.

Batch Processing Software

- **NQS/Exec**
  NQS/Exec's basic components are NQS from Sterling Software and Network Computing Executive (NCE) from The Cummings Group (TCG). It is based on standard UNIX tools and interfaces and provides batch queueing capability for heterogeneous networks and automatic load balancing. NQS coordinates the activities of the different queues on the machines of the cluster. Users can specify numerous parameters including memory and CPU limits for the jobs, which queue to use, where to run the request, where to store the output and also check queue status. The administrator can divide the cluster into sets of workstations of varying capabilities, restrict submissions to specified queues, prioritize queues and enforce resource quotas. The NCE process monitors the CPU utilization and memory occupancy of each system it is installed on while a server process keeps a global database of this load information. Further enhancements like a job migration feature and the network login extension are planned. The network login extension will allow a user to be automatically connected to the less loaded workstation in a cluster.

Parallel Programming Software

- **Express**
  Express is developed by Parasoft and can be considered as a rather complete parallel processing toolkit. It was originally designed for the Caltech Cosmic Cube and then ported to the environment of clustered workstations. Express implements two models for the message−passing based parallel programming: **Cubix** and **Host−Node**. Cubix is based on the loosely synchronous programming model and enforces the SPMD (Single Program Multiple Data) discipline. A control program, transparent to the application, running on a designated host computer, performs basic tasks such as processor allocation and parallel program loading. The Host−Node model relies on a control program (host program) written by the user. The programs running on the nodes are different from the control program, so at least two distinct programs must be written and managed by the user. Node programs are not allowed to do I/O directly, but must route it via messages to the control node.

Express supports both FORTRAN and C and offers a number of communication primitives and tools to ease the development of parallel applications. Basically there are four distinct modes of communication among the nodes: blocking, non−blocking, array oriented, and collective communication. The simplest example of collective routine is **broadcast** but more complex functions (for instance apply a reduction operator to data collected from all the processors) are available.

Express includes many tools ranging from automatic parallelization of existing serial code (**Aspar**) to tuning (**Profilers**) and debugging (**Network Debugger**). It contains **Grid**, a library of functions for automatic domain decomposition which maps the problem topology on the existing network topology and **Plotix**, a parallel graphic library. A preprocessor which converts FORTRAN 90 source code into FORTRAN 77 is also included in Express.

- **PVM**

  PVM, which stands for Parallel Virtual Machine, is a public domain package distributed by the Oak Ridge National Laboratories. It offers a programming environment for the development and execution of large concurrent or parallel applications consisting of many interacting, but relatively independent, components. The programming model is similar to the Host−Node model of Express. There is a daemon (**pvmd**) running on each machine and it is in charge of managing the communication among user programs. Control is completely distributed and although an initial set of participating hosts is statically identified, additions or deletions are possible during execution by means of an administration interface.

Primitives exist for the invocation of processes, message transmission and reception, broadcasting, synchronization via barriers, mutual exclusion. PVM assumes only that an unreliable, unsequenced datagram delivery mechanism is available (e.g. UDP/IP) and implements its own communication protocol. Each communication operation is performed in two steps: the user process calls dedicated library functions to build a message which can contain also heterogeneous data types. Then the user process invokes a function to send the message. The message is copied by the local daemon in a memory area that is dynamically allocated and the transmission is actually performed by the local daemon. This mechanism allows the user process to regain control soon as the local **pvmd** believes it can deliver the message: sending a message can be considered an asynchronous operation. A very useful function allows to 'probe' for message arrival. Like Express, PVM primitives can be invoked by applications written in FORTRAN and C but whereas Express currently runs only in homogeneous environments, PVM already supports heterogeneous collections of processors with data exchanged in XDR format.

ECSEC has analyzed in depth the standard implementation of PVM and has realized an enhanced version that takes advantage of the specific features of the RISC/6000 cluster. Firstly, since the cluster is homogeneous from the architectural point of view, the data conversion in XDR format has been removed. Some parts of the code have been simplified too, but the most significant improvement calls for the activation of direct and optimized paths, among the user processes, for the communication. No change in the syntax of the PVM functions has been introduced, so a complete compatibility with the standard version of the library is guaranteed. A new function allows the user to set up the path for the communication at run time. The enhanced PVM exchanges data at about 9.0 MBytes/sec whereas the standard PVM scarcely reaches a communication speed of 1 Mbytes/sec. The enhanced version of PVM in currently installed and under test at ECSEC, Cornell University and Los Alamos Laboratories.

- **COOperative Processing LIBrary**
  COOPLIB is a package, developed at ECSEC, for exchanging data and information with the client−server model, for instance between a user application and a visualization program. This package lets the user immediately display the output of a program and monitor it on−line. The user can interactively modify parameters of the program interacting with a windowed system.

  The communication capabilities of the library include a sophisticated interaction process between the visualization and the simulation programs. These comprise the visualization of the data produced by the simulation, a flexible and programmable feedback on the same simulation program (steering), and other tools like the possibility to display a discrete amount of previously visualized data. This communication library has a general character and it is not necessarily linked to any particular visualization server.

Performance Issues

Early customer feedback seems to indicate the obvious propensity to use cluster as throughput servers. There exists a large variance of configurations, both in terms of number of machines, individual compute power, size of DRAMs and localization of large file systems: nonetheless a tendency towards powerful individual units seems clear.

A number of selected applications suitable to coarse grain parallel implementation, in Fluid Dynamics, Structural Analysis, Seismics and Molecular Dynamics has been subjected to performance studies and appear to exhibit effective speed−ups when executed on clusters. Of relevant importance are the bandwidth and the latency parameters of the interconnection technology, measured at the hardware level and at the level of the message passing software layers. At the application level the critical parameter is the communication to computation ratio.

Concluding Remarks

Clusters of high performance workstations connected by means of a high speed medium can be a cost−effective solution for batch and parallel processing. Commercial and public domain software packages exist to ease the development and control the execution of applications in this environment. ECSEC is committed to support the cluster solution for the scientific and technical computing.

The exploration of relevant parallel software is continuing with Condor [3] in the area of network batch systems, Network Linda [2] and Parmacs [1] in the area of parallel programming: the parallel programming environment of the Vulcan [4] project at the IBM Research Division, Yorktown, is the subject of careful analysis. The relevant issue of cluster administration is also receiving attention, with particular reference to the to software developed for the IBM Watson Research Central Computer Cluster [5].

References

[1]   Bomas, L., Hempel, R., Roose, D.: *The Argonne/GMD macros in FORTRAN for portable parallel programming and their implementation on the Intel iPSC/2,* Parallel Computing, **15** (1990) 119–132.

[2]   Carriero, N. and Gelernter, D.: *Linda in Context,* Communications of the ACM, **32** (1989) 444–458.

[3]   Liskow, M., Livny, M. and Mutka, M.: *Condor, a hunter of idle workstations,* Proceedings of the 8th International Conference of Distributed Systems, (1988).

[4]   Moulic, J. R.: *Highly Parallel Machines at IBM Research,* IBM Research Report RC 17373 (1991).

[5]   Pope, W.G.: *The IBM Watson Research Central Computer Cluster (a.k.a. The Farm),* IBM Research Report RC 17759 (1992).

[6]   Parasoft Corporation: *Express User Manual,* (1989).

[7]   NQS Sterling Software: *Sterling NQS and NQS/Exec. System Administration Guide,* (1991).

[8]   Sunderam, V.: *PVM: A Framework for Parallel Distributed Computing,* Concurrency: Practice and Experience, (1990) 315–339.

Experience with Massive Parallelism for
CFD Applications at NASA Ames Research Center

Horst D. Simon

Computer Sciences Corporation at NASA Ames Research Center
Mail Stop T045-1, Moffett Field, CA 94035
U.S.A.

Zusammenfassung

Eines der Hauptziele des Applied Research Branch in der Numerical Aerodynamic Simulation (NAS)
Systems Division am NASA Ames Research Center ist die beschleunigte Einführung von parallelen Hochleistungsrechnern in ein produktionsorientiertes Rechenzentrum. In dieser Arbeit werden
die Zielrichtungen des NAS Projekts in Bezug auf Parallelrechner dargestellt. Weiterhin werden
die Erfahrungen mit experimentellen Parallelrechnern im NAS Applied Research Branch zusam-
mengefasst. Im Einzelnen wird über Ergebnisse mit Anwendungen in der Strömungsmechanik auf
der Connection Machine CM-2 und dem Intel iPSC/860 berichtet. Ergebnisse von Berechnungen
mit unstrukturierten Gittern und mit Teilchensimulationen werden dargestellt. Angesichts der Erfahrungen bei NASA wird die zunkünftige Entwicklung von Parallelrechnern für die Anwendungen
in der Strömungsmechanik diskutiert.

1 Introduction

One of the key tasks of the Applied Research Branch in the Numerical Aerodynamic Simulation
(NAS) Systems Division at NASA Ames Research Center is the accelerated introduction of highly
parallel and related key hardware and software technologies into a full operational environment
(see [30]). From 1988 - 1991 a testbed facility has been established for the development and
demonstration of highly parallel computer technologies. Currently a 32K processor Connection
Machine CM-2 and an 128 node Intel iPSC/860 are operated at the NAS Systems Division. This
testbed facility is envisioned to consist of successive generations of increasingly powerful highly
parallel systems that are scalable to high performance capabilities beyond that of conventional
super computers. In the last two years a number of large scale computational fluid dynamics
applications have been implemented on the two testbed machines, and the potential of the parallel
machines for production use has been evaluated. Beyond that, a systematic performance evaluation
effort has been initiated (see [6, 1, 2]), and basic algorithm research has been continued.
In this report we will first give a brief description of the capabilities of the parallel machines at
NASA Ames. Then we will discuss some of the research carried out in the implementation of
computational fluid dynamics (CFD) applications on these parallel machines. We focus here on
those applications where we have more detailed knowledge because of our own involvement: 3D
Navier-Stokes multi-block structured grid codes, an explicit 2D Euler solver for unstructured grids,
and a simulation based on particle methods. In the last section we offer some preliminary conclusions
on the performance of current parallel machines for CFD applications, as well as the potential of

the different architectures for production use in the future. Another summary of the experience with parallel machines at NASA Ames is given by D. Bailey in [4]. More details about the NASA Computational Aerosciences Program with more emphasis on the applications are given in [17, 36]. This is an abbreviated version of [36].

2 Parallel Machines at NASA Ames

2.1 Connection Machine

The Thinking Machines Connection Machine Model CM-2 is a massively parallel SIMD computer consisting of many thousands of bit serial data processors under the direction of a front end computer. The system at NASA Ames consists of 32768 bit serial processors each with 1 Mbit of memory and operating at 7 MHz. The processors and memory are packaged as 16 in a chip. Each chip also contains the routing circuitry which allows any processor to send and receive messages from any other processor in the system. In addition, there are 1024 64-bit Weitek floating point processors which are fed from the bit serial processors through a special purpose "Sprint" chip. There is one Sprint chip connecting every two CM chips to a Weitek. Each Weitek processor can execute an add and a multiply each clock cycle thus performing at 14 MFLOPS and yielding a peak aggregate performance of 14 GFLOPS for the system.

The Connection Machine can be viewed two ways, either as an eleven dimensional hypercube connecting the 2048 CM chips or as a ten dimensional hypercube connecting the 1024 processing elements. The first view is the "fieldwise" model of the machine which has existed since its introduction. This view admits to the existence of at least 32768 physical processors (when using the whole machine), each storing data in fields within its local memory. The second is the more recent "slicewise" model of the machine, which admits to only 1024 processing elements (when using the whole machine), each storing data in slices of 32 bits distributed across the 32 physical processors in the processing element. Both models allow for "virtual processing", where the resources of a single processor or processing element may be divided to allow a greater number of virtual processors.

Regardless of the machine model, the architecture allows interprocessor communication to proceed in three manners. For very general communication with no regular pattern, the router determines the destination of messages at run time and directs the messages accordingly. This is referred to as general router communication. For communication with an irregular but static pattern, the message paths may be pre-compiled and the router will direct messages according to the pre-compiled paths. This is referred to as compiled communication and can be 5 times faster than general router communication. Finally, for communication which is perfectly regular and involves only shifts along grid axes, the system software optimizes the data layout by ensuring strictly nearest neighbor communication and uses its own pre-compiled paths. This is referred to as NEWS (for "NorthEastWestSouth") communication. Despite the name, NEWS communication is not restricted to 2-dimensional grids, and up to 31-dimensional NEWS grids may be specified. NEWS communication is the fastest. An analysis of the communication speed of the CM can be found in [24].

The I/O subsystems connect to the data processors through an I/O controller. An I/O controller connects to 8192 processors through 256 I/O lines. There is one line for each chip but the controller can only connect to 256 lines simultaneously and must treat its 8K processors as two banks of 4K each. Each I/O controller allows transfer rates of up to 40 MB per second. In addition to an I/O controller there can be a frame buffer for color graphics output. Because it is connected directly to the backplane rather than through the I/O bus, the frame buffer can receive data from the CM processors at 256 MB per second. The system at NASA Ames has two frame buffers connected to two high resolution color monitors and four I/O controllers connected to a 20 GB DataVault mass storage system.

The Connection Machine's processors are used only to store and process data. The program instructions are stored on a front-end computer which also carries out any scalar computations. Instructions are sequenced from the front end to the CM through one or more sequencers. Each sequencer broadcasts instructions to 8192 processors and can execute either independent of other sequencers or combined in two or four. There are two front end computers at NASA Ames, a Vax 8350 and a Sun 4/490, which currently support about 100 users. There are two sequencer interfaces on each computer which allow up to four concurrent users. In addition, the system software supports the Network Queue System (NQS) and time sharing through the CM Time Sharing System (CMTSS).

The Connection Machine system was first installed at NASA Ames in June of 1988. Since then the system has undergone a number of upgrades, the most recent being completed in February of 1991. An assessment of the system is given in [34]. Perhaps its greatest strength, from a user standpoint, is the robust system software. This is of critical importance to NASA as it moves its parallel machines into production mode.

2.2 Intel iPSC/860

The Intel iPSC/860 (also known as Touchstone Gamma System) is based on the new 64 bit i860 microprocessor by Intel [18]. The i860 has over 1 million transistors and runs at 40 MHz. The theoretical peak speed is 80 MFLOPS in 32 bit floating point and 60 MFLOPS for 64 bit floating point operations. The i860 features 32 integer address registers, with 32 bits each, and 16 floating point registers with 64 bits each (or 32 floating point registers with 32 bits each). It also features an 8 kilobyte on-chip data cache and a 4 kilobyte instruction cache. There is a 128 bit data path between cache and registers. There is a 64 bit data path between main memory and registers.

The i860 has a number of advanced features to facilitate high execution rates. First of all, a number of important operations, including floating point add, multiply and fetch from main memory, are pipelined operations. This means that they are segmented into three stages, and in most cases a new operation can be initiated every 25 nanosecond clock period. Another advanced feature is the fact that multiple instructions can be executed in a single clock period. For example, a memory fetch, a floating add and a floating multiply can all be initiated in a single clock period.

A single node of the iPSC/860 system consists of the i860, 8 megabytes (MB) of dynamic random access memory, and hardware for communication to other nodes. For every 16 nodes, there is also a unit service module to facilitate access to the nodes for diagnostic purposes. The iPSC/860 system at NASA Ames consists of 128 computational nodes. The theoretical peak performance of this system is thus approximately 7.5 GFLOPS on 64 bit data.

The 128 nodes are arranged in a seven dimensional hypercube using the direct connect routing module and the hypercube interconnect technology of the iPSC/2. The point to point aggregate bandwidth of the interconnect system, which is 2.8 MB/sec per channel, is the same as on the iPSC/2. However the latency for the message passing is reduced from about 350 microseconds to about 90 microseconds. This reduction is mainly obtained through the increased speed of the i860 on the iPSC/860 machine, when compared to the Intel 386/387 on the iPSC/2. The improved latency is thus mainly a product of faster execution of the message passing software on the i860.

Attached to the 128 computational nodes of the NASA Ames system are ten I/O nodes, each of which can store approximately 700 MB. The total capacity of the I/O system is thus about 7

GB. These I/O nodes operate concurrently for high throughput rates. The complete system is controlled by a system resource module (SRM), which is based on an Intel 80386 processor. This system handles compilation and linking of source programs, as well as loading the executable code into the hypercube nodes and initiating execution. At present the SRM is a serious bottleneck in the system, due to its slowness in compiling and linking user codes. For example, the compilation of a moderate-sized application program often requires 30 minutes or more, even with no optimization options and no other users on the system.

During 1990 the iPSC/860 has been thoroughly investigated at NASA Ames. A first set of benchmark numbers, and some CFD applications performance numbers have been published in [3]. A more recent summary is given by Barszcz in [7]. As documented in [7] from an overall systems aspect the main bottleneck has been the SRM, which is not able to handle the demands of a moderately large user community (about 50 to 100 users) in a production environment. Another important result of the investigations was the outcome of a study by Lee [20]. Lee's analysis of the i860 floating point performance indicates that on typical CFD kernels the best performance to be expected is in the 10 MFLOPS range. Finally we mention a two performance studies of the I/O system by Lou [25] and Ryan [33], which measure the I/O performance of the concurrent file system (CFS), the parallel I/O device delivered by Intel.

3   Structured Grid Applications

Structured grid flow solvers, in particular multi-block structured grid flow solvers, are the main class of production CFD tools at NASA Ames. A number of different efforts were directed toward the implementation of such capabilities on parallel machines. One of the first CFD results on the CM-2 was the work by Levit and Jespersen [21, 22], which was recently extended to three dimensions [23]. Their implementation is based on the successful ARC2D and ARC3D codes developed by Pulliam [32]. Work by Barszcz and Chawla [8] is in progress to implement F3D, a successor code to ARC3D, on the CM-2. On the iPSC/860 Weeratunga has implemented ARC2D (for early results see [3]), and work is in progress to implement F3D. Weeratunga also has developed three simulated CFD applications based on structured grid flow solvers for the NAS Parallel Benchmarks, which are described in Chapter 3 of [6].

The results obtained by Weeratunga, Barszcz, Fatoohi, and Venkatakrishnan on the simulated CFD applications benchmark are indicative for the current performance level of parallel machines on implicit CFD algorithms. Performance results for "kernel" benchmarks do not fully reflect the computational requirements of a realistic, state-of-the-art CFD application. This is because a data structure that is optimal for one particular part of the computation on a given system might be very inefficient for another part of the computation. As a result, the three "simulated CFD application" benchmarks were devised. These three benchmarks are intended to accurately represent the principal computational and data movement requirements of modern implicit CFD applications. They model the main building blocks of CFD codes designed at NASA Ames for the solution of 3D Euler/Navier-Stokes equations using finite-volume/finite-difference discretization on structured grids.

There is one important feature which characterizes these simulated applications from a computational point of view. All three involve approximate factorization techniques, which in turn require the solution of three sets of multiple, independent, sparse, but structured systems of linear equations at each time step. Each of three sets of solves keeps one coordinate direction fixed, and solves the multiple sets of linear systems in the direction of the grid planes orthogonal to the fixed direction. Thus the three dimensional computational grid must be accessed by planes in three different direc-

System	No. Proc.	Time/Iter. (secs.)	MFLOPS (Y-MP)
Y-MP	1	1.73	246
	8	0.25	1705
iPSC/860	64	3.05	139
	128	1.90	224
CM-2	8K	5.23	82
	16K	3.40	125
	32K	2.29	186

Table 1. Results for the LU Simulated CFD Application.

tions. This has a very important implication for distributed memory machines: no single allocation scheme for the three dimensional grid is optimal. In order to carry out the solver phase efficiently in the three different grid directions the grids will have to be redistributed among the processors. The key to an efficient implementation of the simulated application benchmark is then to devise optimal distribution and communication schemes for the transition between the three solve phases at each time step[1].

The first of the simulated applications is the LU benchmark. In this benchmark, a regular-sparse, block (5×5) lower and upper triangular system is solved. This problem represents the computations associated with the implicit operator of a newer class of implicit CFD algorithms, typified at NASA Ames by the code INS3D-LU [38]. This problem exhibits a somewhat limited amount of parallelism compared to the next two.

The second simulated CFD application is called the scalar penta-diagonal (SP) benchmark. In this benchmark, multiple independent systems of non-diagonally dominant, scalar, penta-diagonal equations representative of computations associated with the implicit operators of CFD codes such as ARC3D [32] at NASA Ames Research Center. SP and BT are similar in many respects, but there is a fundamental difference with respect to the communication to computation ratio.

The third simulated CFD application is called the block tri-diagonal (BT) benchmark. In this benchmark, multiple independent systems of non-diagonally dominant, block tri-diagonal equations with a (5×5) block size are solved (for a related discussion of the parallel implemenation of ARC3D see also [29]).

Performance figures for the three simulated CFD applications are shown in Tables 1,2, and 3. Timings are cited in seconds per iteration. In all three tables results are reported for grids of size $64 \times 64 \times 64$. A complete solution of the LU benchmark requires 250 iterations. For the SP benchmark, 400 iterations are required. For the BT benchmark, 200 iterations are required. The MFLOPS in these tables for the parallel machines are based on an operation count established for the sequential version of the program.

---

[1]It should be pointed out that this discussion of the simulated applications does not apply to all production CFD codes at NASA Ames. For example the widely used F3D code, as well as the UPS code, are for example based on a two factor scheme.

System	No. Proc.	Time/Iter. (secs.)	MFLOPS (Y-MP)
Y-MP	1	1.18	250
	8	0.16	1822
iPSC/860	64	2.42	122
CM-2	8K	9.75	30
	16K	5.26	56
	32K	2.70	109

Table 2. Results for the SP Simulated CFD Application.

System	No. Proc.	Time/Iter. (secs.)	MFLOPS (Y-MP)
Y-MP	1	3.96	224
	8	0.57	1554
iPSC/860	64	4.54	199
CM-2	16K	16.64	54
	32K	9.57	94

Table 3. Results for the BT Simulated CFD Application.

4 Unstructured Grid Applications

We discuss here work on an unstructured upwind finite-volume explicit flow solver for the Euler equations in two dimensions that is well suited for massively parallel implementation. The mathematical formulation of this flow solver was proposed and implemented on the Cray-2 by Barth and Jespersen[9]. This solver has been implemented on the CM-2 by Hammond and Barth [15], and on the Intel iPSC/860 by Venkatakrishnan, Simon, and Barth [37].

The unstructured grid code developed by Barth is a vertex-based finite-volume scheme. The control volumes are non-overlapping polygons which surround the vertices of the mesh, called the "dual" of the mesh. Associated with each edge of the original mesh is a dual edge. Fluxes are computed along each edge of the dual in an upwind fashion using an approximate Riemann solver. Piecewise linear reconstruction is employed which yields second order accuracy in smooth regions. A four stage Runge-Kutta scheme is used to advance the solution in time. Fluxes, gradients and control volumes are all constructed by looping over the edges of the original mesh. A complete description of the algorithm can be found in [9, 15]. It is assumed that a triangularization of the computational domain and the corresponding mesh has been computed.

In both implementations the same four element wing cross-section test case has been used. The test case unstructured mesh includes 15606 vertices, 45878 edges, 30269 faces, and 949 boundary edges. The flow was computed at a freestream Mach number of .1 and 0 degrees angle of attack. The code for this test case runs at 150 MFLOPS on the NAS Cray Y-MP at NASA Ames, and requires 0.39 seconds per time step. In the Cray implementation, vectorization is achieved by coloring the edges of the mesh.

4.1 SIMD Implementation of Unstructured Solver

For the implementation on the CM-2 Hammond and Barth [15] used a novel partitioning of the problem which minimizes the computation and communication costs on a massively parallel computer. The following description follows [15] closely. In a mesh-vertex scheme, solution variables are associated with each vertex of the mesh and flux computation is performed at edges of the non-overlapping control volumes which surround each vertex. In conventional parallel implementations this operation is partitioned to be performed edge-wise, i.e., each *edge* of the control volume is assigned to one processor (edge-based). The resulting flux calculation contributes to two control volumes which share the particular edge.

In the partitioning used by Hammond and Barth, each *vertex* of the mesh is assigned to one processor (vertex-based). Flux computations are identical to the edge-based scheme but computed by processors associated with vertices. Each edge of the mesh joins a pair of vertices and is associated with one edge of the control volume.

One can direct an edge (i,j) to determine which vertex in the pair computes the flux through the shared edge of the control volume, (k', j'). When there is a directed edge from i to j, then the processor holding vertex j sends its conserved values to the processor holding vertex i, and the flux across the common control volume edge is computed by processor i and accumulated locally. The flux through (k', j') computed by the processor holding vertex i is sent to the processor holding vertex j to be accumulated negatively. Hammond and Barth show that their vertex-based scheme requires 50% less communication and asymptotically identical amounts of computation as compared with the traditional edge-based approach.

Another important feature of the work by Hammond and Barth is the use of fast communication. A feature of the communication within the flow solver here is that the communication pattern, although irregular, remains static throughout the duration of the computation. The SIMD implementation takes advantage of this by using a mapping technique developed by Hammond and Schreiber [16] and a "Communication Compiler" developed for the CM-2 by Dahl [13]. The former is a highly parallel graph mapping algorithm that assigns vertices of the grid to processors in the computer such that the sum of the distances that messages travel is minimized. The latter is a software facility for scheduling completely general communications on the Connection Machine. The user specifies a list of source locations and destinations for messages and enables one to fully utilize the large communication bandwidth of the machine.

Hammond and Barth have incorporated the mapping algorithm and the communication compiler into the flow solver running on the CM-2 and have realized a factor of 30 reduction in communication time compared to using naive or random assignments of vertices to processors and the router. Originally, using 8K processors of the CM-2 and a virtual processor (VP) ratio of 2, Hammond and Barth carried out 100 time steps of the flow solver in about 71.62 seconds. An improved implementation by Hammond in [14] resulted in 43 seconds per 100 time steps, which is equivalent to 136 MFLOPS. This does not include setup time.

4.2 MIMD Implementation of Unstructured Solver

Similar to the SIMD implementation one of the key issues is the partitioning of the unstructured mesh. In order to partition the mesh Venkatakrishnan et al. [37] employ a new algorithm for the graph partitioning problem, which has been discussed recently by Simon [35], and which is based on the computation of eigenvectors of the Laplacian matrix of a graph associated with the mesh. Details on the theoretical foundations of this strategy can be found in [31]. Detailed investigations and comparisons to other strategies (cf. [35]) have shown that the spectral partitioning produces subdomains with the shortest boundary, and hence tends to minimize communication cost.

After the application of the partition algorithm of the previous section, the whole finite volume grid with triangular cells is partitioned into P subgrids, each subgrid contains a number of triangular cells which form a single connected region. Each subgrid is assigned to one processor. All connectivity information is precomputed, using sparse matrix type data structures.

Neighboring subgrids communicate to each other only through their interior boundary vertices which are shared by the processors containing the neighboring subgrids. In the serial version of the scheme, field quantities (mass, momentum and energy) are initialized and updated at each vertex of the triangular grid using the conservation law for the Euler equations applied to the dual cells. Each processor performs the same calculations on each subgrid as it would do on the whole grid in the case of a serial computation. The difference is that now each subgrid may contain both physical boundary edges and interior boundary edges, which have resulted from grid partitioning. Since a finite volume approach is adopted, the communication at the inter-processor boundaries consists of summing the local contributions to integrals such as volumes, fluxes, gradients etc.

The performance of the Intel iPSC/860 on the test problem is given in Table 4. The MFLOPS given are based on operation counts using the Cray hardware performance monitor. The efficiency is computed as

$$Efficiency(\%) = \frac{MFLOPS \; with \; N \; procs}{N \; * \; (MFLOPS \; with \; 1 \; proc)} * 100.$$

Processors	secs/step	MFLOPS	efficiency(%)
2	7.39	7.9	86
4	3.70	15.8	86
8	1.94	30.2	82
16	1.08	54.1	74
32	0.59	99.2	67
64	0.31	187.5	64
128	0.19	307.9	52

Table 4. Performance of Unstructured Grid Code on the Intel iPSC/860.

In summary the performance figures on the unstructured grid code are given in Table 5, where all MFLOPS numbers are Cray Y-MP equivalent numbers.

Machine	Processors	secs/step	MFLOPS
Cray Y-MP	1	0.39	150.0
Intel iPSC/860	64	0.31	187.5
	128	0.19	307.9
CM-2	8192	0.43	136

Table 5. Performance Comparison of Unstructured Grid Code.

5 Particle Methods

Particle methods of simulation are of interest primarily for high altitude, low density flows. When a gas becomes sufficiently rarefied the constitutive relations of the Navier-Stokes equations (i.e. the

Stokes law for viscosity and the Fourier law for heat conduction) no longer apply and either higher order relations must be employed (e.g. the Burnett equations [26]), or the continuum approach must be abandoned and the molecular nature of the gas must be addressed explicitly. The latter approach leads to direct particle simulation.

In direct particle simulation, a gas is described by a collection of simulated molecules thus completely avoiding any need for differential equations explicitly describing the flow. By accurately modeling the microscopic state of the gas, the macroscopic description is obtained through the appropriate integration. The primary disadvantage of this approach is that the computational cost is relatively large. Therefore, although the molecular description of a gas is accurate at all densities, a direct particle simulation is competitive only for low densities where accurate continuum descriptions are difficult to make.

For a small discrete time step, the molecular motion and collision terms of the Boltzmann equation may be decoupled. This allows the simulated particle flow to be considered in terms of two consecutive but distinct events in one time step, specifically there is a collisionless motion of all particles followed by a motionless collision of those pairs of particles which have been identified as colliding partners. The collisionless motion of particles is strictly deterministic and reversible. However, the collision of particles is treated on a probabilistic basis. The particles move through a grid of cells which serves to define the geometry, to identify colliding partners, and to sample the macroscopic quantities used to generate a solution.

The state of the system is updated on a per time step basis. A single time step is comprised of five events:

1. Collisionless motion of particles.

2. Enforcement of boundary conditions.

3. Pairing of collision partners.

4. Collision of selected collision partners.

5. Sampling for macroscopic flow quantities.

Detailed description of these algorithms may be found in [27] and [10]

5.1 SIMD Implementation of Particle Simulation

Particle simulation is distinct from other CFD applications in that there are two levels of parallel granularity in the method. There is a coarse level consisting of cells in the simulation (which are approximately equivalent to grid points in a continuum approach) and there is a fine level consisting of individual particles. At the time of the CM-2 implementation there existed only the fieldwise model of the machine, and it was natural for Dagum [10] to decompose the problem at the finest level of granularity. In this decomposition, the data for each particle is stored in an individual virtual processor in the machine. A separate set of virtual processors (or VP set) stores the geometry and yet another set of virtual processors stores the sampled macroscopic quantities.

This decomposition is conceptually pleasing however in practice the relative slowness of the Connection Machine router can prove to be a bottleneck in the application. Dagum [10] introduces several novel algorithms to minimize the amount of communication and improve the overall performance in such a decomposition. In particular, steps 2 and 3 of the particle simulation algorithm require a somewhat less than straightforward approach.

The enforcement of boundary conditions requires particles which are about to interact with a boundary to get the appropriate boundary information from the VP set storing the geometry data. Since the number of particles undergoing boundary interaction is relatively small, a master/slave algorithm is used to minimize both communication and computation. In this algorithm, the master is the VP set storing the particle data. The master creates a slave VP set large enough to accommodate all the particles which must undergo boundary interactions. Since the slave is much smaller than the master, instructions on the slave VP set execute much faster. This more than makes up for the time that the slave requires to get the geometry information and to both get and return the particle information.

The pairing of collision partners requires sorting the particle data such that particles occupying the same cell are represented by neighboring virtual processors in the one dimensional NEWS grid storing this data. Dagum [12] describes different sorting algorithms suitable for this purpose. The fastest of these makes use of the realization that the particle data moves through the CM processors in a manner analogous to the motion of the particles in the simulation. The mechanism for disorder is the motion of particles, and the extent of motion of particles, over a single time step, is small. This can be used to tremendously reduce the amount of communication necessary to re-order the particles.

These algorithms have been implemented in a two-dimensional particle simulation running on the CM-2. At the time of implementation, the CM-2 at NASA Ames had only 64K bits of memory per processor which was insufficient to warrant a three-dimensional implementation. Furthermore, the slicewise model of the machine did not exist and the machine had the slower 32-bit Weitek's which did not carry out any integer arithmetic. Nonetheless, with this smaller amount of memory and fieldwise implementation, the code was capable of simulating over 2.0×10^6 particles in a grid with 6.0×10^4 at a rate of $2.0 \mu sec$/particle/time step using all 32K processors (see [10]). By comparison, a fully vectorized equivalent simulation on a single processor of the Cray YMP runs at $1.0 \mu sec$/particle/time step and 86 MFLOPS as measured by the Cray hardware performance monitor. (Note that a significant fraction of a particle simulation involves integer arithmetic and the MFLOP measure is not completely indicative of the amount of computation involved). Currently, work is being carried out to extend the simulation to three dimensions using a parallel decomposition which takes full advantage of the slicewise model of the machine.

5.2 MIMD Implementation of Particle Simulation

The MIMD implementation differs from the SIMD implementation not so much because of the difference in programming models but because of the difference in granularity between the machine models. Whereas the CM-2 has 32768 processors, the iPSC/860 has only 128. Therefore on the iPSC/860 it is natural to apply a spatial domain decomposition rather than the data object decomposition used on the CM-2.

In McDonald's [28] implementation, the spatial domain of the simulation is divided into a number of sub-domains or regions equal to the desired number of node processes. Communication between processes occurs as a particle passes from one region to another and is carried out asynchronously, thus allowing overlapping communication and computation. Particles crossing region "seams" are treated simply as an additional type of boundary condition. Each simulated region of space is surrounded by a shell of extra cells that, when entered by a particle, directs that particle to the neighboring region. This allows the representation of simulated space (i.e. the geometry definition) to be distributed along with the particles. The aim is to avoid maintaining a representation of all simulated space which, if stored on a single processor, would quickly become a serious bottleneck for large simulations, and if replicated would simply be too wasteful of memory.

Within each region the sequential or vectorized particle simulation is applied. This decomposition allows for great flexibility in the physical models that are implemented since node processes are asynchronous and largely independent of each other. Recall that communication between processes is required only when particles cross region seams. This is very fortuitous since the particle motion is straightforward and fully agreed upon. The important area of research has to do with the modeling of particles, and since this part of the problem does not directly affect communication, particle models can evolve without requiring great algorithmic changes.

McDonald's implementation is fully three-dimensional. The performance of the code on a 3D heat bath is given in Table 6.

Processors	μs/prt/step	MFLOPS	efficiency(%)
2	24.4	3.5	97
4	12.5	6.9	95
8	6.35	13.5	93
16	3.25	26.5	91
32	1.63	52.8	91
64	0.85	101	87
128	0.42	215	88

Table 6. Performance of Particle Simulation on the Intel iPSC/860.

At the present time the domain decomposition is static, however work is being carried out to allow dynamic domain decomposition thus permitting a good load balance to exist throughout a calculation. The geometry and spatial decomposition of the heat bath simulation *exaggerated* the area to volume ratio of the regions in order to more closely approximate the communication expected in a real application with dynamic load balancing. The most promising feature of these results is the linear speed up obtained, indicating that the performance of the code should continue to increase with increasing numbers of processors.

For the particle methods the corresponding summary of performance figures for all three machines can be found in Table 7. The figures in Table 7 should be interpreted very carefully. The simulations run on the different machines were comparable, but not identical. The MFLOPS are Cray Y-MP equivalent MFLOPS ratings based on the hardware performance monitor.

Machine	Processors	μsecs/particle/step	MFLOPS
Cray 2	1	2.0	43
Cray Y-MP	1	1.0	86
Intel iPSC/860	128	0.4	215
CM-2 (32 bit)	32768	2.0	43

Table 7. Performance Comparison of Particle Simulation Code.

6 Conclusions

The results in Table 8 summarize most of the efforts discussed in this paper. They demonstrate that on current generation parallel machines performance on actual CFD applications is obtained

Application	CM-2 32K proc.	iPSC/860 128 proc.
Structured grid (LU)	0.76	0.91
Unstructured grid*	0.91	2.05
Particle methods	0.50	2.50

*) CM result for 8K processors

Table 8. Summary of Performance on Parallel Machines (fraction of single processor Cray Y-MP performance).

which is approximately equivalent to the performance of one to two processors of a Cray Y-MP. All applications considered here are not immediately parallelized and both on SIMD and MIMD machines considerable effort must be expended in order to obtain an efficient implementation. It has been demonstrated by the results obtained at NASA Ames that this can be done, and that super computer level performance can be obtained on current generation parallel machines. Furthermore the particle simulation code on the CM-2 is a production code currently used to obtain production results (see [11]). The iPSC/860 implementation should be in production use by the end of 1991. Our results also demonstrate another feature which has been found across a number of applications at NASA Ames: massively parallel machines quite often obtain only a fraction of their peak performance on realistic applications. In the applications considered here, there are at least two requirements which form the primary impediment in obtaining the peak realizable performance from these machines. One of these requirements is for unstructured, general communication with low latency and high bandwidth, which arises both in the unstructured application and in particle codes. The other requirement is for high bandwidth for a global exchange as it occurs in array transposition. This is important for the structured grid problems, since three dimensional arrays have to be accessed in the direction of the three different grid planes. Neither the CM-2 nor the iPSC/860 deliver the communication bandwidth necessary for these CFD applications. Experience has shown that CFD applications require on the order of one memory reference per floating point operation and a balanced system should have a memory bandwidth comparable to its floating point performance. In these terms, current parallel systems deliver only a fraction of the required bandwidth.

It spite of these promising results all the high expectations for parallel machines have not yet been met. In particular we do not believe that there is or will be a 10 GFLOPS sustained performance parallel machine available before 1993. Even on the new Intel Touchstone Delta machine the applications described here will perform at best in the 1 - 2 GFLOPS [2] range. The question then is (to quote Tom Lasinski [19]): "So why are we still bullish on parallel computers?". The answer, also given in [19], is: "Parallel computers have a tremendous growth potential." Even if we assume that current machine such as the CM-2 and the Intel iPSC/860 achieve only 1/50 of their peak performance on parallel CFD applications, we can extrapolate to the near future and predict a great increase in performance. In 1995 a machine based on commodity microprocessors with 160 MHz, three results per clock period, and 2048 processors is entirely likely and feasible. Such a machine would have approximately 1 TFLOPS peak performance. Even at 1/50 of this peak performance, we would be able to perform CFD calculations at a level of 20 GFLOPS sustained. With improvements in hardware, software, and algorithms we should be able to obtain even better performance.

---

[2] Researchers at NAS are aware that there are claims about multiple GFLOPS performance on these systems. However, the discriminating reader is encouraged to study the recent note by D. Bailey on "Twelve Ways to Fool the Masses When Giving Performance Results on Parallel Computers" [5].

As outlined in [36], these significant increases in compute power are essential to accomplishing the computational Grand Challenges of the 1990's. Even detailed single discipline computations will require GFLOP performance, with the multi-disciplinary simulations becoming just feasible on the most advanced systems of the 1990's.

Acknowledgment. I wish to thank my colleagues with the NAS Applied Research Branch, whose work has been discussed here: D. Bailey, E. Barszcz, L. Dagum, R. Fatoohi, T. Lasinski, C. Levit, V. Venkatakrishnan, and S. Weeratunga. I also thank T. Barth, D. Jespersen, T. Abeloff, K. Chawla, M. Smith, W. Van Dalsem (all NASA Ames), S. Hammond, and R. Schreiber at RIACS, J. McDonald (MassPar) and P. Frederickson (Cray Research) for their contributions to this summary report.
The author is with the Applied Research Branch, Mail Stop T045-1. The author is an employee of Computer Sciences Corporation. This work is supported through NASA Contract NAS 2-12961.

References

[1] D. Bailey, E. Barszcz, J. Barton, D. Browning, R. Carter, L. Dagum, R. Fatoohi, P. Frederickson, T. Lasinski, R. Schreiber, H. Simon, V. Venkatakrishnan, and S. Weeratunga. The NAS Parallel Benchmarks. *Int. J. of Supercomputer Applications*, 5(3):63 – 73, 1991.

[2] D. Bailey, E. Barszcz, J. Barton, D. Browning, R. Carter, L. Dagum, R. Fatoohi, P. Frederickson, T. Lasinski, R. Schreiber, H. Simon, V. Venkatakrishnan, and S. Weeratunga. The NAS parallel benchmarks - summary and preliminary results. In *Proceedings of Supercomputing '91, Albuquerque, New Mexico*, pages 158 – 165, Los Alamitos, California, 1991. IEEE Computer Society Press.

[3] D. Bailey, E. Barszcz, R. Fatoohi, H. Simon, and S. Weeratunga. Performance results on the intel touchstone gamma prototype. In David W. Walker and Quentin F. Stout, editors, *Proceedings of the Fifth Distributed Memory Computing Conference*, pages 1236 – 1246, Los Alamitos, California, 1990. IEEE Computer Society Press.

[4] D. H. Bailey. Experience with parallel computers at NASA Ames. Technical Report RNR-91-07, NASA Ames Research Center, Moffett Field, CA 94035, February 1991.

[5] D. H. Bailey. Twelve ways to fool the masses when giving performance results on parallel computers. *Supercomputing Review*, pages 54 – 55, August 1991.

[6] D. H. Bailey, J. Barton, T. Lasinski, and H. Simon (editors). The NAS Parallel Benchmarks. Technical Report RNR-91-02, NASA Ames Research Center, Moffett Field, CA 94035, January 1991.

[7] E. Barszcz. One year with an iPSC/860. Technical Report RNR-91-01, NASA Ames Research Center, Moffett Field, CA 94035, January 1991.

[8] E. Barszcz and K. Chawla. F3d on the cm-2. In T. Pulliam, editor, *Compendium of Abstracts, NASA CFD Conference, March 1991*, pages 56 – 57. NASA Office of Aeronautics Exploration and Technology, March 1991.

[9] T.J. Barth and D.C. Jespersen. The design and application of upwind schemes on unstructured meshes. In *Proceedings, 27th Aerospace Sciences Meeting*, January 1989. Paper AIAA 89-0366.

[10] L. Dagum. On the suitability of the connection machine for direct particle simulation. Technical Report 90.26, RIACS, NASA Ames Research Center, Moffett Field, CA 94035, June 1990.

[11] L. Dagum. Lip leakage flow simulation for the gravity probe b gas spinup using psicm. Technical Report RNR-91-10, NASA Ames Research Center, Moffett Field, CA 94035, March 1991.

[12] Leonardo Dagum. Sorting for Particle Flow Simulation on the Connection Machine. In Horst D. Simon, editor, *Parallel CFD - Implementations and Results Using Parallel Computers*, pages 245 – 270. MIT Press, Cambridge, Mass., 1992.

[13] E. Denning Dahl. Mapping and compiled communication on the connection machine system. In David W. Walker and Quentin F. Stout, editors, *Proceedings of the Fifth Distributed Memory Computing Conference*, pages 756 – 766, Los Alamitos, California, 1990. IEEE Computer Society Press.

[14] S. Hammond. *Mapping Unstructured Grid Computations to Massively Parallel Computers*. PhD thesis, RPI, 1992.

[15] S. Hammond and T. Barth. On a Massively Parallel Euler Solver for Unstructured Grids. In Horst D. Simon, editor, *Parallel CFD - Implementations and Results Using Parallel Computers*, pages 55 – 70. MIT Press, Cambridge, Mass., 1992.

[16] S. Hammond and R. Schreiber. Mapping unstructured grid problems to the connection machine. Technical Report 90.22, RIACS, NASA Ames Research Center, Moffett Field, CA 94035, October 1990.

[17] T.L. Holst, M. D. Salas, and R. W. Claus. The NASA computational aerosciences program - toward teraflop computing. In *Proceedings of the 30th Aerospace Sciences Meeting, Reno, NV*, Washington, D.C., 1992. American Institute of Aeronautics and Astronautics. AIAA Paper 92-0558.

[18] Intel Corporation. *i860 64-Bit Microprocessor Programmer's Reference Manual*. Santa Clara, California, 1990.

[19] T. A. Lasinski. Massively parallel computing at nas: Opportunities and experiences. Presentation in the NAS User TeleVideo Seminar, March 1991.

[20] K. Lee. On the floating point performance of the i860 microprocessor. Technical Report RNR-90-019, NASA Ames Research Center, Moffett Field, CA 94035, 1990.

[21] C. Levit and D. Jespersen. Explicit and implicit solution of the Navier-Stokes equations on a massively parallel computer. Technical report, NASA Ames Research Center, Moffett Field, CA, 1988.

[22] C. Levit and D. Jespersen. A computational fluid dynamics algorithm on a massively parallel computer. *Int. J. Supercomputer Appl.*, 3(4):9 – 27, 1989.

[23] C. Levit and D. Jespersen. Numerical simulation of a flow past a tapered cylinder. Technical Report RNR-90-21, NASA Ames Research Center, Moffett Field, CA 94035, October 1990.

[24] Creon Levit. Grid communication on the Connection Machine: Analysis, performance, improvements. In H. D. Simon, editor, *Scientific Applications of the Connection Machine*, pages 316 – 332. World Scientific, 1989.

[25] Z. C. Lou. A summary of CFS I/O tests. Technical Report RNR-90-20, NASA Ames Research Center, Moffett Field, CA 94035, October 1990.

[26] F.E. Lumpkin. *Development and Evaluation of Continuum Models for Translational-Rotational Nonequilibrium*. PhD thesis, Stanford University, Dept. of Aeronautics and Astronautics, Stanford CA 94305, April 1990.

[27] J. D. McDonald. *A Computationally Efficient Particle Simulation Method Suited to Vector Computer Architectures*. PhD thesis, Stanford University, Dept. of Aeronautics and Astronautics, Stanford CA 94305, December 1989.

[28] J. D. McDonald. Particle simulation in a multiprocessor environment. Technical Report RNR-91-02, NASA Ames Research Center, Moffett Field, CA 94035, January 1991.

[29] V. Naik, N. Decker, and M. Nicoules. Implicit CFD Applications on Message Passing Multiprocessor Systems. In Horst D. Simon, editor, *Parallel CFD - Implementations and Results Using Parallel Computers*, pages 103 - 132. MIT Press, Cambridge, Mass., 1992.

[30] NAS Systems Division, NASA Ames Research Center. *Numerical Aerodynamic Simulation Program Plan*, October 1988.

[31] A. Pothen, H. Simon, and K.-P. Liou. Partitioning sparse matrices with eigenvectors of graphs. *SIAM J. Mat. Anal. Appl.*, 11(3):430 - 452, 1990.

[32] T. H. Pulliam. Efficient solution methods for the Navier-Stokes equations. Lecture Notes for The Von Karman Institute for Fluid Dynamics Lecture Series, Jan. 20 - 24, 1986.

[33] James S. Ryan. Concurrent File System (CFS) I/O for CFD Applications. August 1991.

[34] R. Schreiber. An assessment of the Connection Machine. In H. D. Simon, editor, *Scientific Applications of the Connection Machine, 2nd edition*, pages 379 - 390. World Scientific, 1992.

[35] H. D. Simon. Partitioning of unstructured problems for parallel processsing. *Computing Systems in Engineering*, 2(2/3):135 - 148, 1991.

[36] Horst D. Simon, William Van Dalsem, and Leonardo Dagum. Parallel CFD: Current Status and Future Requirements. In Horst D. Simon, editor, *Parallel CFD - Implementations and Results Using Parallel Computers*, pages 1 - 28. MIT Press, Cambridge, Mass., 1992.

[37] V. Venkatakrishnan, H. Simon, and T. Barth. A MIMD implementation of a parallel Euler solver for unstructured grids. Technical Report RNR-91-24, NASA Ames Research Center, Moffett Field, CA 94035, September 1991.

[38] S. Yoon, D. Kwak, and L. Chang. LU-SGS implicit algorithm for implicit three dimensional Navier-Stokes equations with source term. Washington, D.C., 1989. American Institute of Aeronautics and Astronautics. AIAA Paper 89-1964-CP.

Parallelrechner für kommerzielle Anwendungen

Hendrik O. Schlenz

NCR GmbH
Ulmer Straße 160
8900 Augsburg

Zusammenfassung

Die Zielvorgabe für Parallelrechner im kommerziellen Bereich liegt weniger darin, die einzelne Verarbeitung zu beschleunigen, als vielmehr in der Aufgabe, das Antwortzeitverhalten bei steigender Anzahl komplexer Abfragen für den einzelnen Nutzer zu verbessern bzw. zumindest konstant zu halten. Kommerzielle Anwendungen der kommenden Jahre erfordern primär eine Nutzung dieser leistungsfähigen Parallel-Strukturen als Daten- oder auch Programm-Server im Rahmen offener Client-Server-Netzwerke. Durch die Nutzung einer Vielzahl paralleler Mikroprozessoren statt proprietärer Multiprozessoren in Verbindung mit einem UNIX-basierten, offenen Transaktionsmonitor rechnet sich bereits heute wegen des erheblich günstigeren Preis/Leistungsverhältnisses der Einsatz solcher massiv parallelen Rechner auch im kommerziellen Umfeld. Heutige Systeme auf der Basis einiger Hundert Intel-Prozessoren liefern für komplexe Online-Abfragen Transaktionsraten von über 1000/sec bei gleichzeitigem Zugriff auf Datenbanken mit Kapazitäten im Terabyte-Bereich.

1. Anforderungen an kommerzielle Großrechner in den 90er Jahren

Eine Umfrage einer weltweit führenden Beratungsgesellschaft bei Top-Managern großer Unternehmungen ergab fünf Kriterien, die als wesentliche Herausforderung an die Informatik der Zukunft im kommerziellen Einsatz gelten dürfen:

1. Umsetzung unternehmensweiter Daten in echte Wettbewerbsvorteile, d. h. zeitgerechte Bereitstellung von Information (nicht nur Daten!) für verbesserte Management-Entscheidungen.
2. Integration vorhandener Datenverarbeitungs-"Inseln", d. h. Verwirklichung einer unternehmensweiten Informatik ohne bereits getätigte Investitionen zu verlieren.
3. Einbindung von "Decision Support" in eine Vielzahl heutiger operativer Anwendungen, d. h. Übergang vom retrospektiven MIS zum "pro"-aktiven Strategischen Informationssystem (SIS).
4. Verfügbarkeit einer effizienten, offenen Entwicklungsumgebung, d. h. schnellere Bereitstellung qualifizierter Anwendungen bei gleichzeitigem Abbau derzeitiger Entwicklungsrückstände.
5. Erhöhte Flexibilität bei der Systemauswahl, d. h. schnelle Nutzung aller am Markt gebotenen Produkte bei reduzierter "Hof"-Lieferanten-Abhängigkeit.

Aufgrund dieses Anforderungsprofils haben zukünftige, massiv parallele Großrechner folgende wesentlichen Bedingungen zu erfüllen:

- offene, in heterogenen Netzwerken operierende Server
- schnellste Verarbeitung komplexer online-Transaktionen unter Einbeziehung von Datenbanken im Terabyte-Bereich.

2. Decision Support - Basis zukünftiger Wettbewerbsfähigkeit

In der sich kontinuierlich und immer schneller wandelnden Geschäftsumgebung sind die zukünftigen Marktwährungen:

- Zeit: schneller als der Mitbewerb
- Information: besser als der Mitbewerb

Bessere Informationen, auf deren Basis erfolgsversprechendere Managemententscheidungen möglich werden, setzen voraus:

- ad hoc-Abfragen, -Simulationen aufgrund aktuellster Detaildaten (multi-table-joins)
- Einbindung von Trend-, Korrelationsanalysen historischer Detaildaten in solche ad hoc-Abfragen
- kurze Bearbeitungszeiten (Minuten, max. wenige Stunden statt bisher Tagen)
- organisationsunabhängige, sprich relationale Datenbanken

3. Parallel-Architektur für kommerzielle Anwendungen

Parallel-Processing wird leicht mit Multiprocessing oder gar Array- oder Vektor-Processing durcheinander gebracht. Trotz gewisser Ähnlichkeiten bestehen fundamentale Architektur-Unterschiede. Parallel-Rechner erlauben zwei oder mehr Prozessoren gleichzeitig an derselben Task zu arbeiten. Beim konventionellen Multiprocessing können hingegen zwei oder mehr Prozessoren die gleiche Applikation, nicht aber die gleiche Task simultan bearbeiten.

Damit ein System Parallel-Processing unterstützen kann, müssen gewisse Komponenten verfügbar sein, u. a.

- mehrere Prozessoren
- geregelter Datenaustausch zwischen den Prozessoren
- ausgeglichenes Verhältnis zwischen Verarbeitungsleistung und Ein-/Ausgabe-Möglichkeiten
- Software Unterstützung der Parallelverarbeitung

3.1 Mehrprozessor-System

Für kommerzielle Anwendungen ist der MIMD-Rechner dem SIMD-Rechner vorzuziehen. MIMD-Rechner bieten u.a. ein besseres Preis/Leistungsverhältnis und sind, da sie im allgemeinen aus der Verknüpfung einer Mehrzahl wohlbekannter serieller Systeme bestehen, besser als skalierbare, "general purpose"-Computer einsetzbar. Der Einsatz von SIMD ist darüberhinaus im kommerziellen Umfeld durch den Parallelismus der Anwendungen sehr eingeschränkt.

MIMD-Rechner können wiederum als "tightly coupled" (TC, shared memory) oder als "loosely coupled" (LC, message passing) Systeme konfiguriert werden. Da einerseits das gemeinsame Memory bei vielen kommerziellen Anwendungen Vorteile aufweist, andererseits mit wachsender Prozessorzahl der Performancegewinn solcher TC-Systeme drastisch abnimmt, muß beim kommerziellen Großrechner eine applikationsspezifische Kombination mehrerer TC-Systeme zu einem LC-Gesamtsystem realisierbar sein.

3.2 Inter-Prozessor Datenaustausch

Bei shared-memory- (TC-) Systemen ist der Datenaustausch zwischen Prozessen und die Synchronisation von Prozessen, die auf verschiedenen Prozessoren laufen, relativ einfach.

Bei LC-Systemen besteht diese Verknüpfung über ein gemeinsames Memory nicht mehr, so daß Datenaustausch und Synchronisation über ein leistungsfähiges Bus-System sichergestellt werden müssen. Dabei kann der Arbeitsaufwand für dieses Message-Handling einen größeren Einfluß auf die System-Performance haben als die Geschwindigkeit des Bussystems selbst.

Eine besondere Performance-Steigerung ist dadurch zu erzielen, daß dieses Bus-System als "High Speed Intelligent Interconnect" ausgelegt ist. So kann es z. B. bei einer über mehrere Datenbankrechner verteilten parallelen Datenbank abschließende Sortierungen vornehmen. Dieses erlaubt eine gegenüber klassischen Systemen erhebliche Einsparung von kostenintensiven Speicher-Ressourcen bei gleichzeitig erheblichem Zeitgewinn.

3.3 Ein/Ausgabe

Bei kommerziellen Systemen ist die Ein/Ausgabe-Kapazität erheblich kritischer als bei technisch-wissenschaftlichen Anwendungen. Dieses gilt sowohl für die Nutzerseite wie auch für die Verbindung zur Datenbank. Durch ein symmetrisches Prozessor-Design in den TC-Subsystemen und hohe, jedem Prozessorknoten zugeordnete Ein/Ausgabe-Möglichkeiten ist sicherzustellen, daß die durch das Parallel-Konzept erbrachte Leistungssteigerung auch de facto an den Nutzer weitergegeben werden kann. Dieses gilt ganz besonders für online-Transaktionen.

3.4 Software

Um, wie in Punkt 1 gefordert, eine volle Funktionalität in einem auch heterogenen Netzwerk mit unterschiedlichen Datenbanken in verschiedenen Knoten bedienen zu können, muß neben Betriebssystem, Tools und Applikation auch ein leistungsfähiger, offener Transaktionsmonitor bereitstehen, um nicht die Offenheit der Hardware durch die Propriärität des Transaktionsmonitors zu kontrakarieren.

Das Betriebssystem muß - unabhängig von der Zahl der parallel geschalteten Prozessoren - für Programmierer, Systemadministrator und Nutzer das Gesamtsystem als einen Rechner erscheinen lassen: single system view.

Die bereitzustellenden Tools haben u. a. Compiler zu beinhalten, die halb- oder vollautomatisch Einzelprozessor-Programme auf Multi- und Parallel-Prozessorsystem "um-mapen". Weitere CASE-Tools müssen eine a priori-Implementierung "paralleler" Applikationen ermöglichen. Schließlich muß ein DBMS verfügbar sein, das die Parallelrechner-Plattform effektiv und effizient zu nutzen weiß.

Der Transaktionsmonitor (den Definitionen von X/Open DTP entsprechend) hat u. a. dafür Sorge zu tragen, daß eine automatische Lastverteilung über die Anwendungsprozessoren erfolgt. Sicherung der Konsistenz bei Zugriff von Online Transaktionen auf mehrere, unterschiedliche Datenbanken lokal oder im Netz, muß durch das Two-Phase-Commit gewährleistet sein.

3.5 Verfügbarkeit

Auch wenn an einen kommerziellen Rechner bezüglich der Ausfallsicherheit nicht die gleichen Anforderungen wie im Bereich der Prozess-Steuerung gestellt werden müssen, kann eine längere Nichtverfügbarkeit z. B. eines zentralen Datenbank-Servers durch HW/SW-Probleme oder durch Reorganisationsläufe nicht akzeptiert werden. Ein kommerzielles System muß durch vom Kunden möglichst während des Betriebes leicht zu tauschende Komponenten (CRU: customer replaceable unit), durch "fault resilient"-Auslegung von nicht oder nur schwer tauschbaren Teilen sowie im Bereich der Datenbank zumindest durch Array-Technologie eine Standard-Verfügbarkeit von größer 99,98 % aufweisen. Ein optionaler Ausbau auf volle "fault tolerance" sowie Duplizierung für Katastrophenfälle muß vorgesehen sein (z. B. für Einsatz im Bankenbereich).

3.6 Skalierbarkeit

Im kommerziellen Bereich sollte sich ein System zu jeder Zeit "rechnen", was bei herkömmlichen Großrechnern durch die realen Leistungssprünge der Systeme durch erforderliche, überzogene "Vorinvestition" oft nicht erreichbar war. In einer Zeit, in der sich die Datenverarbeitung in den Unternehmungen mehr und mehr einer kritischen G+V-Analyse unterwerfen muß, können Parallel-Systeme auf Mikroprozessorbasis endlich eine dem echten Bedarf angepaßte Aufrüstung sichern. Das Parallelsystem muß im Applikations- und im Datenbankprozessorbereich unabhängig voneinander den neuen bzw. geänderten Anforderungen des individuellen Unternehmens anpaßbar sein.

4. Die Parallelrechnersysteme NCR 3600 und 3700

Diese Systeme sind nach den zuvor genannten Anforderungskriterien entwickelt worden. Besonderer Augenmerk wurde dabei auf die simultane Funktionalität von Decision Support (DS) und Online Transaction Processing (OLTP) gelegt. So wurde eine relationale Datenbank als allgemeine Datenbasis ausgewählt.

RDBS sind a priori besonders für eine Parallelverarbeitung geeignet, da mehrere Prozessoren gleichzeitig ihnen zugeordnete Teile der DB abarbeiten können. Dieses führt bei DS-Anwendungen, die komplexe joins mehrerer großer Tabellen verlangen, zu einer in Benchmarks nachgewiesenen Verbesserung der Performance um mehr als den Faktor 10 gegenüber serieller Abwicklung mit einem nicht parallelisierten RDBMS. In einem Extremfall mußte ein DS-Programm auf einem klassischen 3-Prozessor-Mainframe nach 43 Tagen (!) erfolglos abgebrochen werden. Auf einem aus 100 parallelen Mikroprozessoren aufgebauten System lieferte es in 3 Stunden (!) ein befriedigendes Ergebnis.

Zu dieser Performance-Verbesserung trug wesentlich eine intelligente Busverbindung der einzelnen Prozessoren untereinander bei (HSI: High Speed Intelligent Interconnect, YNET), die den jeweils letzten SORT- bzw. MERGE-Vorgang durch logische Funktionen im Bus-Netz ausführt statt in vielfachen Teilschritten im (teuren) Memory.

Bei einer über mehrere Datenbankprozessoren (AMP: Access Module Processor) verteilten, parallelen Datenbank erzielt man gleichzeitig auch für OLTP-Anwendungen eine erhebliche Leistungsverbesserung, da mehrere Transaktionsabfragen parallel auf die jeweils relevanten Teildatenmengen zugreifen können.

In Abhängigkeit von Art und Anzahl der "Client"-Anfragen ist eine weitere Verbesserung der Transaktionsrate durch Erhöhung der Anzahl von Applikationsrechnern (AP) möglich.

Unter Preis/Leistungsgesichtspunkten - bei voller Skalierbarkeit bezüglich DS- und OLTP-Anwendungen - ergibt sich somit für die lieferbare NCR 3600 eine optimale Systemarchitektur gemäß folgender Abbildungen:

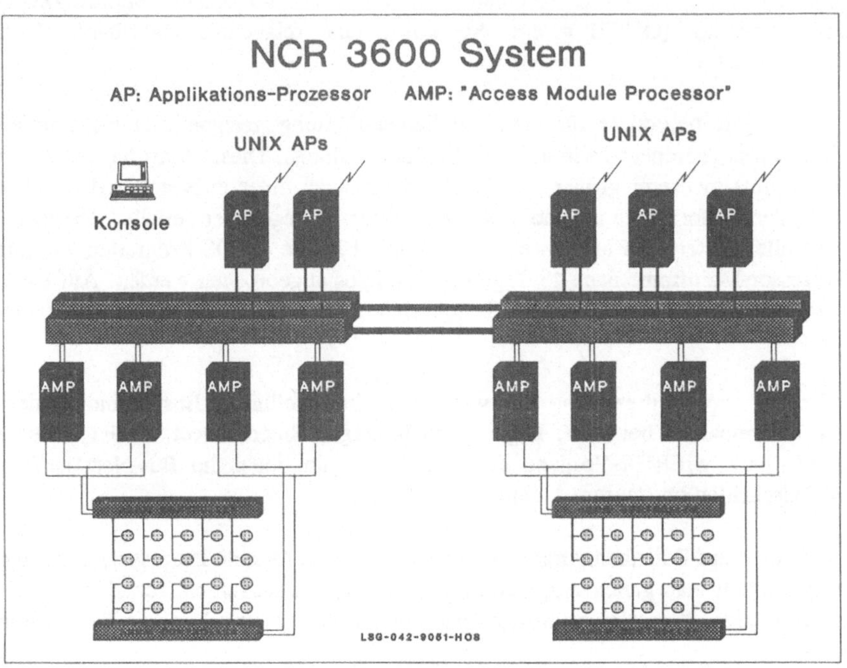

Abbildung 1:
Architektur der NCR 3600

Sinnvollerweise lassen sich konfigurieren (trotz im einzelnen größerer Möglichkeiten):

Anzahl APs (lose gekoppelt):	bis 32
Anzahl AMPs:	bis 128
Plattenkapazität:	bis 1.300 GB
Betriebssystem:	UNIX V.4 SMP
RDBMS auf APs:	u. a. ORACLE, SYBASE
RDBMS auf AMPs:	TOS
Transaktionsmonitor:	TOPEND (X/Open DTP konform)

Einzelplatten und Plattenarrays lassen sich ebenfalls an jeden AP anschließen.

Optionale Kanalverbindung zwischen APs und Drittrechnern sind für diverse Hostsysteme
verfügbar.

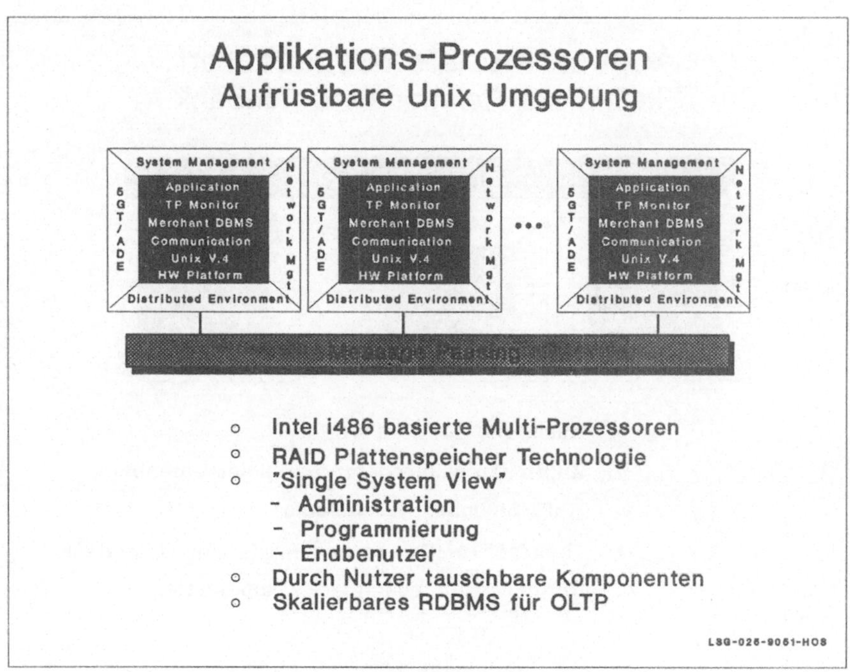

Abbildung 2:

Applikations-Systeme

Jeder AP ist aus 2 bis 8 eng gekoppelten Prozessoren konfigurierbar.

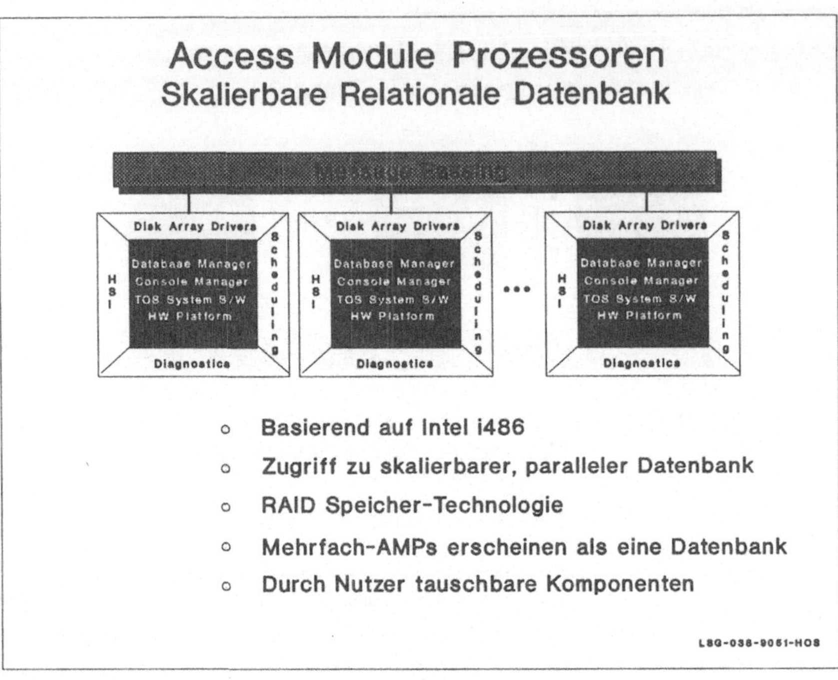

Abbildung 3:
Datenbank-Prozessoren (AMPs)

Jeder AMP enthält einen Mikroprozessor. Neben der Array-Technologie (RAID-5) stehen auch einzelne Platten-Strings zur Verfügung (JBOD: Just a Bunch of Disks).

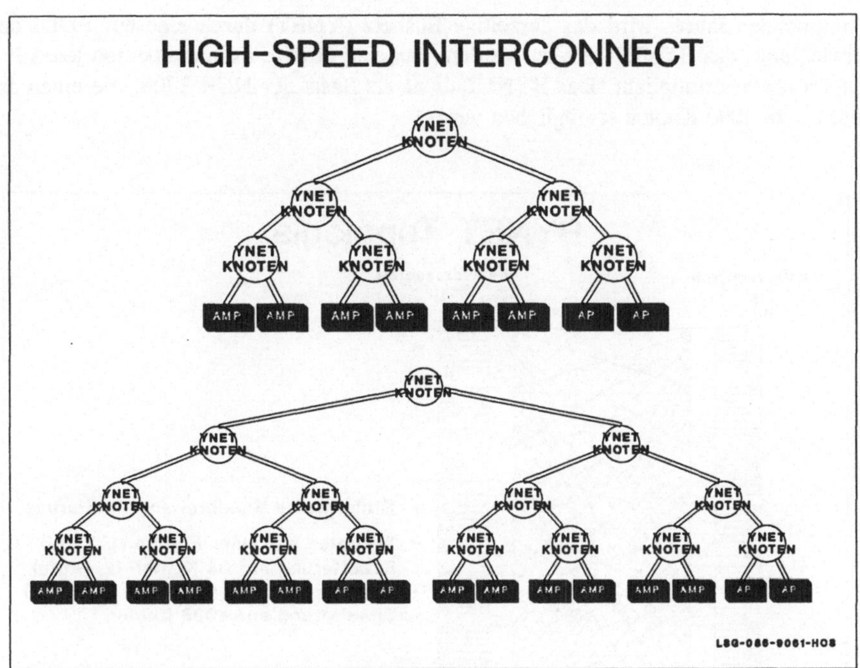

Abbildung 4:
Intelligentes Bus-Netzwerk

Jeder YNET-Knoten ist mit hinreichender lokaler Intelligenz ausgestattet, um SORT- und MERGE-Vorgänge zu unterstützen. Das gesamte Netz ist standardmäßig doppelt ausgelegt.

Anfang kommenden Jahres wird das derzeitige Busnetz (YNET) durch eine auf FDDI basierende Weiterentwicklung, das BYNET, ersetzt werden, das eine direkte Kommunikation jedes Prozessors mit jedem Prozessor ermöglicht. Das BYNET dient als Basis der NCR 3700, die einen sinnvollen Ausbau auf bis zu 4096 Knoten ermöglichen wird.

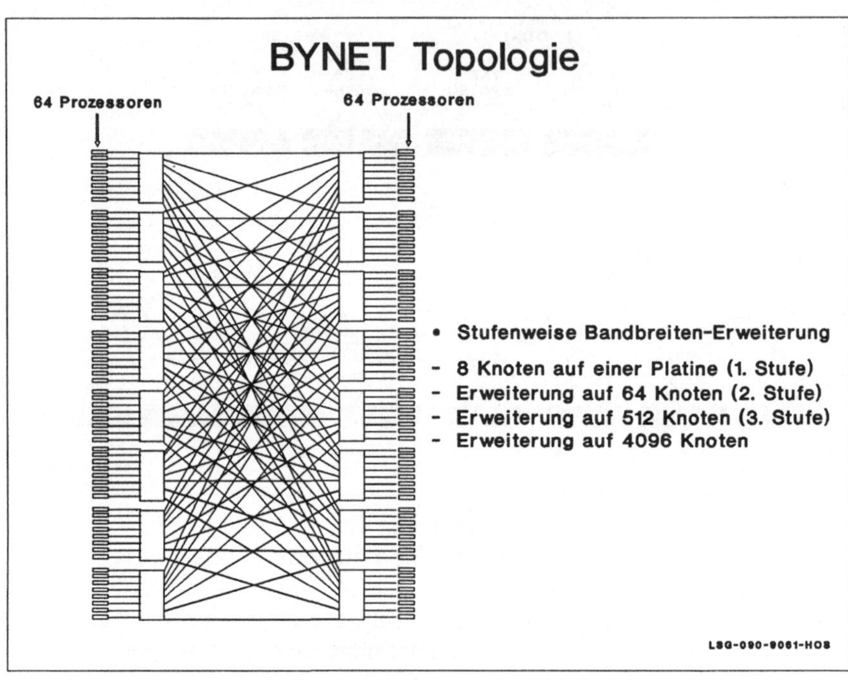

Abbildung 5:
BYNET-Architektur

The CAMPUS™ Two-Tier Architecture for Massively Parallel Processing

John Scanlon

Alliant Computer Systems GmbH
Lyonerstr. 44 - 48
6000 Frankfurt 71

Abstract

Although Massively Parallel Processing (MPP) is currently in its very early stages, it is generally accepted that supercomputing's future is in MPP. In November 1991 Alliant Computer Systems Corp. of Littleton, Massachusetts introduced the CAMPUS/800 system, the first standards-based MPP system to solve the challenges of *high computational efficiency* and *programming simplicity*.

Moving MPP Systems into the Production Mainstream

MPP systems account for only about one percent of technical computing systems' factory revenues. MPP systems are mainly used by computer specialists to demonstrate the capabilities of a given architecture, rather than by scientists and engineers to solve real-world problems. MPP marketing is dominated by technical debates over "SIMD vs. MIMD," and "hypercubes vs. meshes." And discussions of user benefits from MPP haven't moved much beyond "peak gigaflops" and "dollars per peak gigaflops."

This concentration on technical features, and limited real-world use, derive from two interrelated issues: these systems are hard to use in comparison to existing mature architectures, and there is a dearth of production applications available to run on these systems.

Peak performance and price-performance are important, but they are only the starting point. For an MPP architecture to move out of the computing research laboratory and into the production mainstream, it needs to be easy to use, and it needs to run production applications. To do these things, it must deliver on two issues:

- *a simpler programming model*, so that programmers can more quickly adapt existing applications, or write new ones, for MPP execution

- *computational efficiency*, so that a reasonably high percentage of peak capacity is achieved in a wide range of applications

Additionally, it needs to be available in a robust, general purpose operating software environment — one that supports multiple jobs, multiple users, network access and interoperability, and file/archive I/O simultaneously. These features are important for programmer productivity, and to deliver the throughput power of the system in operations.

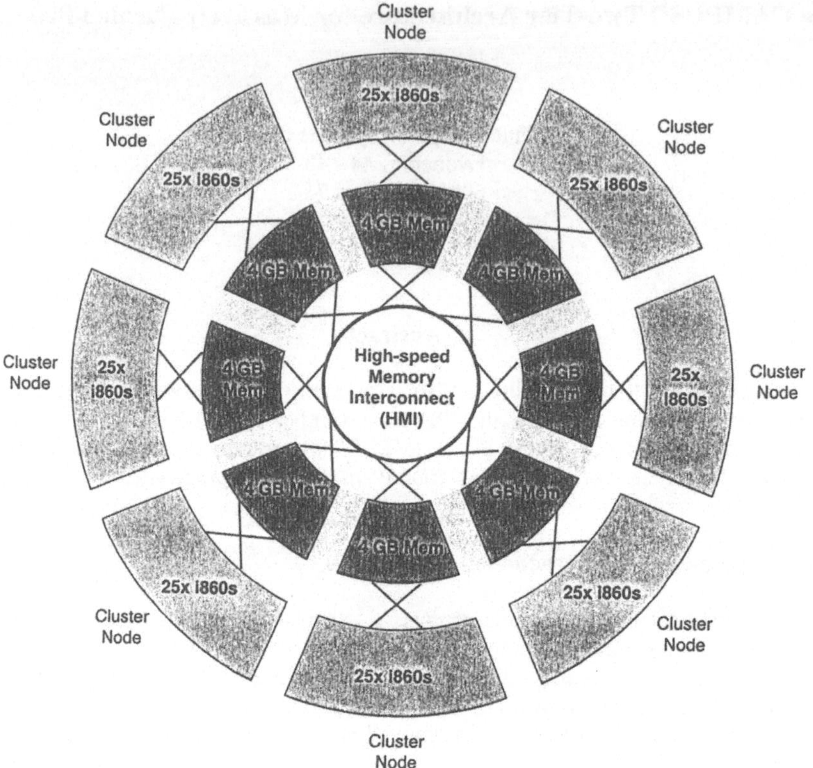

Figure 1

The Alliant CAMPUS Architecture for Massively Parallel Processing

The configuration shown here has an aggregate of 200 processors for peak processing capacity of 8 gigaflops (64-bit), and maximum memory capacity of 32 gigabytes. Fully expanded systems with 32 ClusterNodes support 800 processors, 32 gigaflops and 128 gigabytes. The architecture has four essential elements: the **ClusterNode**, composed of up to 25 i860 RISC microprocessors sharing up to 4 gigabytes of memory; the **High-speed Memory Interconnect (HMI)**, connecting up to 32 ClusterNodes; the **unified memory view**, built on top of the ClusterNode and HMI, allowing access to shared data using standard high-level language syntax; and the **two-level switch**, for intra- and inter-ClusterNode communication, offering higher performance than single-level meshes, hypercubes and rings.

Alliant's CAMPUS Architecture Addresses These Challenges

CAMPUS is a "Clustered Architecture, Massively Parallel, Unified-memory System". The CAMPUS/800 system is the first implementation of the architecture (see Figure 1). It consists of up to 32 "ClusterNodes," each consisting of a "cluster" of up to 25 processors; these "nodes" are linked with a powerful High-Speed Memory Interconnect (HMI). A fully-configured CAMPUS/800 System has 800 processors, 32 gigaflops of peak computational performance, and 128 gigabytes of memory. Future CAMPUS Systems can be scaled even further, with little or no change to its applications software. Scalability is limited not by architecture, but only by practical considerations of budget, space, and power.

But CAMPUS goes well beyond peak performance. Its *unified-memory* access paradigm simplifies the programming task. Its *two-level architecture* provides the hardware/software foundation for high computational efficiency. And its mature operating environment and software tools maximizes programmer productivity in writing, porting, and tuning programs.

The Programming Challenge with Existing MPP Systems

MPP vendors often say that there are no inherent programming obstacles to their systems' use. The argument goes: "Our system is young, just as vector machines were in the 70s. In a few years software tools will mature and this issue will fade, just as they did for vector machines in the 80s."

There is some validity to this analogy: vector and MPP machines use their vector/parallel architectures to extract a "speed-up" in a program's execution, and require software tools and programming art to do this well. Over time, the software operating environments and tools, as well as the programming art to extract speedup from MPP architectures, will mature — just as they have for traditional supercomputers.

But this view also oversimplifies. Existing MPP systems require tools and programming art to deal with a second, more difficult, challenge: the "data management issue." This is the requirement that the program's data fit into the relatively small memory capacity at each processing node, and that the data be moved to different nodes when required during the program's execution. When combined with the challenge of extracting parallel speed-up, the programming problem grows geometrically. And this means that existing software — even applications with underlying parallel structure — can't realistically be adapted for MPP use.

The MPP Data Management Issue

The data management issue in MPP programming derives from the fundamental need for MPP systems to scale to large processor counts. Today's MPP systems are built on a fully-distributed memory architecture, in which a single processor and some fixed amount of memory — typically 8 to 32MB — constitute a node. Data that must be shared among several nodes must move over a hardware interconnect, which the programmer must activate with software message-passing facilities (figure 2a).

150

A contrasting alternative is a shared memory architecture, in which several processors are tightly coupled in a symmetrical fashion to a shared memory bank (figure 2b). In this model, there is no data management issue, since all data resides in a single physically-shared memory — uniformly accessible to every processor.

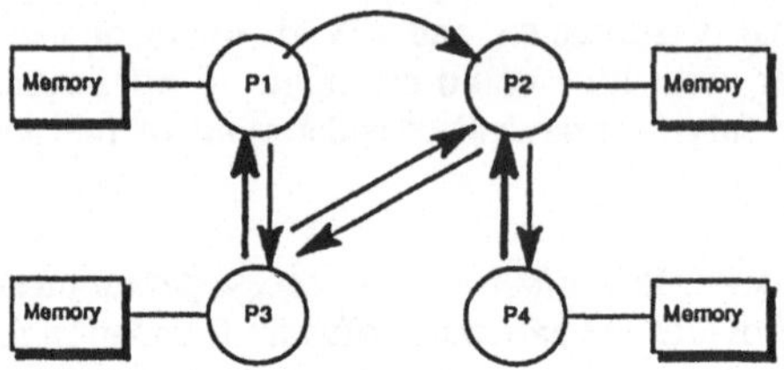

Figure 2a - Distributed Memory Model

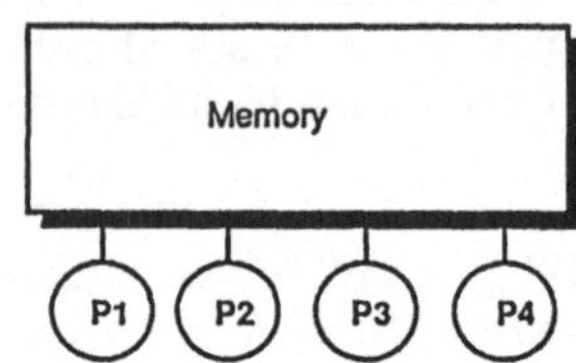

Figure 2b - Shared Memory Model

Figure 2
Existing Parallel Memory Architecture

In fully distributed memory architecture (figure 2a), there is one processor attached to each memory node, and communications among processors are accomplished explicitly with message-passing protocols operating over interconnects such as hypercubes, meshes, rings or switches. In fully shared memory architecture (figure 2b), a single memory bank is shared symmetrically by several processors, and communications among processors are accomplished either explicitly or implicitly through shared data structures, uniformly accessible to all processors. Shared memory interconnect between processors and memory are by busses for low-to-medium performance systems, and switches for supercomputers.

In large-scale problems, the programming task normally has two distinct aspects: making the program logic function correctly (the "function step"), and then tuning it to run fast (the "tuning step"). Fully-distributed memory systems force the programmer to deal with the parallel structure issue *and the data management issue* during the function step for two reasons: (1) the program cannot run at all if there is not adequate memory in any one of the hundreds of distributed memory banks to hold the data; and (2) the performance can be so dominated by data sharing overhead on the single-level interconnect, that it is impossible to ignore the issue in the function step. Shared-memory systems are easy to use mainly because there is no data-management constraint during the function step; attention can be focused entirely on the program's parallel structure.

But true massively parallel systems — ones that can scale to hundreds or thousands of processors — cannot be technically and/or economically built from a single physically-shared memory. Each processor needs a minimum amount of memory bandwidth to avoid having its computation become bottlenecked. Although architectural techniques such as caches can reduce the required shared-memory bandwidth, practical considerations limit the effectiveness of these techniques to direct shared-memory support of fewer than one hundred processors today.

CAMPUS Simplifies the Programming Task

CAMPUS combines the distributed- and shared-memory architectures in a *unified-memory architecture*, depicted in figure 3. Its *physically-distributed* nature (figure 3a) deals with the scalability issue. Its *shared-memory view* (figure 3b) simplifies programming. CAMPUS unified-memory has two aspects: (1) large physically-shared memory capacity within the ClusterNode — over 100 times that accessible in other MPP systems' nodes; and (2) shared data support across the ClusterNodes. CAMPUS compilers allow programmers to specify storage location for shared data in the high-level language; runtime data access is then implemented with normal language constructs, rather than explicit message-passing.

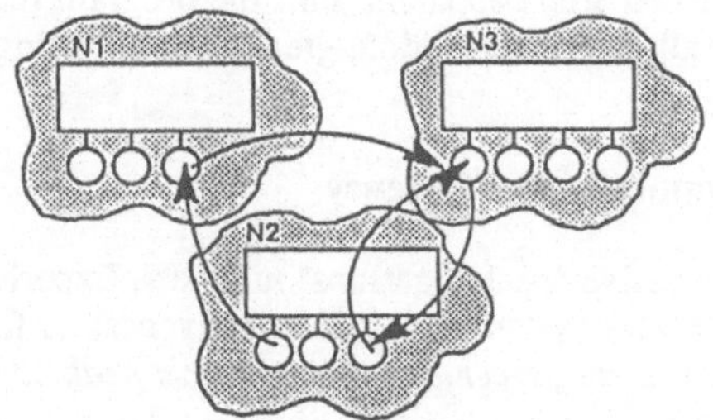

Figure 3a - Cooperating Node Model

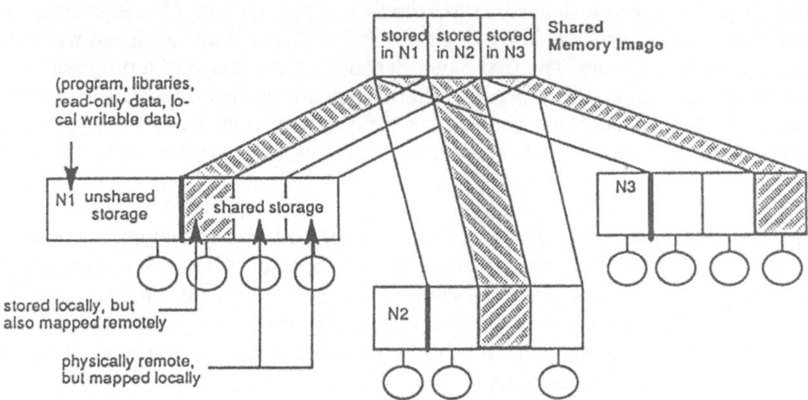

Figure 3b - Unified Memory Model

Figure 3
Alliant's CAMPUS system implements a unified memory architecture, combining
the scalability of distributed memory and the efficiency/simplicity of shared memory

Figure 3a shows the CAMPUS hardware architecture of cooperating memory nodes, using message-passing communications between nodes. Figure 3b shows how CAMPUS implements a unified memory view with its system software. This allows an application to access all data — whether local or remote — with standard high-level language syntax.

At the hardware level, each ClusterNode is a very powerful computing resource: its processors together provide up to one gigaflop of computing power to a symmetrically-shared memory, which can be up to four gigabytes in size. The HMI is a high performance second-level interconnect to link ClusterNodes. This underlying hardware performance is a prerequisite to building a unified-memory system that can deliver credible performance.

Existing programs with parallelism opportunity in their structure can be ported to CAMPUS easily, relying on the large shared memory banks within a ClusterNode, and on the CAMPUS unified memory, to avoid most data management constraints. After the program is functioning, performance can then be "tuned" to the degree required, using CAMPUS's powerful software tools. This separation of the function step and the tuning step is important, because performance bottlenecks — whether due to data sharing overhead, or other reasons — often aren't apparent until the program runs. Fully distributed- memory MPP systems generally don't allow this separation, greatly complicating programming.

CAMPUS Delivers Superior Computational Efficiency

MPP systems vendors all claim impressive "peak gigaflops" numbers. Experienced users quickly brush these aside, however. They know that a system's overall effectiveness is far more dependent on its "computational efficiency" — which is *the percentage of a system's peak computational rating that is actually achieved in their application.*

For parallel systems, computational efficiency is the product of two factors: (1) the efficiency a program achieves on a single processor; and (2) the degree of "parallel speed-up" achieved when it is then spread over several parallel processors. The first factor depends on the match of a program's low-level instruction execution patterns and/or data access patterns (known as its "fine-grain structure") to a single-processor's architecture. Traditional vector supercomputers mainly exploit fine-grain data access patterns; their architectures and application programs have evolved together over the years to do this efficiently.

CAMPUS uses the "Multiple-Instruction, Multiple Data" (MIMD) MPP architecture to exploit parallelism in medium- and coarse-grain program structure. MIMD parallel efficiency is measured by the speed-up obtained using several processors. For example, if a single-processor program runs 10 times faster with 10 processors, it has one-hundred percent parallel efficiency — a perfect parallel speed-up. This parallel speed-up obtained depends on how well the program's medium- to coarse-grain structure is exploited by thesystem's parallel architecture.

CAMPUS has several attributes which lead to superior computational efficiency as compared to other MPP systems. At the *single-processor level* it starts with the i860 superscalar RISC processor, with a peak processing capacity of 40 MIPS and 40 Megaflops. CAMPUS library and compiler software exploit the chip's capabilities very efficiently. Linear-algebra and signal-processing library kernels, which are at the core of many existing programs' fine-grain structure, typically extract 32-38 megaflops (64-bit double precision) from the i860 — an efficiency of 80 to 95 percent. Alliant's field-proven compilers use the superscalar capabilities of the i860 to achieve high levels of fine-grain efficiency. They use a technique called "RISC vectorization" to exploit fine-grain opportunities in data access patterns. They also exploit fine-grain opportunities in instruction sequences with optimum instruction scheduling; this includes a technique called "memory hierarchy optimization" to exploit the ClusterNode's multi-level cache memory hierarchy fully.

At the *parallel processing level*, CAMPUS efficiency starts with a high performance hardware interconnect scheme. A foundation based on high interconnect hardware performance is essential, because the interconnect supports communications traffic necessary to synchronize computation and to share data in parallel programs. Slow communication is a bottleneck which dilutes computational efficiency.

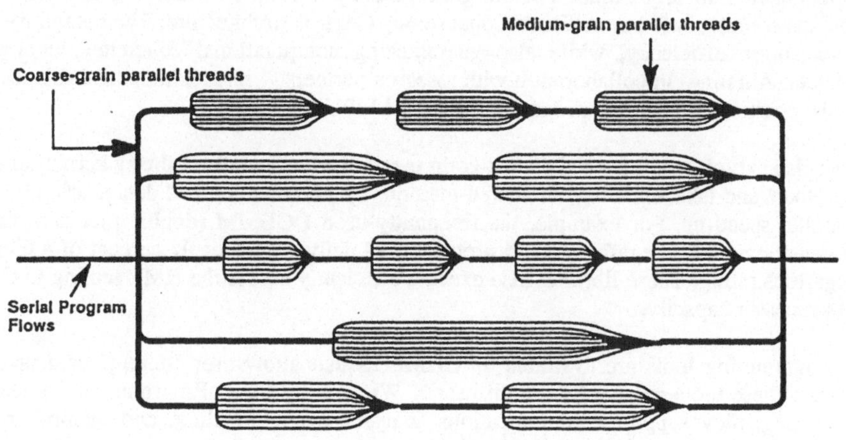

Figure 4
Computation composed of a number of "coarse-grain parallel threads",
each of which is composed of several "medium grain threads".

In most large scale parallel programs, the amount of data sharing and program synchronization activity among medium-grain threads greatly overshadows the amount required between coarse-grain threads.

CAMPUS uses two levels of switches for interconnect. Each switch level attacks a different problem. The *first-level switch* supports symmetrical memory access to all processors within the ClusterNode; the *second-level switch* (the HMI) connects ClusterNode memories. This approach is more efficient than other alternatives such as single-level hypercubes, single-level meshes, or two-level rings. Both switches have high bandwidth and low latency, and are fully non-blocking. The first-level switch has bandwidth of 1.12 GB/sec and latency under one microsecond; the HMI has bandwidth of 2.56 GB/sec, coherently implementing 64-bit random read/write operations with latency in under 30 microseconds — including software overhead.

This two-level interconnect takes advantage of multi-level parallelism that occurs naturally in most large-scale computation. Figure 4 shows a computation composed of a number of "coarse-grain parallel threads," each of which is composed of several "medium-grain threads." Each data-sharing or computational synchronization "action" among these threads requires a communication action to support it. Most of these actions occur among medium-grain threads. On CAMPUS, medium-grain communication is implemented by the first-level switch and shared memory within the ClusterNode. This has two efficiency-enhancing effects: (1) shared-memory synchronization and data sharing is far more efficient than any other technique; and (2) high-volume medium-grain communications — which usually greatly outnumber coarse-grain communications — do not use the second-level switch, freeing its capacity for the coarse-grain communications. This approach in the MPP interconnect realm is analogous to cache techniques used in the memory realm; in both situations, high-volume actions are delegated downward in a hierarchical structure to improve higher-level efficiency.

Above the hardware level, parallel computational efficiency is implemented by Alliant's compilers and libraries. Compilers automatically extract medium-grain parallelism from existing programs for execution within the ClusterNode, based on Alliant's Concurrency Control Architecture. The compilers optimize parallel execution efficiency, while also guaranteeing computational coherency among the threads' shared data. Alliant — in collaboration with research partners — intends to extend this technology base to assist coarse-grain parallel programming on CAMPUS.

Parallel libraries also exploit medium- and coarse-grain parallelism efficiently. Library kernels execute within a ClusterNode, and take advantage of shared-memory synchronization and data sharing to yield near-perfect parallel speed-up. For example, the frequently-used DGEMM (double precision matrix multiply) operates at over 970 megaflops on 25 processors — delivering over 97 percent of a ClusterNode's peak gigaflops rating. These libraries also execute efficiently across the HMI, scaling to CAMPUS's full 800-processor capacity.

Sophisticated programming tools are available on CAMPUS that allow user "tuning" of a program once it is running. These tools operate in a multi-user X-Window System™ Environment. In addition to parallel debugging, they support communications analysis, event profiling, and memory access visualization.

CAMPUS has a Full-function Software Environment, and over 100 Application Packages

CAMPUS is the first MPP system with a full-function operating environment. It is based on Concentrix, a Posix-compliant version of Unix. Concentrix operates autonomously within each ClusterNode, yet coordinates its services across ClusterNodes to provide the operator and the programmer with a unified-system view. The operator controls all system administration functions from a single console; these include software installation, system configuration and monitoring, batch processing control and monitoring, filesystem administration, user and password administration, and network configuration and monitoring. The program sees files, devices, and I/O services with a single-system view.

Within a ClusterNode, Concentrix runs fully symmetrically across its processors, and is finely threaded internally; this makes it very efficient at handling large workloads. Interactive jobs, batch jobs, and on-line development are supported simultaneously, delivering the system's full capacity to a varied work load and a large user community. This is unlike other MPP systems, in which development, Unix I/O and archive services, and network access are all "funneled" through a front-end workstation. In this case, the MPP system acts, in effect, like a giant "attached processor" to a single-user workstation — clearly an inappropriate model for supercomputing in the 90s.

Over 100 application packages are available for use on FX/2800 systems, and therefore are immediately available at their existing level of parallel support on CAMPUS. Some of these have already been extended to take full advantage of the full scalability of CAMPUS, and others will follow over time. This means that CAMPUS is productive in operational environments immediately.

CAMPUS Systems are based on Standards at Every Level

CAMPUS Systems are based on standards at multiple levels, including the processors, interconnect technology, and operating system. The system uses the industry-standard i860 processor family from Intel Corporation, thus ensuring rapid price/performance improvements in the future as Intel develops next-generation processors using leading-edge VLSI technology. Intel has recently begun delivery of its second-generation of i860-family processors to customers, and is developing a third-generation based on even higher clock rates and denser design. In contrast, many of today's MPP systems are based on proprietary processors that require the MPP vendor to undertake lengthy and costly semiconductor development cycles, in addition to other MPP-related development.

The interface between the ClusterNodes and the High-Speed Memory Interconnect (HMI) is based on the standard High Performance Parallel Interface (HIPPI) specification (ANSI X3T9), allowing Alliant and its customers to benefit from rapid industry developments in standard HIPPI chips and related interconnect components. Alliant is the first MPP vendor to base its interconnect technology on a standard interface.

Systems provide a standard UNIX environment via the POSIX (IEEE 1003.1)-compliant Concentrix operating system, with extensions for parallel processing, large memory and filesystems, and high-speed I/O. This environment supports standard programming languages (FORTRAN, C, and ADA®), network connectivity (Ethernet™ , FDDI, and UltraNet™ — with TCP/IP, DECnet™ , NFS™ , and NQS), and graphical user interfaces (X-Window System and OSF/Motif™), allowing for easy integration into existing computing environments. Two industry-standard native I/O channels are supported: VME and HIPPI.

CAMPUS Systems allow Users Configuration Flexibility: Start Small, and Grow Easily

CAMPUS users can start small, then grow compatibly. Entry-level FX/800 systems starting at around $250,000 offer a fully compatible programming environment with multi-million dollar CAMPUS configurations. Alliant offers attractive field-upgrade packages that enable users to take full advantage of existing hardware and software investments as they grow. CAMPUS offers more configuration flexibility than other MPP systems. Within ClusterNodes, processor count, memory size, and HMI capacity can be configured independently. Different ClusterNodes can also have varying capacity in each of these three dimensions with different memory in each ClusterNode, for example. CAMPUS systems can therefore be configured in varying megabyte-to-megaflops ratios, for example, to match applications requirements. In contrast, other MPP systems often have a fixed amount of memory for each processor — meaning that memory capacity is fixed when processing capacity is specified.

The CAMPUS/800 System offers outstanding I/O capacity and configurability at each ClusterNode. Systems support two native I/O channels: VME for low-to-medium performance devices, and HIPPI for high-performance devices. Device support is offered for a wide range of high-performance disc, tape, networking, and special-purpose devices.

CAMPUS provides users the opportunity to grow not only in capacity, but also in technology over time. For example, future generations of faster, denser processors and higher-performance standard interconnects will be available to upgrade current-generation systems.

CAMPUS Systems deliver excellent Availability, Reliability, Maintainability and Support

CAMPUS/800 systems deliver virtually continuous availability. Each ClusterNode is based on Alliant's FX/2800 supercomputer, enhanced via additional hardware and software for MPP operation. These systems have a proven track record of high performance and stability at over 100 customer sites worldwide. CAMPUS systems have very high levels of hardware reliability, with a field-proven mean-time-between-failure for individual ClusterNodes of several thousand hours. Systems use low-power VLSI CMOS in a conservatively-margined design for high component-level reliability. The design includes ECC and parity checking techniques throughout system memory, caches, and busses to trap hardware errors. Systems use a minimum number of component and board types, to simplify field sparing logistics and minimize downtime when failures do occur.

Diagnostic software programs, controlled remotely from Alliant's Customer Support Center, pinpoint failed components fast. They also use voltage and clock margining techniques, often spotting weak components before failures occur. The design has a minimum of single-point failure possibilities, allowing ClusterNodes to resume operations in degraded mode with most failures. Any failure that disables a ClusterNode cannot disable the entire CAMPUS system.

The base of the first CAMPUS operating system release, Concentrix Release 3.1, has over 200 installation-years of maturity in production settings. Similar maturity has been achieved for libraries, compilers, networking software, and tools used on CAMPUS. Online software support and bug reporting is available on a 24-hour basis from Alliant's Customer Support Center.

On the other side of the CAMPUS: Distributed Supercomputing

The architectural essence of CAMPUS is in its ClusterNodes and Unified-memory view. But at the physical level, CAMPUS also has a very interesting character. Because its HMI interface is based on the HIPPI standard, it can be physically distributed across an "R&D campus" setting.

Industry, national labs, and universities with a need for large-scale computing are frequently located on R&D campuses. Divisions or departments on the campus want a significant amount of local autonomy in controlling their computing resource, yet also want to be able to pool computing capacity with other campus organizations to attack "grand challenge" problems. In effect, what they want is "Distributed Supercomputing" across their campus. This is analogous to the distributed computing at a lower organizational level, in which departmental machines have been complemented or replaced with workstations.

Each ClusterNode is a powerful supercomputer, and is coupled to the HMI with an industry-standard HIPPI (ANSI X3T9) interface. The HIPPI interconnect can operate in a single computer room (100 feet across) on copper media, for autonomous divisional use. The HIPPI interconnect can also be on fiber media, allowing ClusterNodes to be connected across the R&D campus (several kilometers across). Operating software allows nodes to work simultaneously as fully autonomous units, and/or cooperatively as part of the larger CAMPUS system, as driven by changing workload demand.

Summary: CAMPUS is MPP Supercomputing for the Real World

The CAMPUS/800 System starts with the peak performance capabilities that distinguish MPP systems from today's traditional supercomputers. But CAMPUS also delivers the usability of traditional systems that is required to move MPP architecture into the production mainstream.

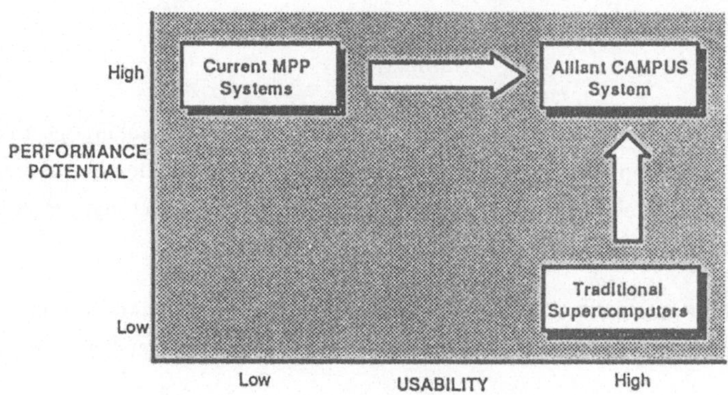

Figure 5
CAMPUS delivers high performance potential and ease-of-use

Usability derives mainly from the programming simplicity and the computational efficiency of the CAMPUS Architecture. It also comes from full-function operating software for development productivity, batch throughput, network interoperability, and general purpose file and archiving services. Then factor in over a hundred application packages, and very high levels of system availability, reliability, maintainability. All this adds up to "MPP Supercomputing for the Real World."

####

The CONVEX Application Compiler - A Major Step into the Direction of Automatic Parallelization

Frank Baetke, Bob Metzger, Presley Smith

CONVEX Computer GmbH
Lyoner Strasse 14
W-6000 Frankfurt/M 71

Summary

The CONVEX Application Compiler brings a new level of optimization technology to the software development process. The Application Compiler is the first practical application of interprocedural optimization research in an integrated language-independent compiler product and presents the current state-of-the-art in compiler technology, Fig. 1 and [1].

It is designed to increase automatic optimization, thus minimizing the time and resources required to obtain an optimized program. Extensive optimization reports make additional program optimization easier and faster.

Interprocedural optimization is the automatic analysis of the relationships and interfaces between all of the subroutines, functions, or procedures within an executable program. Conventional compilers, such as current FORTRAN and C compilers, analyze only the relationships within the single procedure being compiled. Conventional optimizing compilers construct a dataflow representation of the individual procedure. The Application Compiler constructs this same representation for each procedure in the executable program and stores it in a database of procedures. It merges all of the individual procedure information into a dataflow structure representing the entire program.

Having visibility of the entire program, the Application Compiler then applies interprocedural optimization techniques to make decisions and do optimizations on the program that are not possible with traditional compilation methods. An example is automatic inlining for FORTRAN and C. Inlining removes the call overhead for frequently used procedures and eliminates calls within loops to increase performance. Heuristics are being applied to determine which calls are most profitable to inline.

The Application Compiler also uses information derived from this analysis to perform extensive error checking. This error checking reports common coding mistakes that conventional compilers and lint-like tools cannot detect. Because it understands the side effects associated with procedures it can parallelize loops with calls. By interprocedural array section analysis it determines the sections of all arrays used and assigned both directly and indirectly. The dependency analyzer then determines whether no dependencies exist or if synchronization code can be used.

Since the Application Compiler knows the geometry of array accesses it can determine how the array accesses are distributed and aligned for best performance in a future MPP system.

1　Motivation and Concept

Supercomputers are now considered a standard tool for industry, especially in the area of structure analysis, fluid mechanics, chemistry. The commercially or customer written simulation packages consists of hundreds of subprograms with varying degrees of machine independence. The development, optimization and maintenance of these program systems consumes lots of resources like time, manpower and of course money. Here an advanced compiler based on interprocedural optimization can be very helpful to improve the efficiency, portability and most of all the reliability of such programs.

For a long time the modularity of high level languages like FORTRAN and C has limited the capabilities of compilers using high level optimization techniques. Using a conventional compiler, information that is local for one subprogram cannot be used when compiling another subprogram, which may need this local information from the first subprogram. Because of language scoping rules, the compiler must treat each routine separately.

So optimization is inhibited when the compiler lacks information it requires to weigh the safety of a particular optimization. This often happens when code in one procedure (a function, subroutine, or MAIN program section in FORTRAN; a function in C) is dependent on, or affected by, code in another procedure. In most languages, the compiler treats each procedure separately. Information that is local to other procedures is not available to the compiler. Optimizations performed outside the scope of a basic block (a single-entry, single-exit piece of code with no internal branches) are sometimes called "global", but they are still confined in scope to a single procedure.

The CONVEX Application Compiler goes beyond global optimization. The Application Compiler contains a new component: an interprocedural analyzer that tracks the flow of data and control between procedures. The information generated by this analysis removes the scope restrictions on optimization, which allows the Application Compiler to generate more efficient code by taking the entire program, with all of its dependencies, into account. The database of program information that the interprocedural analyzer builds up also allows the Application Compiler to perform better error checking, leading to more robust and reliable programs. Finally, the Application Compiler saves development time by automatically performing certain optimizations, such as procedure inlining, that previously had to be performed by hand. The data flow of the Application Compiler is shown in Fig. 2.

The following sections describe the basic interprocedural optimizations that the Application Compiler performs:

o   Interprocedural constant propagation
o   Resolving recurrences
o   Automatic inlining
o   Procedure cloning
o   Pointer tracking
o   Enhanced error checking

2   Interprocedural Constant Propagation and Resolving Recurrencies

When a constant value is assigned to a variable, subsequent references to that variable can be replaced by the constant value itself. This is called **constant propagation**. When a procedure is compiled at optimization level -O0, the conventional CONVEX C and FORTRAN compilers propagate constants within the scope of a basic block. When a procedure is compiled at optimization level -O1 or above, these compilers propagate constants within the scope of an individual procedure. When a program is compiled at -O1 or above using the Application Compiler, constants are propagated within and between procedures.

The following example shows how the Application Compiler propagates a constant, 128, between procedures.

```
Original Code                      Optimized Code

PROGRAM MAIN                       PROGRAM MAIN
REAL AR(128)                       REAL AR(128)

N=128                              N=128
CALL SB(AR, N)                     CALL SB(AR, N)
END                                END

SUBROUTINE SB (AR, N)              SUBROUTINE SB (AR, N)
REAL AR(*)                         REAL AR (*)

INTEGER N                          INTEGER N    !N=128

DO I=1, N                          DO I=1, 128
   AR(I)=AR(I)/3.1416                 AR(I)=AR(I)/3.1416
ENDDO                              ENDDO
END                                END
```

In the original code, the variable N, passed in from the MAIN section, determines the iteration value of the loop in subroutine SB. Because the Application Compiler analyzes the program as a whole, it knows that the value of N passed to SB is a constant. The Application Compiler propagates that constant from MAIN into subroutine SB.

Constant propagation also causes the compiler to vectorize the loop without any strip-mine overhead. The conventional compilers would generate a strip-mined vector loop in the example above. To manually eliminate the strip-mine overhead, you would have to look at the code, realize what was happening, and insert a MAX_TRIPS directive before the loop.

The propagation of constants between procedures allows the Application Compiler to resolve apparent recurrences in many loops. The following code contains an apparent recurrence on the I loop in subroutine SB1.

```
        Original Code                      Optimized Code


        PROGRAM MAIN                       PROGRAM MAIN
        PARAMETER(M=200)                   PARAMETER(M=200)
        REAL U(500)                        REAL U(500)
        CALL SB1 (U,M)                     CALL SB1 (U, M)
        END                                END


        SUBROUTINE SB1 (U,M)               SUBROUTINE SB1 (U,M)
        REAL U(*)                          REAL U(*)
        INTEGER M                          INTEGER M    ! M=200
        DO I=1, 100                        DO I=1, 100
          U(I)=U(I+M)*4.0                    U(I)=U(I+200)*4.0
        ENDDO                              ENDDO
        END                                END
```

Optimizing one procedure at a time, the conventional compiler does not know what values other procedures pass to SB1. This uncertainty creates an apparent recurrence on the I loop in SB1. If the value of M is negative, the loop assigns a value on one iteration to an array location that is accessed on a future iteration, and a recurrence exists. The Application Compiler propagates the value of the PARAMETER constant M into subroutine SB1. The Application Compiler now knows that the value added to I is positive, so no recurrence exists and it is safe to vectorize the loop.

3 Automatic Inlining

Inlining eliminates procedure-call overhead and allows additional optimizations. Some FORTRAN procedures can be inlined semi-automatically without using the Application Compiler, but inlining of C and FORTRAN programs automatically and removes most of the previous restrictions on inlining FORTRAN procedures. Not only does the Application Compiler save time that you would otherwise send preparing files for inlining, it analyzes profitability and determines which procedures to inline. (You can modify or override this analysis using command-line options or directives.).

Often the Application Compiler can perform additional optimizations once it has inlined a procedure. In this manner, interprocedural analysis improves the efficiency of ordinary, procedure-level optimizations. For example, the following code has a loop in SUBA that does not vectorize without inlining. (The compiler does not know the possible values of N and thus cannot ensure that the loop is free of recurrences.) Once the Application Compiler inlines the procedure, as shown on the right, it can see that N is always positive and no recurrence exists. It therefore vectorizes the loop.

```
        Original Code                          Optimized Code

        PROGRAM MAIN                           PROGRAM MAIN
        REAL A(1000)                           REAL A(1000)
        REAL B(1000)                           REAL B(1000)
        INTEGER N                              INTEGER N

        CALL INIT(A)                           CALL INIT(A)
        CALL INIT(B)                           CALL INIT(B)
        DO N=1,5                               DO N=1,5
          CALL SUBA(A,B,N)                       DO I=1,1000-N
        ENDDO                                      A(I)=A(I+N)*B(I)
        END                                      ENDDO
                                               ENDDO
        SUBROUTINE SUBA(A,B,N)                 END
        REAL A(1000)
        REAL B(1000)
        INTEGER N

        DO I=1,1000-N
          A(I)=A(I+N)*B(I)
        ENDDO

        END
```

In some instances, inlining allows the Application Compiler to eliminate dead code. In the following example, SUBA contains an IF test that always fails. Without inlining, the compiler cannot tell this. Because SUBA inlines, the Application Compiler recognizes the first alternative as dead code and eliminates it.

```
        Original Code           With Inlining          Optimized Code

        PROGRAM MAIN            PROGRAM MAIN           PROGRAM MAIN
        REAL A(1000)           REAL A(1000)           REAL A(1000)
        REAL B(1000)           REAL B(1000)           REAL B(1000)
        INTEGER N              INTEGER N              INTEGER N

        CALL INIT(A)           CALL INIT(A)           CALL INIT(A)
```

```
CALL INIT(B)                    CALL INIT(B)              CALL INIT(B)
DO N=10,100,10                  DO N=10,100,10            DO N=10,100,10
   CALL SUBA(A,B,N)                IF (N.LT.10) THEN        DO I=1,1000-N
ENDDO                             DO I=1,1000-N,N             A(I)=A(I+N)
END                                 A(I)=(A)(I+N)          ENDDO
                                  ENDDO                    ENDDO
SUBROUTINE SUBA(A,B,N)          ELSE                      END
REAL A(1000)                      DO I=1,1000-N
REAL B(1000)                        A(I)=A(I+N)
INTEGER N                         ENDDO
                                  ENDIF
IF (N.LT.10) THEN               ENDDO
   DO I=1,1000-N,N              END
     A(I)=A(I+N)
   ENDDO
   ELSE
   DO I=1,1000-N
     A(I)=A(I+N)
   ENDDO
ENDIF
END
```

4 Procedure Cloning

The conventional CONVEX FORTRAN compiler performs inlining and constant propagation within
certain limits. Cloning, on the other hand, is a new optimization provided only by the Application
Compiler. A **clone** is a duplicate of a procedure. The Application Compiler creates clones to optimize the
clone differently from the way it optimized the original.

The following example shows the cloning of a FORTRAN subroutine.

```
Original Code                    Optimized Code

DO N=1,1000                      DO N=1,1000
   CALL CPDAG (AR, MA, N)           CALL CPDAG (AR, MA, N)
   DO I=1,1000                      DO I=1,1000
     MD(N,I)=AR(I)                    MD(N,I)=AR(I)
   ENDDO                            ENDDO
ENDDO                            ENDDO

DO N=1,1000                      DO N=1, 1000
  CALL CPDAG(AR, MD, 1)             CALL CPDAG_CLONE(AR, MD, 1)
  CALL MDDAG(MD)                     CALL MDDAG(MD)
```

```
ENDDO

SUBROUTINE CPDAG(AR, MX, N)
REAL AR(1000)
REAL MX(1000,1000)
INTEGER N

IF (N.GT.0) THEN
  DO I=1,1001-N
    AR(I)=MX(I,I-1+N)
  ENDDO
ELSE
  DO I=1,1001+N
    AR(I)=MX(I-N,I)
  ENDDO
ENDIF
END


SUBROUTINE CPDAG_CLONE(AR, MX, N)
REAL AR(1000)
REAL MX(1000,1000)
INTEGER N     ! N=1

DO I=1,1000
  AR(I)=MX(I,1)
ENDDO
END
```


```
ENDDO

SUBROUTINE CPDAG(AR, MX, N)
REAL AR(1000)
REAL MX(1000,1000)
INTEGER N

IF (N.GT.0) THEN
  DO I=1,1001-N
    AR(I)=MX(I,I-1+N)
  ENDDO
ELSE
  DO I=1,1001+N
    AR(I)=MX(I-N,I)
  ENDDO
ENDIF
END
```


Subroutine CPDAG is called 2000 times in this example. The Application Compiler sees that for 1000 of these calls, the value passed to the dummy argument N in CPADG is 1. For the other 1000 calls, the value depends on some other calculations in the program that cannot be evaluated at compile time. The Application Compiler creates a duplicate of CPDAG, called CPDAG_CLONE in this example, and substitutes a call to CPDAG_CLONE for one of the calls to CPDAG. It then optimizes CPDAG_CLONE by propagating the constant 1 into the clone, which in turn allows the elimination of an N test and unreachable code in CPDAG_CLONE.

As this example shows, one optimiztation often leads to several others. This is one reason why the Application Compiler is so effective: the handful of new optimizations it adds greatly increase the number of situations where the previously available optimizations can be applied.

5 Pointer Tracking

The function shown in the example contains a loop which is not vectorized by typical vectorizing C compilers, but is vectorized by the Application Compiler.

```
extern int g;

fl ()
{
        int i;
        int *p, *q, *r;
        int a [200], b [200], c [200];

        for( i=0; i<g; ++i )
            *p++ = *q++ / *r++;
}
```

The compiler may even claim that there is no induction variable, despite the existence of the obvious candidate i. In the absence of pointer tracking information, the compiler assumes that pointers can point to any location in memory that has been addressed. If no information has been gathered on which global variables have been addressed, it must assume that the assignment through the pointer p can change the value of the global variable g. By definition, an induction variable must have a constant limit. The compiler concludes that the loop has no induction variable. Loops without induction variables are not vectorizable.

In contrast, the Application Compiler does vectorize this loop. It can do so because it keeps a record of every variable whose address is taken throughout the entire application. If g is never addressed, it knows that the assignment through p cannot change the value of the loop limit. It concludes that the loop has an induction variable, and since there are no other impediments to vectorization, the loop is vectorized.

6 Enhanced Error Checking

The information available to a compiler determines the error checking the compiler can do. When procedures are compiled, certain errors are unavoidably overlooked because the compiler cannot see any code outside the scope of the procedure being compiled. The Application Compiler, however, has access to the information, created during analysis and synthesis, on other procedures. With this information, the Application Compiler finds more errors, resulting in more reliable and robust code when the errors are corrected.

The errors that conventional compilers miss that the Application Compiler catches include

o   Calls that pass too few or too many arguments
o   Calls that pass arguments with an incompatible type

o   Calls that pass array arguments to scalars or scalars to arrays

o   Global scalar or array variables that are not assigned an initial value

o   Certain arrays accesses that go beyond the bounds of the array

o   Procedures that are defined but not called

o   Global variables with different declarations in different source files

Conventional FORTRAN compilers cannot check the number and type of arguments passed to a procedure, for example. As a result, undetected typing errors can lead to runtime problems. Because the Application Compiler has information on the entire program, it can detect when the arguments passed do not agree with what the procedure expects.

A wide spread source of runtime errors is the inconsistent use of COMMON blocks in FORTRAN. Conventional compilers cannot detect these errors, because it examines only one module at a time. Interprocedural analysis finds such inconsistencies. Equivalent problems can be found in parameterlists in FORTRAN and C. In the past a lot of manpower was lost in the detection of such programming errors.

Example for hidden aliasing:

```
PROGRAM MAIN          SUBROUTINE SUB1 (X)
COMMON A              COMMON A
CALL SUB1 (A)         A=1
                      X=2
                      RETURN
END                   END
```

Another type of programming errors are variables which are used but not initialized. On most computers these variables a value of zero is assigned. This can lead to runtime errors and in the worst case to wrong results which in some case where never detected.

7   Scientific C Code and Programming Recommendations

Real applications used by scientists and engineers present a number of challenges to a compiler designer. This section describes some of the realities of scientific codes that make implementing pointer tracking more interesting. It also improves the potential for automatic parallelization significantly, see Gannon et al. [2].

There are three aspects that C that make it less than ideal for scientific computing, see Metzger [3]. The lack of *float complex* and *double complex* data types is the first problem. The most common solution is to define a structure that contains the real and imaginary parts.

The definition of argument passing is the second problem. This prevents compilers from assuming that pointer arguments aren´t aliases. By contrast, the FORTRAN standard explicity says that pass-by-reference arguments can be assumed to **not** be aliases. Without being able to make such assumptions, C compilers must be very conservative in creating aliases between pointer variables. The inevitably results in poor automatic vectorization and parallelization. The current solution is to require help from the user in the form of pragmas or command line options. This second problem was one of the main motivations for implementing interprocedural pointer tracking. Pointer tracking can determine whether two argument pointers could ever be aliases, and if they can´t be, it makes much more precise alias lists.

The third problem is in many ways the most serious — the lack of a way to declare argument arrays that have varying dimensions. FORTRAN has adjustable and assumed-size arrays, and Pascal has conformant arrays. Legend has it that this feature was omitted from the original design of C because it would have created an incompatibility with the language BCPL.

The problem is stated very well by PRESS et al. [4] (p. 17): "The systems programmer rarely deals with two-dimensional arrays, and almost never deals with two-dimensional arrays whose size is variable and known only at run time. Such arrays are, however, the bread and butter of scientific computing. Imagine trying to live with a matrix inversion routine which could work with only one size of matrix!"

The inevitable result of a significant imission from a programming language is a lot of ugly hackery. C programmers have coped with the omission of varying-dimension arrays in several ways. These include explicit indexing, arrays of pointers, and array objects.

There are several ways that C programmers can improve the effectiveness of pointer tracking. Following these recommendations will improve the performance of numerical applications written in C, on computers that have compilers that perform such optimizations.

Avoid global pointers.

This is just basic modular programming. Systems whose functions communicate with arguments and results are simpler to maintain than those whose functions communicate via global variables. Pointer tracking is both more efficient and more effective when analyzing the usage of arguments rather than global variables.

Use standard library functions for memory allocation.

A compiler that performs interprocedural pointer tracking will know that certain functions allocate and deallocate heap storage. If you use your own allocator, this information will not be available. If you have a special memory allocator library for debugging purposes, replace it with calls to the standard library functions once the application is working.

Use prototypes for functions that return pointers.

ANSI C provides the means for the programmer to provide extra information that the compiler will use to ensure correctness. Using prototypes is a good defensive programming practice, and has the additional advantage that it may help optimization. The reason is that pointer tracking needs to collect information about all carriers of addresses, both variables and function returns. If a function appears to return an integer (the default), the compiler may not collect all the information it needs prior to interprocedural pointer tracking.

Represent multi-dimensional arrays without multiple indirections.

This is probably the most controversial of these recommendations. Some compiler/hardware combinations will give better performance with explicit address arithmetic, and others will do better with the extra indirections introduced by vectors of vectors. The safest approach is to use a set of compatible macros which provide different implementations, such as those provided in this paper. The preprocessor can be used to define the implementation that best suits for the compiler and hardware used.

C is becoming more and more popular for numerical applications, hosted on platforms ranging from workstations to super-computers. As C programmers learn to use a programming style which assists, rather than hinders, automatic optimization, C applications will achieve the same performance as those coded in FORTRAN.

8   Conclusion

Scientists and engineers use supercomputers because they enable them to solve real-world problems in less time than other means might provide. Thus the first reason for this product was to make applications execute faster. Some supercomputer users leverage faster application execution into more jobs run, while others increase the size of the data sets they are processing. In either case, they are enabled to do their job more effectively. Interprocedural analysis increases the information the procedure compiler has, thus enabling it to do more optimizations.

The second reason for this product was to enable supercomputer users to develop applications more quickly. CONVEX users are not generally computer scientists, but professionals who use computers to get their jobs done. Consequently, they see using the computer as a means to an end, not an end in itself. Most users want to minimize the time they must spend preparing an application. If the compiler does optimizations automatically that they would otherwise have to do manually, they can spend their time solving problems in their discipline, rather than profiling and modifying their programs. Compilers that do interprocedural analysis decrease development time in several ways.

They preserve the modular structure of an application, reducing design and integration time. They make applications runs faster, reducing the time needed to run tests. They find errors that procedure compilers don`t find, thus reducing debugging time and increasing application quality [5].
Very promising results can be seen for example in Fig. 3 for a large commercial CFD-package.

References

[1]   CONVEX Application Compiler Users Guide, First Ed.,
        Document Nr. 720-004030-001, CONVEX Corp., 1991, Richardson, TX

[2]   Gannon, D., Guarna. V., and Lee, J., Static Analysis and Runtime Support for
        Parallel Execution of C in Languages and Compilers for Parallel Computing, MIT Press 1990.

[3]   Metzger, R., Using C for Supercomputing. In: Proceeding of Software Development 89, pp 107-124.

[4]   Press, W., Flannery, B., Teuklosky, S., Vettering, W.,
        Numerical Recipes in C. Cambridge University Press, 1988.

[5]   Graf, I., Interprocedural Analysis: An Advanced Optimization Technique for Large
        Simulation Packages. In: Heller, M.R. (Ed.): Automotive Simulation 91, Springer 1991.

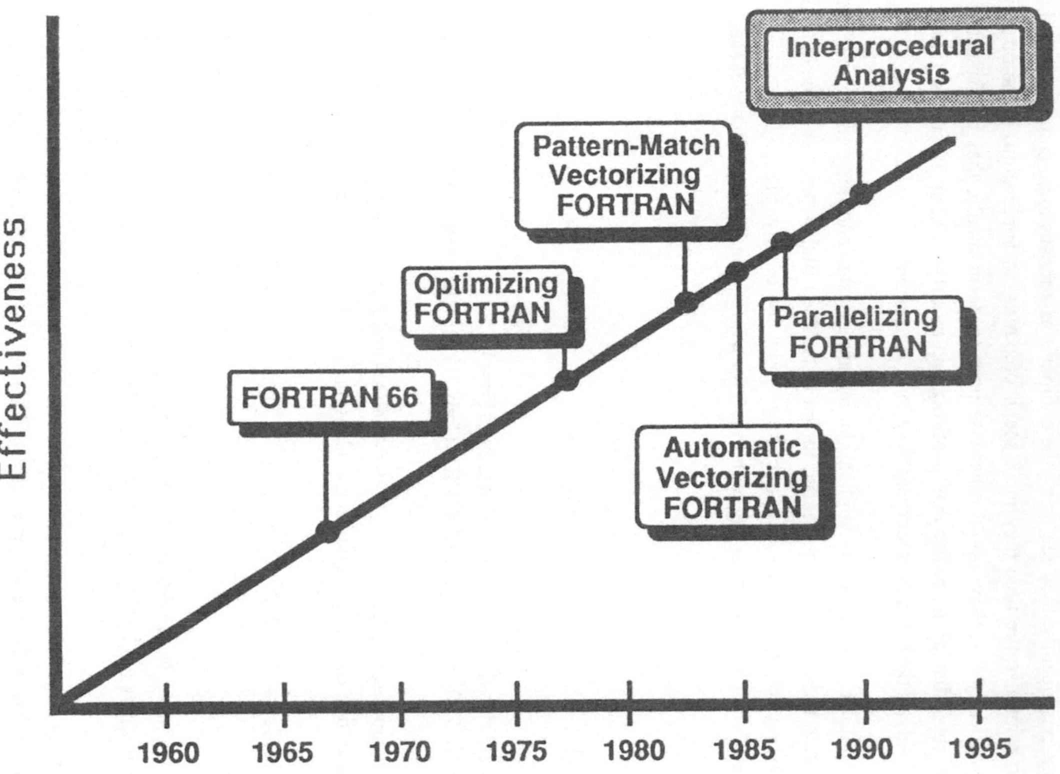

Fig.1: Compiler Chronologie for FORTRAN

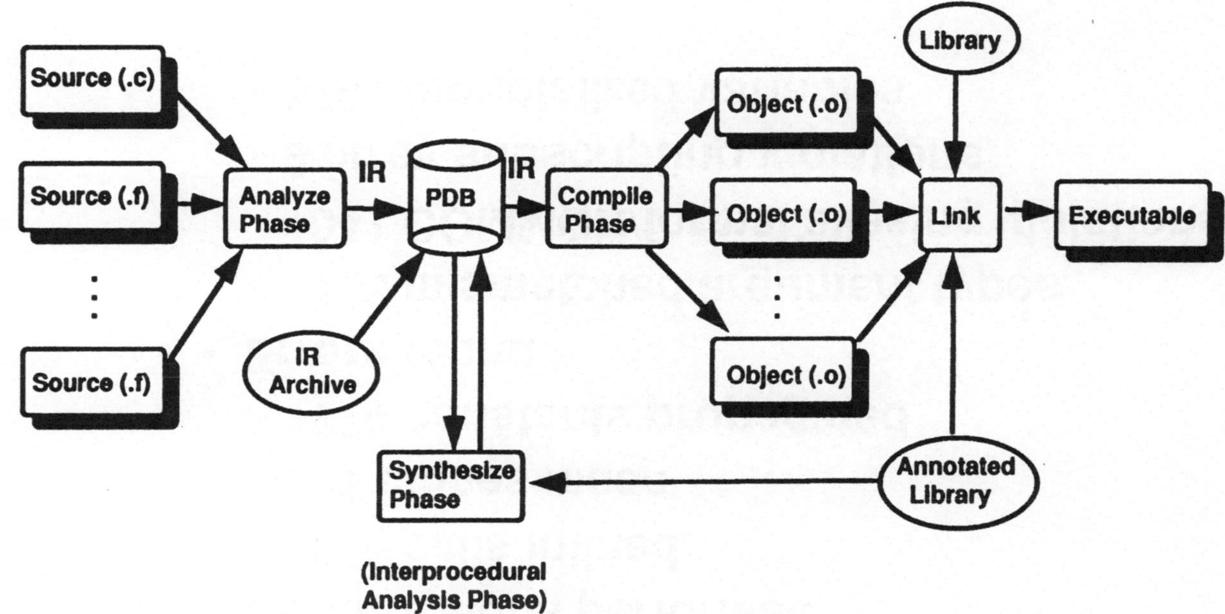

Fig. 2: Application Compiler Data Flow

Computational Fluid Dynamics Code

- 214,500 lines of source code
- 971 source files
- Optimizations performed
    - 1576 calls inlined
    - 221 clones made
    - 1774 constants propagated
- Errors found
    - 1133 mismatched argument types
    - 1041 COMMON/formal aliasing violations
    - 9 array subscripting violations
    - 5701 uninitialized variables

Fig. 3: Large Program Example: Results of APC Use

Performance Considerations of Applications on Second Generation Parallel Computers

Falk Langhammer
Parsytec Computer GmbH
D–5100 Aachen

Abstract

A new class of "supermassively parallel architectures" is introduced, and the notation of scalable architectures will be extended. For systems in this class, the performance efficiency applications is discussed, and two examples are given.

Introduction

Parallel processing and supercomputing have different origins. Both areas do now increasingly overlap. In this article we will describe how the demands of very computing intense applications are addressed by transputer technology. By the word *"transputer"*[1] we refer to the class of microprocessors with integrated and balanced communication capabilities.

The situation in high performance computing can be characterized by a change of paradigms towards *"Supermassive Parallelism"* which is taking place surprisingly quickly. Unlike traditional vector-supercomputers which, in spite of a huge development effort, display only minor improvements and therefore face a stagnant market, massively parallel systems now break through the classical limits. This is being made possible by a combination of two effects: The increase in the number of microprocessors and the increase in the computing performance of each.

Much said here is very well illustrated by a series of scalable computers, announced by the German Parsytec Computer GmbH in June 1991: The model *Parsytec GC-5*, being equipped with 16 384 IMS T9000 processors, will provide the user with a sustained performance of $\approx 2 \times 10^{11}$ floating point operations per second (200 Gigaflops or 0.2 Teraflops). Deliverable during 1992, it represents one of the fastest computing engines commercially announced today.

In many disciplines of science and technology, the capability to run "experiments by computers" became a key-technology, vital for scientific or commercial success. This includes the simulation of complex phenomena as well as of properties of products during the development phase.

This finally has led to a dramatic change in the working style since the first supercomputers emerged in the seventies. Its importance might be comparable with the impact of personal computing on office work. Besides the classical methods of analysis, intuition and experiment, a new one became equally important, simulation: The effect of a theoretical or technical idea can be immediately measured by a computer-based calculation.

For significant progress in many fields an improved price/performance ratio or dramatic increase in absolute performance is needed. Examples of the former include: aerodynamics, economics-modelling,

---

[1] Now being part of the English language.

drug-design, CAD, crash-simulations, circuit-routing and image-rendering. The latter involves the so-called "Grand Challenge" problems, characterized by Nobel-prize winner Kenneth Wilson: Problems in the areas of climate-modelling, many-body problems in physics, chemistry and astronomy, the theory of quarks and gluons (QCD), and the human genome project currently demand a computing performance of one Teraflop and more. This performance would, in the industrial context, make possible a break-through in engineering, pattern-recognition of image and speech, the emulation of some cognitive capabilities, and virtual-reality.

Obviously, this huge demand for computing power can only be satisfied by total elimination of any kind of Von-Neumann bottleneck, i.e., a distribution of computing and communication capabilities (the latter incl. to-memory and to-processors) without any central control flow. Traditional computers suffer from a number of additional limitations especially concerning volume which result in cooling and powering restrictions. It is clear that MIMD-parallel machines make these restrictions irrelevant. A case study showing the feasibility of a Teraflop computer composed of 64 thousand Inmos T9000 transputers by late 1993 has been delivered to the *Technical Working Group* of the *European Teraflop Initiative* (ETI) in a *Letter of Intent* of Parsytec in March 1991.

In the following we will discuss:

1. a possible highest performance computer based on transputer technology,

2. the impact on system software, and

3. the impact on algorithms.

1 A Feasible Teraflop Machine

Within the transputer community it is widely accepted that the successful machines of the future will be

- MIMD[2]-parallel computers with distributed memory and communication via message-passing.

One has, however, carefully to examine the advantages of different approaches to achieve the highest degrees of performance. We differentiate between

- MIMD-parallel computers with shared memory.

- MIMD-parallel computers with distributed memory and communication via virtual shared memory.

- SIMD[3]-parallel computers with distributed memory.

- SIMD-parallel computers with shared memory.

---

[2]Multiple Instruction Multiple Data
[3]Single Instruction Multiple Data

We will not discuss the latter four approaches further because: A MIMD-parallel computer with shared memory does not eliminate the memory-bottleneck; a MIMD-parallel computer with distributed memory and communication via virtual shared memory is also only well suited for a small processor number[4]; a SIMD-parallel computer with distributed memory avoids replication of instruction-units and code-memory which, however, plays a smaller role in floating-point intense applications needing complex floating-point units and a large amount of data-memory; a SIMD-parallel computer with shared memory is typically a vector-computer.

We focus on an approach which allows for a very high degree of autonomy for flow-of-control, computation, communication, storage, cooling, and powering. This is encouraged by the existance of transputer-like devices which already integrate the first three components, with a trend towards the fourth, on a single chip.

A summary outline of such a machine is:

1. A MIMD-parallel computer with a large number of transputer-like microprocessors, autonomous with respect to any synchronization and embedding electronics, and balanced between high computing and communication power.

2. Using the IMS T9000 transputer, it is composed of 65 536 nodes and arrives at 1 Teraflop sustained performance.

3. Feasibility is ensured by an approach with constant complexity, independent of the number of nodes, for any number > 256.

4. It can be build in rather short time relying on available technology, and a modular and simple approach.

5. Reliability can be ensured by a cheap 1/16 redundancy.

6. The overall system size can be kept small, and the powering & cooling problems be solved, by use of innovative and modular liquid cooling.

7. The overall prize is reasonable by exploiting the efficiency of replication of standard components. The price/performance ratio therefore, is excellent.

The following section will discuss the above in more detail.

1.1 Technical Outline of Machine

The main considerations in building a powerful state-of-the-art machine, such as a Teraflop computer, are:

---

[4]For large processor numbers ($\gg$ 64), today's techniques used in auto-parallelizing compilers for shared memory fail because they are not yet efficient in taking into account a cost-function for addressing non-local memory. It can, of course, be used for any processor number if the message-passing style is *emulated*. In the following, we do not differentiate between MIMD-parallelism with message-passing and MIMD-parallelism with virtual shared memory used for message-passing (via shared variables and semaphores). The granularity of a PRAM-machine would be extremely fine which adds to the already fine granularity due to the large number of processors.

1. *Use the most advanced technologies available.*

2. *Use it as quickly as possible.*

3. *Use the technology allowing for maximal simplicity and reliability.*

If any of these conditions were not met a project to build such a machine would fail. If too much time is spent between planning and realisation, the technology used would definitely be outdated. Furthermore, it is not possible to design a leading-edge computer on the basis of a microprocessor still to be fully specified. An optimized design would be impossible to achieve.

An extremely important issue in the design of a massively parallel architecture is the *reliability* of the system. This means that such a machine needs a particularly simple and obvious architecture with as few components per node as possible. Moreover, any unnecessarily complicated structure has to be avoided, i.e. even the hardware redundancy needed in order to achieve a satisfactory system reliability has to be implemented in a simple manner. Another important reason for minimal complexity is that, in order to design a Teraflop-machine to be built within minimal time, i.e., within two years, one would have to rely on microprocessors which are, at the project's beginning, fully specified and become available during the frist year. It is then even more true that a design has to be accomplished very rapidly. Any Teraflop-machine would, when installed, tend to have components in the middle of their life-cycle.

In the following the considerations will be confined to a homogeneous MIMD architecture: We consider the feasibilty of approximately 65 536 closely coupled Inmos T9000 MIMD processors with a high degree of node simplicity and redundancy.

In a highly parallel computer with as many as 10^4–10^5 nodes, the local properties of a single processor become less important than the properties of the entire system. This is analogous to Statistical Mechanics where system properties are abstracted from component properties which can best be expressed in *property densities.* [5]

The available volume lies in the range of [6] 10^4–$10^5\ell$, and also depends on the amount of empty space, particularly in a larger installation. A major aspect in the construction of a Teraflop machine is engineering considerations such as:

- Reliability

- Packaging, cooling, wiring, housing

- Organization

Let us now proceed to see how these considerations occur in a possible realisation. In a MIMD machine we do not need to address the problem of clock-synchronizing nodes across a physically large machine. The scenario is described in the following 5 sections in a "bottom-up" fashion:

---

[5]However, the *fault probability* does not scale linearly with volume and thus the *fault probability density* is only well defined by indication of a corresponding scale, e.g. the node scale. The reason lies in the redundancy of components which is certainly required at their number which is in the order of 10^6.

[6]$1\ell \equiv 10^{-3}\mathrm{m}^{-1}$

1. Node

2. Node Topology

3. Packaging and Cooling

4. Reliability

5. Performance and Technical Data

1.1.1 Node

We will, in the following, take the Inmos T9000 processor for consideration as the basic component for a Teraflop architecture. However, the considerations also apply to other transputers, transputer-like microprocessors, which are beginning to emerge on the world-market. At the present time, we see major design difficulties in using an unbalanced chip with respect to computation and communication, such as a squeezed vector processor, in a massively parallel architecture. The T9000 fulfils all three requirements above:

1. *Advanced:*

   With $> 2 \times 10^6$ transistors, 50 MHz, 25 $(10\text{--}20)^7$ MFlops (single precision scalar), 25 (6–15) MFlops (double precision scalar), 200 (60) Mips, 2048 64-Bit on-chip operands, up to 16 kByte cache, 200 MByte/s memory bandwidth, 80 MByte/s communication bandwidth in parallel with computation.

2. *Quick design:*

   All necessary components would be available in 1992.

   It would not be neccesary to set up many special developments as are special chips because the T9000 has an optimized design for parallel or distributed architectures.

3. *Simple:*

   Designed partly as controller for embedded systems, node design can be extremely simplified. Including

   > Instruction flow, Floating Point Unit, Cache, Memory glue logic, Error Detection Correction[8], Communication, Communication buffering, Routing, Masking of redundant hardware and 16 MByte of 64 bit-wide Ram[9],

   the chip count would be as small as 4.0 per node[10].

Additionally, the T9000 comes with a number of additional features essential in a parallel machine, such as process-scheduling and advanced routing capabilities with a latencies of less than $1\mu s$. This processor has been developed as a result of more than 5 years experience in the design of parallel systems and is extremely well balanced in terms of processing, communication and memory bandwidth capabilities, and latencies.

---

[7] Peak (Sustained)

[8] This feature might be integrated in an T9000* on special demand from Parsytec.

[9] assuming byte-wide 16 MB chips.

[10] counting 4 Ram chips with a chip count of 1. The total number of chips would be 11.5.

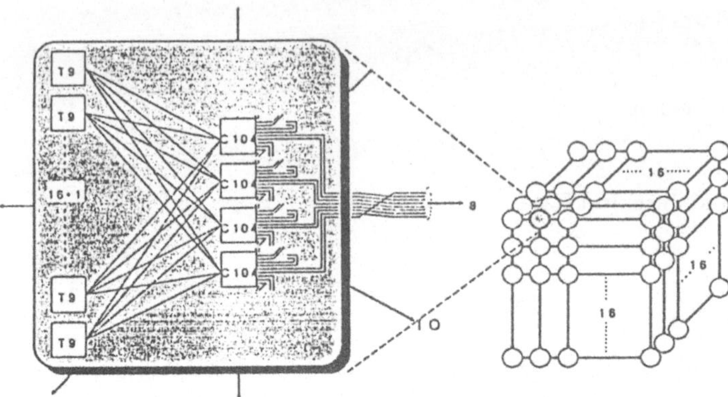

Figure 1:
3D and *GC* processor interconnection topology. In the case of a simple 3-dimensional topology, atomic cells are just formed by single T9000s (not shown). 17 T9000s form an atomic cell in the *GC* topology (organized as a $16 = 4 \times 2 \times 2$ cube with one redundant node to replace any other on failure). These cells (cubes) are connected to form a 3-dimensional grid. An additional I/O channel can be connected as a 7th direction in space.

1.1.2 Node Topology

We will base our considerations on an architecture of 65 536 active T9000 nodes which would be sufficient to achieve a performance of 10^{12} floating point operations per second (see below). This large number of nodes would be without precedent in the design of MIMD parallel architectures. However, there exist sucessful U.S. SIMD machines with such large a number of nodes, albeit of lower complexity. Technology seems to have matured now to allow an increase in either the complexity of the SIMD nodes or in the number of MIMD nodes, both leading to a parallel machine capable of 1 Teraflop.

The topology of processor nodes is of crucial significance to the communication behaviour of applications. Most inherently parallel applications have mainly a local communication behaviour. This means that the necessary communication bandwidth between nodes decreases exponentially with the distance between them in the topological space defined by the application. For most applications this space can well be mapped onto a D-dimensional regular grid. There is a lower constraint for this dimension D: After mapping, the granularity in each of D dimensions has to be at least that of the grid. If we assume a grid of 65 536 nodes, it can be organized as 256^2, 2×32^3, 16^4, ... 2^{16}. We see that a reasonable granularity for most applications is accomplished for $D \geq 3$. In the following we will discuss a 3-dimensional cubic grid.

However, it is not sufficient simply to couple 65 536 nodes in a grid structure. Within few days one of them would fail and render the original topology ineffective. To overcome this one can implement redundant nodes to fill the gaps. One particularly elegant and transparent way to achieve this is an appropriate programming of routing devices at boot time.

In Fig. 1 we describe a possible implementation of a 3-dimensional grid with transparent node redundancy and I/O channels. Each building block of 16 logical nodes provides 48 message traffic sources and sinks to a cubic communication-network grid.

One particular benefit of this connection scheme is that by using Inmos C104 routing chips the physical processor topology can be hidden from the software layer. Virtually any two nodes are connected. Of course, communication behaviour would be optimal for an application requiring a (hyper)cubic topology.

Additionally the C104 routing chips would also be used for a control network interconnecting any processor (computation or C104) independently of the above data network. This provides a simple and flexible scheme for monitoring and controlling all hardware components.

1.1.3 Packaging and Cooling

The packaging scheme is based on advanced SMD technology and modular cooling using heat-pipes and water-cooled heat sinks. The overall size of the system would be roughly $5 \times 5 \times 2\text{m}^3$.

Wiring only would be needed for the T9000 communication links between adjacent cubes. All internal connections of a cube can be realized on a single backplane.

It is clear from the above that cooling is a major topic to be addressed. The power consumption per node is less than 15 W. This means that the power budget for the total installation would be 1 MW with a cube density of more than 70 W/ℓ. An additional $\approx$ 500 kW would be needed for power supplies, disk-drives and water-pumps or fans. It is far from being straightforward to cool such a power density by forced air ventilation. It is particularly crucial for the system reliability for components not to heat up locally. These problems can be overcome by water-cooling the system by methods well known from classical engineering. A way to cool the nodes consists in placing cooling plates locally at every computing board connected to one common water-cooled heat sink per cube of 256 nodes via heat-pipes. The flow of water can then be concentrated as part of the frame mechanics towards two tubes of cold and heated water in the floor. The stream of heated water could be cooled by traditional methods outside the room in which the computer is installed. The power dissipated by the power supplies can also be partly water cooled.

1.1.4 Reliability

The reliability of a large parallel machine which has 10^4 nodes or more is a very important topic to address. The limiting factor is the total number of chips running in such a machine. This chip count can be significantly reduced by a very simple node architecture or a very powerful single node. The relevant measure is the *sustained* speed per component. For the T9000-based architecture this measure (single precision) is 4.0 MFlop/chip, counting 4 memory chips as one (1.4 MFlop/chip, counting each memory chip separately).

By the special design investigated here failures of complete nodes can be tolerated, i.e., there is redundant hardware for 95.7% of the components. This means that most hardware failures can be trapped by software in the sense that the failing hardware parts are hidden in a software transparent way. Assuming a failure-rate of 40 FIT[11] per chip this number leads to an acceptable "up-time" on this Teraflop-machine with 65 536 nodes. Less than eight machine-crashes a year and less than 1 failure in

---

[11] 1 FIT $\equiv 10^{-9} h^{-1}$. 10 FIT is a typical failure-rate of current transputer-microprocessors or good ram-chips.

Number of nodes	65 536
Topology	16×16^3
TFlops (single precision)	0.4 – 1.6 (for QCD: $\approx$ 1.1)
TFlops (double precision)	0.3 – 1.6 (for QCD: $\approx$ 0.7)
Tips	4 – 13
TByte memory	1.0
TByte/s memory bandwidth	13
TByte/s I/O unidirectional bandwidth	0.16
TByte/s communication bandwidth	5.2
TByte/s bisectional bandwidth	0.04
Latency between neighbours	$\leq 1.5\ \mu s$
Max. routing latency between nodes	23 μs
Power consumption	≤ 1.5 MW
Installation surface	≤ 50 m^2

Table 1:
Technical Data of an T9000-based Teraflop machine. QCD stands for the "Grand Challenge" application "Quantum Chromo Dynamics".

1 day trapped by software are to be expected. For most long running applications this would require, however, checkpoints to be set. Since setting such a checkpoint only takes several seconds or minutes this would lead to a total machine performance or availability of at least 98%.

1.1.5 Performance and Technical Data

Table 1 summarizes the technical data of the machine which has been described.

1.1.6 Parsytec GC

The *GC* represents a major propietary product development at Parsytec. It is scheduled for 1992 and will provide, in its largest configuration, a sustained performance of more than 200 Gigaflops. This product will already feature many of the properties of the machine described above, especially its supermassively parallel architecture using redundancy and modular water-cooling with heatpipes. It mainly differs by its packaging density which is lower by a factor of four. It relies on proven techniques, such as advanced SMD technology and classical electrical wiring.

Its basic building block — the IMS T9000 1 stage CLOS-network — as well as the basic system software will conform to European standards, e.g., set by the ESPRIT GP-MIMD partners, including Parsytec. Significant differences to other approaches doing so are only expected for one thousand nodes and beyond.

Within the *GC* development a large number of partners, commercial and research consortia, are active in the fields of system-software, languages, tools or fault-tolerance. This is also reflected by current ESPRIT III proposals. In total, some hundred people are involved in this project.

1.2   Conclusions

We reach at the following conclusions:

- A Teraflop computer *can* be build with present technology (e.g., using the T9000 transputer along the above guidelines).

  The Parsytec GC already comes very close to this computer, a Parsytec GC-6 actually being a working Teraflop machine.

- This approach yields a *balanced* solution, a so-called '3T'-machine: Teraflops, Terabytes, Terabytes/s (memory and sustained communication bandwidths).

- This approach yields a machine with a MW power consumption (1 mJ/Flop). A closer look shows that each of the above '3T's contributes to 1/3 of this: the processing, the memory and the communication.

- This approach also yields a machine where roughly 1/3 of the volume each is occupied by the computing nodes, by the wiring and by power and cooling. (Without counting file-storage.)

- The precise technical data of the microprocessor which is used are less important as long as it features a high level of integration of functions essential in parallel processing as well as a good balance between computing and communication capabilities (to memory and to other nodes).

- In order to progress beyond the approach described above it is neccessary to reach at higher *performance densities*. This implies a higher packaging density of components (e.g. a node in a chip) *and* higher performant interconnect structures (e.g. optical) *and* a lower power consumption per Flop. E.g. a processor with a higher floating point performance alone does not help, as it actually only increases the effective packaging density on the processor side. All other optimizations (including memory packaging density and bandwidth) normally remain still to do[12].

These conclusions can be easyly summarized by introducing the terms *micro* and *macroarchitecture* (Here the *microarchitecture* describes the processor technology whereas the term *macroarchitecture* refers to the engineering of a complete system which includes the parallel architecture affecting the algorithmic properties of the machine):

> *"The macroarchitecture of a massively parallel computer will become the key technology in the manufacture of supercomputers."*

This statement implies that investments into the development of a macroarchitecture pay back on a longer term than these into microarchitectures. Indeed, macroarchitecture developments will tend to be proprietary in nature whereas processor technologies are now becoming widely available (open sourced).

---

[12]As a matter of fact, these optimizations are not needed as far as the peak performance is concerned...

Topology	D	# procs	g	$T_C^{i,send}$ [fpc]
2D-torus	4	∞	1.0	≤ 4
3D-grid	6	∞	1.0	≤ 6
4D-torus	8	256	1.4	≤ 24
Point-reflection	1	1024	4.0	≤ 4
10D-hypercube	10	1024	1.1	≤ 12
13D-hypercube	13	8192	1.6	≤ 28
12D-binary tree	3	8191	1.0	≤ 3.3

Table 2:
Performance of local communication.
'Point-reflection' refers to the case where nodes communicate to a destination obtained by reflection of the source node at the center of a 3-dimensional grid. Because *all* 1024 straight interconnecting lines then go through the center of the grid, this case is oftenly used as case study for a 'bad' deterministic traffic pattern.

2   Performance and Algorithms

The system performance of a MIMD-parallel system at a given application is determined by many factors. Concerning the machine's architecture they are:

- Algorithm

- Architecture of node interconnects

- Number of nodes

- Communication bandwidths

- Communication latencies

- Efficiency of system software

- Performance of processors

- Memory bandwidth (number of memory banks)

- Amount of memory per compute node

- I/O capacity

We already discussed a number of these, e.g. the interdependence of architecture, number of nodes, their performance and bandwidths.

2.1   Architectural Performance

In the following we will develop a small number of parameters which help to judge the application performance of a parallel machine. A parallel machine can be very unbalanced when it has almost uncoupled processors, suited for a small class of problems only, i.e., à special purpose machine. On the other side it also can have extreme bandwidths to cover virtually any problem, i.e., a general purpose machine. In the latter case, of course, a certain price has to be paid. In the worst case it is a lack of scalability reducing the total performance, as is the case for shared memory machines.

We will subdivide the overall performance of a system into two factors:

1. The number of nodes.

2. The time one *sustained* floating point operation needs, refered to as the time of one *floating point cycle* (fpc).

We will measure *any* other quantity in terms of these, i.e., time will be measured in units of [fpc].

We will start, as an exercise, with the situation of a 1024 node partition of a *GC* machine. The number of nodes is 1024, and we will assume a *sustained* performance of 10 MFlops per processor (overall 10 GFlops, 25 GFlops peak),

$$1 \text{ fpc} \equiv 100 \text{ ns.}$$

Memory bandwidth: Using 60 ns DRAM, the memory access time T_M is

$$T_M = 0.4 \text{ fpc}$$

per 32 Bit operand, i.e., 40 ns. This can be lowered with faster memory to 0.2 fpc. For 64 Bit operands it is 0.8 fpc[13].

This number often is the limiting factor, the application being memory-bandwidth bound. For these applications the total memory-bandwidth of the machine is the decisive factor, i.e., the total number of memory banks.

Consider these numbers: A single floating point operation needs two read, and one store access to memory, or an access time of less than 0.33 fpc. This, however, is some sort of worst case. For a matrix-multiplication, or vector-dot product, an access time of 1 fpc is sufficient. In particular cases, such as Lattice Quantum Chromodynamics, a value of even 2.75 fpc can be accepted. In general, however, the processor performance, and thus total system performance, must be eventually readjusted, i.e., 1 fpc redefined, to bring the memory access time down to 1 fpc.

In parallel machines without dual-ported RAM, this time has to be increased further due to concurrent memory accesses for asynchronuous communication, as is possible in transputer nodes.

---

[13] These values, actually, are average values. Consecutive read of n 64 Bit operands takes $0.8 + n \times 0.6$ fpc, and the average of 0.8 fpc is reached for $n = 4$, or 2 cache-line fills.

In the supercomputing community, the length of an operand (word) normally is defined to be 64 Bit. However, we often quote values for 32 Bit operands. Because of the high frequency of local memory accesses and computations, is not yet clear to what extent it is neccessary also to *communicate* words of 64 Bit length between nodes. In many cases it might be more efficient to convert to 32 Bit length before communication. For better comparison, we always quote 32 Bit values. The corresponding 64 Bit values can be obtained by multiplication with a factor of 2. As the peak floating-point performance of the IMS T9000 is 25 MFlops for both 32 and 64 bit words, its assumed sustained performance of 10 Mflops does not depend on the word length (only bandwidths do).

184

Communication bandwidth: With its 4 bidirectional links, the T9000 is able to send *and* receive one 32 Bit operand per fpc, or

$$T_C = 0.5 \text{ fpc}.$$

Under such full communication, the memory access time for floating point operations increases to $T_M = 2$ fpc, and if a value of $T_M = 1$ fpc is required, the communication time slightly increases to $T_C = 0.67$.

These are excellent values, allowing access to non-local data with the same bandwidth as that to local data!

We will introduce a granularity number g, $g \geq 2T_C$. g signifies the average time in fpc needed to send one operand out to a destination chosen from a particular pattern. g therefore is communication traffic pattern dependent.

Local communication: Local here means: Communication happens from a given node to a finite number D of other nodes, and load is equally distributed among them. This does, in general, include far-distance communications in terms of physical processor-processor distance.

This is the typical case in most number-crunching applications: A node only communicates to the $D = 3$ neighbours in a binary tree (broadcast, synchronization, global sum, matrix inversion), $D = 6$ neighbours in 3-dimensional space (fluid dynamics, climate modelling), $D = 9$ neighbours in an octree (multigrid), $D = \log_2 N$ neighbours in a binary hypercube (Fast Fourier Transformation), generally $D \ll N$, N being the number of nodes.

For typical cases, the actual numbers are displayed in Table 2. The average time to *send* into *any one* direction is given by

$$\overline{T}_C^{i,\text{send}} = gD.$$

Because, in the general case, the bandwidth may depend on the neighbour $i \in \{0, \cdots D-1\}$, the worst case is also given in this table. Numbers are for 32 bit operands. The clear conclusion is that for typical local traffic patterns the full communication bandwidth is available, i.e. that the network does not congest.

Weighted Random Traffic: In more general cases as the one described above, communication may happen to *any* other processor. It is, however, extremely unlikely that the probability for such a communication to happen is independent of its destination. If it would, the average time this communication will need would be larger than

$$\overline{T}_C^{i,\text{rnd send}} = gN \geq N.$$

For large scale machines, this time becomes unacceptable large for any kind of regular communication, independent of the communication network. An application depending on it will be said to be algorithmically unscalable. Experience has shown that in most cases where this initially seemed to be the case, appropriate truncation techniques have led to scalable algorithms. An example for this are Many-Body systems with Coulomb-force interactions (Star Dynamics).

We define a coherence, or correlation length for random traffic: The probability of a communication to happen decreases exponentially with its distance,

$$p(x \to y) \propto e^{-\frac{|x-y|}{\xi}},$$

where ξ is the coherence-length of the random communication traffic pattern. The distance $|x - y|$ is defined in an application-dependent space. The above formular essentially means that a node in an application has a smaller set of nodes it communicates to more frequently and a larger set of nodes it communicates to less frequently. This corresponds to the concept of a *"working set"* known in memory caching. The limit of $\xi \to \infty$ corresponds to the case of pure random communication[14].

Localized random traffic is typical for more irregular cases in number-crunching applications, also involving dynamic process migration and changing communication patterns during the calculations. Examples are efficiently implemented Many-Body problems, some Molecular Dynamics problems, geometric implementations of Crash-Simulations, or Drug-Design. The coherence length ξ depends on the algorithm, the size of the problem and number of processors. In Table 3, we give the g-values for various values of ξ and sizes of a partition of the GC machine.

g	# processors		
ξ_{3D}	128	1024	8192
1	1.0	1.0	1.0
2	1.0	1.3	1.6
4	1.2	3.7	6.0
8	1.6	6.1	13.0
∞	2.2	9.3	27.0

Table 3:Performance of weighted random communication

We recall that the case $\xi = \infty$ corresponds to the artificial case of pure random communication without any locallity properties.

One may use the randomizing capability of the IMS C104 routing switch to avoid hot-spots present in some deterministic traffic-patterns. If this is done by a *global randomization*, i.e., if all messages, also local ones, are sent first to a random destination, the g-value would be $g = 2g(\infty)$. In practice, however, it is much more efficient to do only a *partial randomization*, i.e., to send a message first to a random destination *within a subspace* only. In this case, g-values for ξ's corresponding to the size of this subspace give a good measure.

Communication Latency: The transputer has always had extremely good response times. This gave it a particular strength in the real-time and embedded systems market which made it the best-selling RISC-processor world-wide. The technical baseline for this are its register-free processor architecture with hardware process scheduling and communication engines integrated onto the chip (stack, on-chip memory, virtual processes, integrated communication). This definitely allows for superior latency behaviour of a MIMD-parallel computer than possible with other concepts.

Its sub-μs start-up time T_S for communication reads

$$T_S = 10 \text{ fpc.}$$

This may also be translated into a number of *transmitted operands* (opd, 32 Bit) which could be sent out through one of the four links during this time. With $T_C^{i,send} = 4$ fpc, $T_S = 2.5$ opd$/g$. The extra-delay τ caused by a routing-switch is $\tau_0 = 5$ fpc or $\tau_0 \approx 1$ opd. We recall that a packet contains up to 8 opd.

---

[14]Interestingly, the working set approach in memory caching normally fails in cases of regular memory access (array-operations). This, by analogy, would correspond to local communication traffic.

This holds for a congesting-free network. In a congested network a packet cannot be imme-deatedly routed through a given routing switch but has to wait for other packets to be routed through a needed output link first. As we have seen we may neglect local traffic in a congested network with $g \gg 1$. In a grid-like routing network with D directions, there may be up to $D - 1$ packets competing for a given output direction. In a 3-dimensional grid, $D = 6$. The average number of packets waited for therefore is $\leq D/2 - 1$. The time a packet is routed through in an uncongested routing switch is $\tau_1 \leq 32$ fpc. However, the packets waited for, are generally in turn delayed by another routing switch. The average number m of such routing switches, in the worst case of random communication, in a GC partition with N processors, is $m \leq 3/2(\sqrt[3]{N/16} - 1)$. The total average delay time is thus delimited by

$$\overline{\tau}_{\mathrm{rnd}} \leq (m + 1)\tau_0 + (D/2 - 1)^m \tau_1.$$

In a 1024 processor partition of GC, $\overline{\tau}_{\mathrm{rnd}} \leq 730$ fpc. The corresponding value in a 1024 processor *hypercube* is $\overline{\tau}_{\mathrm{rnd}} \leq 33\,000$ fpc. In practice, however, these theoretical values are not reached because not all incoming links compete for a single outgoing link. If the g-value is known, a much more realistic bound can be derived,

$$\overline{\tau} < (m + 1)\tau_0 + (g(\xi = \infty) - 1)\tau_1$$

which in a 1024 processor partition gives $\overline{\tau} < 270$ fpc. This is the average value and can be summarized to an overall communication latency of

$$\begin{aligned}
T_S + \tau(g) &\approx \left(\frac{2.5}{g} + m + 1 + 20\frac{g-1}{g} \right) \text{ opd} \\
&\in [\approx 5, \approx 25] \text{ opd}.
\end{aligned}$$

The probability of messages to be delayed by a different time τ can be derived from the Poisson probability distribution for a mean-value of $\overline{\tau}/\tau_1$, $p(\tau) = P_{\overline{\tau}/\tau_1}(\tau/\tau_1)$.

Often, in the case of M messages, the delay-time with a probability of $1 - 1/M$ is taken as a measure "for the slowest message" determining the overall speed. This, however, is only true for a regularly structured program where all processors work synchronously at a given task. In such a case two remarks are in order:

1. the traffic patterns are most likely local, and

2. a congested network where all processors wait for the last message to arrive, becomes uncongested after the bulk of messages have arrived.

The last remark is only true if the application waiting for messages also causes the network congestion. In a parallel computer running a number of applications in parallel this can not generally be ensured. The GC operating system PARIX therefore *dedicates* a partition to each application and guarantees that no foreign message-traffic can occurr. To this purpose all par-titions are convex, and a separate high-bandwidth I/O-network handles all communication to the outside world.

So far we have concentrated on the performance of the GC machine. It is instructive to compare this with a number of different architectures discussed for parallel computers, still on the basis of a T9000 transputer-architecture. In Table 4, we consider a 1024 processor machine built with a 5-stage CLOS-network[15], a 10-dimensional hypercube of routing-switches with one T9000 connected by 4 links each,

---

[15] First stage of 16 processors, as in GC, and third stage of 256 processors

g	1024 processor networks					
Communication pattern	CLOS	HC	TC	GC	3D	2D
Local (2D)	1.6	1.0	1.2	1.0	1.0	1.0
Local (3D)	1.6	1.0	1.2	1.0	1.0	5.0
Local (2-tree ↑)	1.6	4.0	1.2	1.0	4.0	4.0
Local (hypercube)	1.7	1.0	1.3	1.1	1.9	6.2
All-to-all (random)	3.3	5.2	5.9	9.3	17.0	50.6
Bisectional bandwidth (# links)	1024	512	256	128	102	32
Diameter (# C104-hops)	5	11	5	10	36	63
Broadcast (fpc)	330	300	325	325	395	450
Fastest edge (GB/s)	0.02	0.02	5.12	0.32	0.32	0.16
Relative wiring volume	6.7	6.3	1	1	0.9	0.7

Table 4:
Performance of various routing networks.
The case 'CLOS' refers to a "×16" multistage network, 'HC' to a 10-dimensional hypercube, 'GC' and 'TC' are explained in the text, and '2D' and '3D' stand for 2- and 3-dimensional processor-grid networks.

the GC architecture of a 3-dimensional grid of 1-stage CLOS-networks, and 3- and 2-dimensional grids of routing-switches with one T9000 connected by 4 links each. Additionally we quote the properties of an improved 3-dimensional GC-architecture, refered to as TC. We do the comparison for a set of local traffic patterns and a purely random communication.

One can see that all architectures behave reasonable for local communication in various virtual topologies. The performance for random-communication for 1024 processors is best for the CLOS-network, however with a large wiring volume. The GC architecture, also the base for the feasible Teraflop machine described in the beginning, outperforms any other architecture normalized to the wiring volume. We recall that wiring in the feasible Teraflop machine already contributes 1/3 to the overall volume. This can be optimized by application of advanced packaging methods leading to the even more densely packed TC machine. Generally, a TC would have the same properties as GC with 1/16 of the number of processors of TC (Teraflop $TC \simeq 100$ GFlops GC). This is achieved by an improved macroarchitecture still relying on the same microprocessor!

The times for broadcast are given in floating-point cycles (fpc = 100 ns). They are derived for an otherwise uncongested network and already take the time due to system-software overheads into account.

The results shown in Tables 3 and 4 are from simulations, analytical work and extrapolations.

Following the idea expressed in "weighted random traffic" of a *working set* of nodes which a node frequently is interacting to, it is important to consider the number of nodes which can be reached within a given number of C104-hops (Table 5). Up to 3 hops, which are considered the limit for undelayed single virtual link communication, the GC architecture has the richest interconnectivity. It falls behind for seven and more hops compared to a CLOS-network, TC only beyond the Teraflop range.

h C104 hops	Processor networks					
	CLOS	HC	*TC*	*GC*	3D	2D
1	16	1	16	16	1	1
2	16	14	16	112	7	5
3	256	92	256	400	25	13
4	256	378	1792	1008	63	25
5	4096	1093	6400	2064	129	41
6	4096	2380	16 128	3696	231	61

Table 5:
Nodes to reach within a given number of up to h C104-hops, for various routing networks.
Abbreviations are explained in Table 4. In the case of a hypercube, 8192 nodes are assumed (13-dimensional), and boundary effects due to finite machine sizes in the other cases are neglected.

2.2 System Software

The considerations presented above pose a number of constraints onto the system software in order to allow efficient use of a highly massively parallel computer.

1. Deterministic run-time environment:

   - No application-foreign communication traffic.
     This particularly limits the use of full-blown operating systems replicated on all nodes. These would normally cause background operating system message traffic which is low but scales with the square of number of processors. This kind of system software will be said to be unscalable.

     Multitasking operation also should ideally realized by decomposition of the processors into confined domains, e.g., convex partitions. On a massively parallel machine more processors than tasks are available.

     The separation into domains must also be ensured if faulty or "bad" applications are present (protected domains). This is analogue to memory protection on sequential machines.

   - Scalable system software, i.e., no background activity and no central services with limited capacity.

2. Efficient access to hardware.

   Especially communication start-up times must be close to the theoretical minima of the machine. The performance of typical operations depend on it, e.g., a broadcast, a global sum, or a synchronization request.

   Moreover, efficient compilers are needed in order not to double "the pain of using a parallel system". Only high level languages should suffice, ideally also giving good support in software debugging.

3. Virtual machine and topology.

   The actual number of processors, and their interconnection, may be hidden to the application. This not only allows writing portable programs in conjunction with high level languages, but also more reliable debugging possible on a smaller number of processors.

This implies that both the hardware and the system software must provide efficient support for multi-threaded programming. This becomes even more important if latency-hiding, as in virtual shared memory, or object-oriented programming is required.

4. Efficient primitives.

   A small but reliable set of efficient primitives for typical tasks in parallel applications. This helps that applications will be scalable. A single feature implemented in an unscalable manner may turn the whole application to be bound to an artificially small number of processors.

5. Fault tolerance.

   On a supermassively parallel machine, the system software has to check the status of hardware and to switch out failing components in an application transparent way. To this purpose the system may provide a checkpoint primitive, recover facility, redundant hardware and high-speed access to a temporary file-system. In order not to interfere with the above constraints, a separate control- and I/O-network may be needed.

If the system software conforms to the above requirements, both large and very large machines can be securely and efficiently operated. The more common tasks of an ordinary operating system can be delegated to a subsystem (functional decomposition). As an example, a UNIX environment, windowing & graphics, accounting & batch, filing & networking, may be implemented via access to a sub-network of the machine, or to appropriate host-systems.

2.3 Applications

To conclude this article two applications will be considered,

1. Quantum Chromodynamics, and

2. Conjugate Gradient solution of a linear equation.

We will characterize the applications according to the indicators investigated above,

- Maximal memory access time,

- Minimal node memory,

- Minimal communication ratio g (for requested communication traffic),

- Maximal global-operation time (latency).

2.3.1 Quantum Chromodynamics

Quantum Chromodynamics is the theory of interacting Quarks and Gluons, which describes the structure of some elementary particles as the Proton. Analytically not solvable, large-scale simulations are carried out on lattices (Lattice Quantum Chromodynamics, referred to as QCD) with runtimes of years.

Problem: Simulation of fermionic forces (sparse matrix inversion).

Size: $16^3 \times 32$ lattice of $4\times$ SU(3) matrices

System: 16 384 node *GC*-5

Requirements:

- Memory access ≤ 2.75 fpc
- Only 8 lattice sites per node
- 9600 Computations and
- 2×480 Communications per node & iteration
- $\Rightarrow g \leq 20$ (fpc) (4-dimensional torus)
- $\Rightarrow$ Global Sum ≤ 9600 fpc

T9000-Simulator: 16.6 MFlops 32 bit single-node performance

$\Rightarrow$ 270 GFlops total performance ($= 67\%$ peak)

. QCD often is considered a trivial problem for parallel processing. It is correct that very high performances are reached on almost all machines. It therefore serves as "peak-performance benchmark". Also, the communication requirements of this application are over-satisfied by *GC* by a factor of 20. It should not be forgotten, however, that a granularity of only 8 lattice sites per computing node is very fine grain.

Parallel machines with unintegrated computing nodes, i.e., no transputer architectures, only reach 1/4 of peak-performance, even for a much smaller number of processors. This is worse by a factor of 2.7, compared to the value derived above, which corresponds to 2/3 of the *GC* peak-performance.

2.3.2 Full matrix inversion

Inversion of a full matrix usually is not done by the conjugate gradient method. It takes twice as many operations to reach at the exact solution, and the stability of the method seems to depend on the type of matrix. In many cases, however, it is the best method even on a sequential computer because it can be used as iterative method if less iterations are carried out.

Because the Conjugate Gradient method only needs the multiplication of the matrix (and its transpose) with a vector, it is particularly easy to specify the requirements of this algorithm if parallelized in a very straightforward manner.

Problem: Full matrix inversion by conjugate gradient

Size: M^2 matrix of real values

Machine: $M/2$ node GC

Requirements:

- Memory access ≤ 1.0 fpc
- 2 rows per node
- $8M$ Computations and
- $2M$ Communications (global sum tree)
- $2M$ Communications (broadcast tree)
  per node & iteration

$\Rightarrow g \leq 2$ (fpc) (tree)

$\Rightarrow$ Broadcast ≤ 2000 fpc

$\Rightarrow$ Global Sum ≤ 2000 fpc

Total: For $M = 1024$: 5 GFlops (10 MFlops per node)

$\Rightarrow$ For $M = 1024$: 0.9 s per inversion (5 MB/s load speed)

Using this granularity, e.g., 512 processors for a 1024×1024 matrix, the application requirements with respect to the (local) tree-communication bandwidths are slightly over-satisfied, and the machine's broadcast time is sufficiently small also for a large number of nodes.

However, parallelized this way, the algorithm is not really scalable. Given a problem of size M^2, only up to $M/2$ to M nodes can efficiently be used.

One might think that the algorithm is not scalable also because the amount of memory needed per node increases linearly with the problem size. However, if all memory is used, the largest problem size for a given machine is reached anyway. With 32 MByte per node, and two additional temporary vectors per node, this size is $M = 10^6$ (On a 500 000 node machine, the inversion would take 10 days).

Conclusion

Parallel machines with a very high number of processors can be implemented and used for practical problems. Relying on the transputer concept of balanced and highly integrated computing nodes, on advanced packaging methods, possibly with optical interconnects and low power technologies, on hardware-redundancy and reliable system software, systems with a much larger number of processors than is commonly believed can be built. This number currently is 10^4–10^5, and is to be expected to exceed 10^6 by the end of the decade. We call this class of systems supermassively parallel.

Finally, these systems with their radical simplicity and their large number of computing nodes will bring the price / performance ratio to a new level previously unreachable. A major reason is that development costs for components can be distributed over a larger number of instances.

Arguments and examples have been given that the performance provided by this high number of processors can efficiently be applied. To this purpose we extended the traditional class of "outward-scaling" networks, e.g., hypercubes, by the class of regular, favourably 3-dimensional, grids. In this case, scaling is achieved by providing each point of the grid-like routing network with an increasing number of highly interconnected processors, and by increasing communication bandwidth between the grid-points. This "inward-scaling", however, is done over time of technological evolution, providing the most cost-efficient and reliable solutions at any given time. This scaling is overlayed by a similiar scaling due to the increase in microprocessor performance over time. The system properties are good over a large range of processor numbers in most application-relevant cases, and only the radical simplicity possible with the transputer concept and the constant system complexity beyond a certain, moderate number of processors makes systems with a very high number of processors plausible.

A race to build systems in the supermassively parallel class has already been started between Europe and the U.S., both camps currently being represented by one player each. It seems that this round in supercomputer technology will be decided within the next 1–2 years. Europe, as the inventor of the transputer-concept has a conceptional leadership, both in the *microarchitecture* (transputer) and in the *macroarchitecture* (supermassive parallelism and packaging). In the U.S., in turn, politics is much more decided to push this technology, and the scientific community is more committed to make the home base win. If Europe starts to trust in its own capabilities, and it has excellent ones, it will successfully enter this field of an emerging key technology, as it already did in basic research.

Acknowledgements

I would like to thank the many fruitful discussions with M. Annaratone, M. Becker, S. Cabasino, M. Chatah, H. Denuell, F. Gutbrod, H. Heermann, H. Hege, R. Herken, H. Herrmann, F. Hertweck, E. Krause, F. Kübler, E. Laermann, C. Liddiard, F. Lücking, R. Lüling, S. Madhavapeddy, D. May, B. Monien, H. Mühlenbein, G. Peise, M. Rutter, L. Tassakos, D. Würtz, and F. Wray, who will recover many of their ideas in this article. Without their contributions, and help, this article would not have been possible.

A Vision of a Teraflop Supercomputing System

Paul Garrett

Meiko Limited
650 Aztec West
Bristol BS12 4SD, UK

Abstract

This paper introduces Meiko and its product strategy, majoring on the emergence of teraflop computing with Massively Parallel Computer Systems. The software and system architecture of our current High Performance production machines is also described.

Introduction

Since its inception in 1985 Meiko has established a position as a major supplier of massively parallel computer systems, with an installed base of around 400 systems internationally.

Meiko's *Computing Surface* range of scalable parallel systems, based on a MIMD architecture, originally employed the Transputer; the largest such system, comprising 500 Transputers at the Edinburgh University Parallel Computing Centre, provides parallel computing services to a large national and international user community.

Meiko design philosophy is based upon the employment of commodity software and hardware where the appropriate technology is available, complimented with proprietary design, plus adherence to applicable industry standards, to provide efficient high performance integrated computer system solutions.

This is exemplified by the current range of Computing Surface systems incorporating SPARC II and Intel i860 microprocessors, Unix (SunOS) plus Meiko proprietary hardware and software environment; providing Supercomputer performance at many key international sites.

The Meiko customer base comprises largely the technical, scientific and engineering community, with a fast growing commercial user base via Meiko scalable Oracle database solutions.

Vision of a Teraflop Supercomputing System

Scalable High Performance Computing has been in gestation for over a decade. The options have been enthusiastically explored by numerous ambitious computer start-ups. The field is approaching maturity. A bandwagon is starting to roll. Every major player seems to have something to say.

If you listen to what everyone has to say, and recognise the sensible arguments, you can visualise what the best High Performance Systems are actually going to be.

The consensus is that the next major milestone is a viable Teraflops capability; that this peak will first be reached in empathic applications, and that sustainable performance will follow as systems are refined.

There is broad agreement that multiple processors are needed to reach this milestone. That software tools are the critical ingredient in delivering full utility, and that, at the teraflops scale, fault tolerance through redundancy is necessary and attractive.

The pioneers in scalable computing have embraced novel hardware platforms. There were champions for SIMD, and champions for MIMD. As insights have developed, the focus has shifted to programming paradigms. Physically distributed memory hardware is becoming the norm, but everyone would like it to be programmed as easily as uni-processors.

More privately the architects of these systems agree that software and hardware environments are developing towards each other.

Multi-processor compiler technologies currently either target shared memory, or support a data concurrency model. Good arguments support both approaches. But conventional shared memory systems do not scale, and the data concurrency model is grossly inefficient on irregular problems. To exploit foreseeable state of the art of compiler technology in the teraflops context, scalable global memory and global application synchronisation mechanisms are essential.

To provide the essential mechanisms capable of supporting teraflops scale systems, the best of apparently competing architectural approaches are required; a synthesis of SIMD, MIMD and shared memory architectures. The MIMD approach underpins the scalability of the system. Given efficient support for memory sharing and SIMD paradigms, systems can be targetted with proven compiler technology. The hardware meets the software.

The new technology needed to support this synthesis of architectural approaches is not processor technology, but a blend of distributed memory and intimate communications, providing a platform for global memory, with uniform performance and efficient synchronisation. This is where the breakthroughs are required. This is where the cognoscenti of scalable computing are focussing.

Key metrics by which an implementation may be assessed are Memory bandwidth — liberating processors to execute, and Bi-sectional bandwidth — empowering processors to co-operate. These are the parameters that demand optimisation and justify technological focus. Excellence in this area underpins the viable teraflops system.

Processors interpret code. As compiler technology matures, instruction sets become less relevant. Scalable high performance computing is compelling because it exploits commodity components at their optimum price performance. The economic forces behind commodity silicon chips are phenomenal, driven by massive competition in the workstation marketplace. These factors control choices of RAM and processor, making unprecedented performance peaks economically viable. These forces guarantee the availability of ever more powerful microprocessors and ever more dense memories at constantly reducing prices; they doom proprietary architectures to the land of the dinosaurs.

With prototype components already running codes in our laboratory, beta shipments will start in 1992. The goal is full production of viable teraflops systems in 1993; systems described by just a dozen key characteristics:

Price	Less than ECU 75 M
Size	Less than 150 square metres
Power Consumption	Less than 300 KW
Global Memory	256 Gbytes to 1 Terabytes
Aggregate Memory Bandwidth	Greater than 2 Terabytes/s
Bi-sectional Network Bandwidth	Greater than 500 Gbytes/s
File System Bandwidth	Up to 10 Gigabytes/s
Total File System Storage	Up to 10 Terabytes
Number of Processing Nodes	Fewer than 4000
Concurrent Users	1 – 1000
Operating System	Unix
Programming Language	FORTRAN

Meiko Computing Surface System Architecture

The Meiko Computing Surface is a third generation distributed memory MIMD architecture. The building blocks are state of the art shared memory heterogeneous multiprocessors. Applications code is executed by high performance microprocessors with full virtual memory capabilities and protection. Specialised processors dedicated to co-operation relieve the application processors of all the functions of message passing and synchronisation. They provide intelligent connectivity within the system and within applications, efficiently orchestrating parallel productivity.

Computing Surface systems employ high performance commodity microprocessors with high performance memory systems. SPARC and Intel i860 microprocessors provide the optimum price/performance characteristics driven by the top-end engineering workstation marketplace. Harmonising these chips within a scalable architecture enables the Computing Surface to deliver peak cost/performance by capitalising on massive market forces.

A rapidly increasing third-party software base of tools, libraries and applications is the further benefit derived from widespread use of these microprocessors in volume computer products.

Clusters of workstations can simulate this architecture. However, their limited ability to co-operate substantially impairs the simulation. The Computing Surface reaches supercomputing proficiency on a wider range of problems simply because the intimacy of co-operation between processors is orders of magnitude greater.

Scalable Computing Resources

Computing Surface resources can be scaled in low cost increments to provide user community support, processing power, data access rates and throughput as required by the most demanding mixture of applications.

- Computing Surface i860 elements, each executing numerically intensive application programs at up to 60 Mflops in double precision and 80 Mflops in single precision. A high fraction of peak performance is sustained on vector code.

- SPARC processor subsystems execute the SunOS Operating System, and include SCSI II, Ethernet and network interfaces. They serve development seats, as file servers and ethernet gateways to external file servers, workstations and X-terminals.

- Intelligent peripheral controllers with write-through, read-ahead caching combine to provide an extremely high bandwidth, high parallel seek rate filing system of near limitless capacity.

- Integrated colour framestores support animation of high resolution, high volume data sets.

Software Environment

Industry Standard Unix Operating System and Network Protocols

The operating system is SunOS, a familiar and productive environment for many hundreds of thousands of users worldwide. System management, software development and external networking are performed within this secure and reliable embedded environment. Operating system services required by application processes executing on i860 processors are provided by the optimal combination of local light-weight kernels and co-operating multi-instance SunOS.

Highly Integrated Toolset for Program Development

Optimising ANSI X3J11/88-159 C and ANSI X3.9-1978 Fortran compilers are complemented by data and control dependency analysers, visual profiling and instrumentation tools and, of course, full symbolic debuggers to ensure maximum ease and efficiency of program development and migration. The compilation tools for the i860 compute elements implement advanced software pipelining, vectorisation and procedure inlining optimization techniques, producing output assembly code adhering to the Intel i860 ABI standard.

Full Support for Cross-Development and Workstation Clusters

The full toolset can execute on any networked Sun SPARCstation, this gives networked or remote users full access to develop code and perform visual post-mortem performance analysis. The toolset can also be employed for the development and execution of parallel programs on Sun SPARCstation clusters - allowing parallel programs to be prototyped and extending the distributed machine resource for the developer and user communities.

Vendor Independence-Multiple Communication Models for Applications Portability

The Computing Surface supports the competing standards for low level message passing primitives, including CS Tools from Meiko, NX/2 from Intel Corporation, the PARMACS library and the ASI from the GP MIMD project.

CS Tools is a parallel development paradigm for exploiting a generic message passing multi-processor model. Well defined functional interfaces provide a straightforward means for applications portability and machine future-proofing. Applications code is written in standard high level languages. Programmers are insulated from details of hardware implementation by the run-time environment which is put in place as and when necessary by the CS Build utility set.

PARMACS is a portable vendor independent message passing library developed initially by the Argonne National Laboratory, further developed by the GMD, and now maintained by Pallas GmbH. PARMACS is available for many shared and distributed memory machines and also workstation clusters.

The ASI (Application Support Interface) has been designed as a standard to ensure portability across compliant machines regardless of their architecture or size. In conjunction with the Virtual Binary Interface, the ASI will allow execution on other machines by providing truly portable 'shrink-wrapped' binary applications. The development of these standards is supported by the CEC and OSF along with many vendor and user organisations, and represents a unique opportunity to reduce application lifecycle costs.

The Toolset supplied with Computing Surface systems allows parallel Fortran77 programs which have been developed for execution on the Intel iPSC/2 or iPSC/860 to run faster on Computing Surface systems following simple re-compilation of application source code.

Low Level Library Support for Scientific Applications

Highly optimised implementations of the BLAS level 1 vector-vector primitives, Fast Fourier transformations and parallel lagged fibonacci random number generators are amongst the high performance building blocks available for developers of high performance scientific and engineering applications. Linear solvers, Monte Carlo codes and signal processing applications all benefit significantly from their use.

The Implementation of the U.S. High Performance Computing and Communications Program

Christian Bischof

Math. and Comp. Sci. Div.
Argonne National Laboratory
Argonne, IL 60439

Horst D. Simon

Comp. Sciences Corp.
NASA Ames Research Center
Moffett Field, CA 94035

Summary

This paper gives an overview of the federal High Performance Computing and Communication (HPCC) Program. This initiative involves the Defense Advanced Projects Agency (DARPA), the Department of Energy (DOE), the National Aeronautics and Space Administration (NASA), and the National Science Foundation (NSF). Its goal is to advance U.S. science and industrial competitiveness by supporting the development of teraops high performance systems, the software and algorithms required to render those massively parallel systems efficiently usable, and the Gigabit networks to make those machines accessible, as well as to broaden the base of computationally literate scientists. We outline the HPCC effort and the rationale underlying it, and give an overview of some of the "Grand Challenge" work under way at Argonne's Mathematics and Computer Science Division, as well as the Grand Challenges addressed by NASA's Computational Aerosciences program.

1 The High Performance Computing and Communications Program

The Federal High-Performance Computing and Communications (HPCC) Program was initiated in the President's Fiscal Year (FY) 1992 budget.

The goals of High Performance Computing and Communications Program are to threefold [8]

- Extend U.S. technological leadership in high-performance computing and communications.

- Provide wide dissemination and application of the technologies, both to speed the pace of innovation and to serve the national economy, national security, education, and the global environment.

- Spur gains in U.S. productivity and industrial competitiveness by making high-performance computing and networking techniques an integral part of the design and production process.

The High Performance Computing and Communications program consists of four components:

High Performance Computing Systems: The development of the technology for scalable computing systems in the teraflops range.

Advanced Software Technology and Algorithms: The development of generic software technology and algorithms, as well as systems targeted to Grand-Challenge applications.

National Research and Education Networks: The development of gigabit backbones to provide distributed computing capability to research and educational institutions.

Basic Research and Human Resources: Support mainly for multidisciplinary long-term research and activities to significantly increase the pool of trained personnel.

The High Performance Computing and Communications Program is driven by so-called "Grand Challenges." A Grand Challenge is defined as a fundamental problem in science and engineering, with potentially broad economic, political, and/or scientific impact, that could be advanced by applying High Performance Computing resources. The advancement on the problem should contribute to the productivity, economy, and international competitiveness of the United States, and substantial progress should be expected within the time frame of the HPCC program. The 1993 FCCSET Report lists areas as diverse as magnetic recording technology, rational drug design, high-speed civil transports, catalysis for chemical reactions, fuel combustion, ocean modeling, ozone depletion, digital anatomy, air pollution, design of protein structures, and Venus imaging.

In FY 1992, a HPCC budget of $654.8 million was enacted; and for FY 1993, a budget of $803 million is proposed. About 22 percent of the total funding will be allocated to the High Performance Computing Systems component, 43 percent to the Advanced Software Technology and Algorithms, about 15 percent to the National Research and Education Network, and the remaining 20 percent to Basic Research and Human Resources.

The federal agencies leading the High Performance Computing and Communications program effort, as well as their FY '92 budget and proposed FY '93 budget for the High Performance Computing and Communications program are as follows (in millions of dollars).

Agency	FY 1992	FY 1993
Defense Advanced Research Projects Agency (DARPA)	232.2	275.0
National Science Foundation (NSF)	200.9	261.9
Department of Energy (DOE)	92.3	109.1
National Aeronautics and Space Administration (NASA)	71.2	89.1

2 The Response to a Perceived "Japanese Threat"

In order to justify the High Performance Computing and Communications initiative, the following rationale was put forward [14]:

U.S. leadership in HPC is threatened by Japanese Companies: High-performance computing (HPC) represents the leading edge in information technology and is the part of the information industry where change is occurring most rapidly. The U.S. industry consists largely of "niche players" which cannot amortize the substantial development costs (now well exceeding $100 millions) over a broad product range. As an example, the Gartner report lists Cray Research, the principal U.S. supercomputer vendor, which has annual revenues of $1 billion. By contrast, the three largest Japanese computer companies (Fujitsu, Hitachi, and NEC), have annual revenues ranging from $17 billion to $45 billion [14].

HPC applications are critical: Not only is HPC at the frontier of computing, but computational science, as delivered through HPC applications, is at the frontiers of science, engineering, and related endeavors. HPC offers a competitive advantage, especially in research and development, where it allows more aggressive product goals, shorter time to market, and higher product quality. For example, supercomputers were used for structural design in the Ford Taurus, which reduced the amount of crash-testing necessary. However, Nissan has more supercomputing power than the three U.S. automakers combined.

U.S. government support is essential: U.S. government support is essential for computing technologies in their infancy, especially in light of increasing Asian and European research and development activities. U.S. government assistance in technology diffusion is also imperative, given the close working relationships between government and industry in Japan and (to a lesser extent) in Europe.

The taxpayer's money is well spent: The Gartner Report compared two scenarios. In the first (scenario A), no high-performance computing effort is enacted. In the second (scenario B), $1.9 billion are spent over a five-year period. The following conclusions were made:

> **Scenario A:** The installed supercomputing processing power (measured in peak Mflops) will increase more than 125-fold over the next decade. Of the 176 million peak Mflops in 2000, 90% will be provided by parallel computing systems. Average supercomputer price/performance will increase by a factor of 25 over the next decade, largely as a result of parallel systems.

> **Scenario B:** The installed supercomputing processing power (measured in peak Mflops) will increase more than 300-fold over the next decade. Of the 440 Million peak Mflops in 2000, 96% will be provided by parallel computing systems. Average supercomputer price/performance will increase by a factor of 55 over the next decade.

This report predicted that the cumulative revenue of supercomputing vendors for 1990-2000 would be $10.4 billion greater in Scenario B, and that the industrial applications of this program would increase the U.S. gross national product by $172 to $502 billion over the next decade.

3 Grand Challenge Applications at Argonne

The Department of Energy has long been involved in high-performance computing [2]. In the forties and fifties DOE supported physical research associated with national security. Because of the difficulty, if not the impossibility, of making the pertinent physical measurements, this effort was perhaps the first computational "grand challenge." The DOE Applied Mathematical Sciences program was initiated at the suggestion of John von Neumann to enhance understanding of the use of digital computers in nuclear applications. DOE national laboratories have worked closely with U.S. supercomputer vendors to assist in the design and development of these HPCC systems, to create software environments for use on HPCC systems for both applications and system software components, and to design and implement high-speed local- and wide-area network systems and protocols to provide access to HPCC systems as well as other DOE research facilities.

The DOE HPCC program will build on this experience and work closely with vendors to assist in the design and development of massively parallel systems, in the implementation of applications and system software for these systems, and in the parallel systems access by researchers over the DOE ESNet backbone of the National Research and Education Network. DOE will also build on its current mathematics and computational sciences fellowship and industry exchange programs at the DOE labs to enhance the U.S. human resource base in HPCC technology areas.

Grand Challenge Computational Requirements

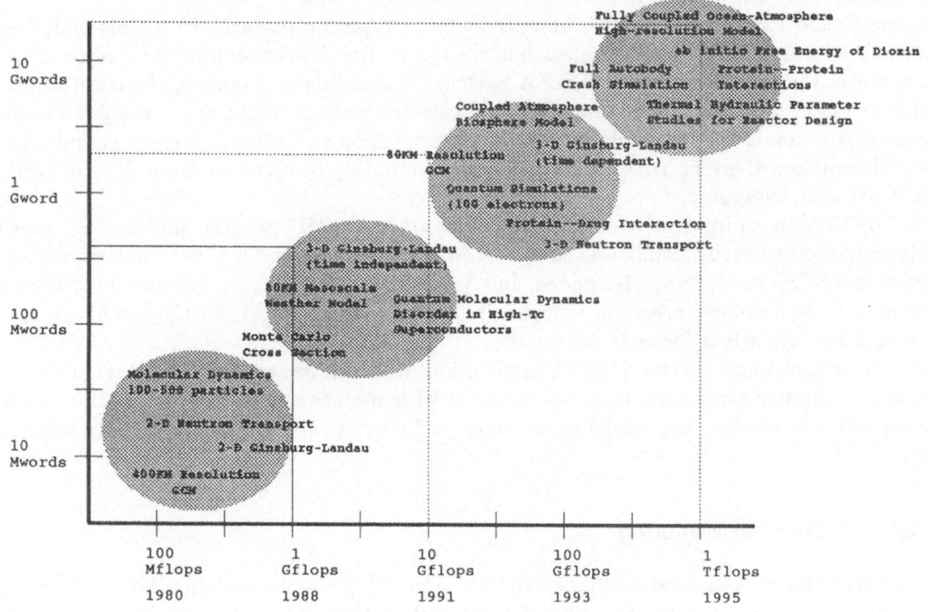

Figure 1: DOE Grand Challenges

Some of the DOE Grand Challenges as well as their computational requirements and the overall time frame are shown in Figure 1.

Solving Grand Challenges requires unprecedented computing power, and to this end Argonne was one of the leading forces in the formation of the Concurrent Supercomputing Consortium (CSC) which operates the Intel Touchstone DELTA System. In addition to Argonne, the institutions that contributed major funding to CSC are the California Institute of Technology, the Jet Propulsion Laboratory, the Center for Research on Parallel Computation (a National Science Foundation Science and Technology Center), DARPA, Intel's Supercomputing Systems Division, NASA, NSF, and Pacific Northwest Laboratory.

The "DELTA" is an impressive computing device. It houses 510 numeric nodes (i860 chips with 16 MBytes of storage each), configured in a 15 × 34 mesh, 32 I/O nodes (i860 chips with 8 Mbytes of storage and SCSI port), 28 service nodes, and 3 gateway nodes with an Ethernet board. Its peak performance is 30.6 double precision Gflops. It has 8.2 Gbytes RAM, 90 Gbytes of on-line disk storage, and 20 tape drives for archival storage.

We here present some selected DELTA applications in which researchers from Argonne's Mathematics and Computer Science Division collaborated with engineers and scientists on the simulation of atmospheric circulation, the modeling of superconductivity, and the analysis of piezoelectronic crystals.

3.1   Global Climate Modeling

Two conventional numerical methods exist for simulating the general circulation of the atmosphere: the finite difference method and the spectral method. The former suffers the so-called pole problem; that is, the use of a spherical coordinate system in this class of method causes the curvature terms of the momentum equations to be singular at the poles; thus, an artificial filter is needed near the poles. The latter method is expensive in terms of computational time for fine-grid resolution. More important, it is not well suited for parallel supercomputers because it requires global communication of data [9].

The icosahedral method [6] overcomes these deficiencies. It maps the globe onto a mesh of 20 equilateral triangular faces. A triangulation based on some geodesic arguments is then performed on each face, forming an icosahedral grid on the globe. The pole problem is avoided by using this grid and by using the formulation of the governing evolution equations in a three-dimensional Cartesian coordinate system. Another key feature of the new method is the use of a symmetrization procedure. The traditional way of constructing an icosahedral grid on a sphere gives a large variation in distance between grid points, leading to errors. To minimize such errors, three separate grids were constructed; the final grid points are the average of these constructions. This procedure, together with a bilinear interpolation, ensures at least one more digit of precision compared with previous schemes.

The new icosahedral method has been used to perform Rossby-Haurwitz wave simulations, one of the standard tests used to validate the correctness of numerical methods for the shallow-water equations on the sphere. Initial studies indicate that the new method is consistently faster than the well-known spectral transform method on distributed-memory parallel computers. On the Intel Touchstone DELTA System the (unoptimized) icosahedral method [15, 7] achieves a parallel efficiency of about 70% and a performance of approximately 2 Gflops.

The principal investigators of this effort are Ian Foster, William Gropp, John Michalakes, and Rick Stevens. This work is part of the DOE CHAMMP (Computer Hardware, Advanced Mathematical Modelling, and Model Physics Climate Modelling Program) effort [1].

Much of the success in designing and implementing the icosahedral method is contributed to the use of the high-level programming system PCN [11, 10]. PCN itself was developed at Argonne in collaboration with Professors Mani Chandy and Steven Taylor of the California Institute of Technology. PCN made it possible to explore different grid mappings, examine the data graphically to gain an understanding of issues determining parallel performance, and execute the resulting code on a variety of parallel machines without modification.

3.2 Analyzing Piezoelectric Crystals

Piezoelectric crystals are important components in electronic appliances such as computers, cellular phones, and pagers. To be useful, these crystals must resonate in a particular vibrational mode at a specified frequency over a wide range of temperatures.

The crystals are modeled by using finite element integration routines, these elements are evaluated and assembled into a sparse matrix data structure in parallel, and the physical configuration of the crystal under thermal stress is then determined by solving a nonlinear equilibrium problem. The dominant computational aspect here is the iterative solution of a sparse system of linear equations. These systems are solved by using advanced linear algebra techniques, in particular new scalable parallel algorithms and software for the solution of linear systems [18, 17]. Once the crystal configuration at the operating temperature is determined, the vibration modes and mode shapes are calculated by solving a large, sparse, generalized eigenproblem. The new software has been used on the Intel DELTA System to model problems involving over 70,000,000 nonzeros and 350,000 equations at a sustained computational rate of around 1.5 Gflops.

The principal investigators in this research are Mark Jones, Paul Plassmann, and Thomas Canfield at Argonne, and Michael Tang at Motorola.

3.3 Modeling of Superconductivity

The high transition temperatures achieved in cuprate superconductors in recent years have sparked a great deal of interest in high-temperature superconductivity (HTSC). However, unless mechanisms are found to increase the critical current densities in these superconducting materials, practical applications of HTSC will remain limited. The combination of high temperatures, extreme anisotropy, and intrinsic pinning leads to an extremely rich variety of possible flux vortex behavior. Predicted phases include vortex liquid, entangled vortex liquid, vortex glass (possibly with hexatic bond-orientational order), and a number of pinning-induced regimes of vortex dynamics. Increased computing power is making it possible to consider numerical simulations as a realistic complement to theoretical and experimental research of flux vortex dynamics and phase transitions in superconducting materials.

When a magnetic field is applied to a superconductor, it does not penetrate the material uniformly. Instead, discrete quanta of flux penetrate the material at so-called vortices. The vortices arrange themselves into a hexagonal configuration, In collaboration with researchers in materials science, Hans Kaper, Man Kwong, Gary Leaf, David Levine, J. Moré, Paul Plassmann, and Stephen Wright in the Mathematics and Computer Science Division are working on the study of vortex structures by means of the stationary Ginzburg-Landau equation and the study of vortex dynamics through elastic-filament models and through the time-dependent Ginzburg-Landau equation [19, 13].

Figure 2 shows the magnitude of the order parameter at the minimum energy configuration for a finite element model of a type-II superconductor. This solution was computed on a 120 x 32

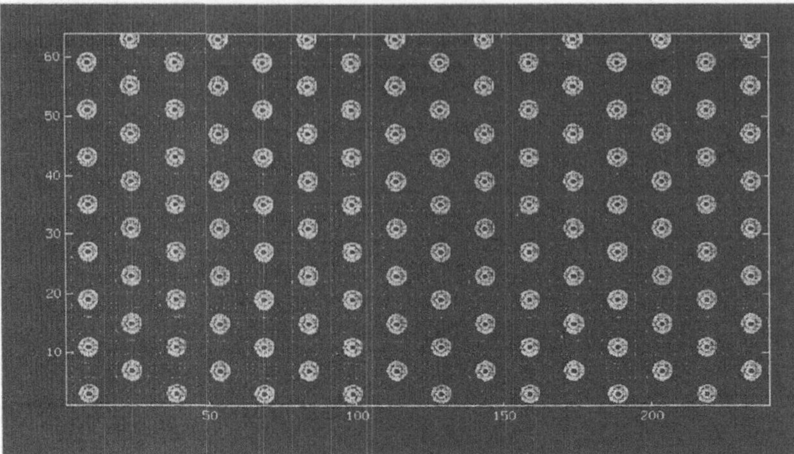

Figure 2: Order Parameter of Minimum Energy Configuration

grid, with quasiperiodic boundary conditions and 32 vortices per cell. In this figure, the cell has been replicated to show the hexagonal pattern of the vortices. This solution was computed using a new, inexact, damped Newton optimization algorithm developed by Paul Plassmann and Stephen Wright.

Figure 3 shows a contour plot of the magnetic field at a minimizer of the homogeneous Ginzburg-Landau problem with 128 vortices in the unit cell. This solution was obtained from a random starting configuration with the inexact, damped Newton method. The data has been replicated one in each direction to demonstrate the periodicity; however, in this case the aspect ratio of the unit cell does not allow for a regular hexagonal tiling by the vortices. What we do see is that the vortices form the hexagonal tiling on smaller "subdomains" with lines where the regular tiling is frustrated between these subdomains. These many vortex solutions give much stronger evidence of the minimum energy vortex configurations than a few vortex solutions with a specially chosen aspect ratio for the unit cell.

4 NASA Grand Challenges

As part of the "Federal High Performance Computing Program", NASA's portion of the "High Performance Computing and Communication Program (HPCCP)" focuses on research and development in areas which show promise to deliver new capabilities to important NASA missions by the late 1990s (for more details see [20]). NASA is planning to

- develop algorithm and architecture testbeds capable of fully utilizing massively parallel concepts and increasing end-to-end performance, and

- develop massively parallel architectures scalable to sustained teraflops performance

These technologies are developed in close interaction with actual Grand Challenge applications. Two NASA Grand Challenges have been chosen as focal points for the NASA HPCCP:

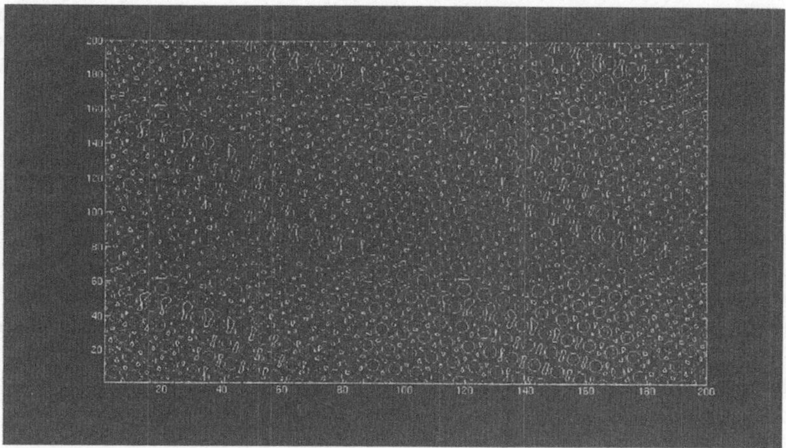

Figure 3: Contour Plot of Magnetic Field

- Computational Aerosciences (CAS) - integrated, multi-disciplinary simulations and design optimizations of aerospace vehicles throughout their mission profiles.

- Earth and Space Sciences (ESS) - multi-disciplinary modeling and monitoring of the earth and its global changes and assessments of their impact on the future environment.

The first Grand Challenge is the focus of the NASA Computational Aerosciences (CAS) program [22, 16]. The CAS goal is to develop the necessary computational technology for the numerical simulation of complete aerospace vehicles for both design optimization and analysis throughout the flight envelope.

Within this program, activities are focused on the development of multi-disciplinary design tools for the high-speed civil transport (HSCT) and high-performance aircraft (HPA). In the high-performance aircraft area, the primary interest is to develop the capability to predict the performance of next generation fighter concepts operating in the most critical portions of their flight regime. To achieve performance levels beyond present generation vehicles, these next generation fighters designs must include higher levels of system integration than can be obtained with present design tools. Towards this goal, aerodynamic, propulsion system, controls, structural, and even acoustic, analysis modules will be integrated into a single software system. The challenges posed by the development and application of such a multi-disciplinary high-performance aircraft analysis tool will be used to illustrate the computational issues in such Grand Challenge computations.

4.1 Grand Challenges of the 1990's (An Example)

Powered-lift aircraft utilize a mix of wing-borne and propulsive lift to achieve vertical or short take-off and landings (V/STOL). With careful design, powered-lift aircraft can also out perform conventional aircraft in other portions of the flight envelope via the use of powered-lift features (e.g., vectoring thrust to achieve super maneuverability). Successful powered-lift aircraft designs are developed from a detailed understanding of the interaction of very complex fluid flows (see Figures in [23]) with all of the major aircraft sub-systems, including the airframe, and propulsion and control systems. Until recently, no computational techniques have been available for the analysis of these complex powered-lift flows [24], and multi-disciplinary interactions [3]. Hence, the design of high-performance powered-lift aircraft has been among the most time-consuming and costly aerospace design activities. As an example, the Harrier was originally conceived in the mid 1950's and is still undergoing significant design studies [12]. Therefore, development of advanced multi-disciplinary analysis tools is being pursued.

A successful computational design tool for high-performance powered-lift aircraft must be able to predict aerodynamic, thermal, and acoustic loads for a vehicle during operations in-ground-effect, transition from jet-borne to wing-borne flight, and in up-and-away flight. Also of key interest is the prediction of engine performance during V/STOL and high-angle-of-attack maneuvers, when inlet flow distortion may degrade thrust or result in engine compressor stall. The V/STOL and transition modes also put severe challenges on the performance of the control system in utilizing the airframe and propulsion systems to retain stable flight.

To model these interactions, at least six computational modules must be integrated:

- Navier-Stokes

- Engine performance

- Structural Heating

- Acoustics

- Control (including pilot model or auto-pilot)

- Aircraft dynamics

Work is presently under way in the Powered-Lift Group of the Applied Computational Fluids Branch at NASA-Ames Research Center towards the Navier-Stokes/Structural Heating/Engine Deck analysis of a Harrier AV-8B in-ground-effect [23]. Work is also underway at NASA- Lewis to develop advanced propulsion system analysis capabilities. Future HPCCP high performance aircraft goals include integrating the aircraft and propulsion analysis tools presently being developed at Ames and Lewis, respectively, into a complete vehicle analysis tool applicable to next generation fighter concepts.

4.2 Surface Modeling and Grid Generation Requirements

A major bottleneck in the application of the described computational design tools will be the development of surface modeling and grid generation software which allows:

1. Surface model definition in less than 1 week

2. Complete grid generation in less than 1 week

3. Design change/regridding of components in less than 1 day

4. Vehicle deformation (e.g., aero-elastic effects) during computation

5. Relative vehicle motion (e.g., landing/take-off) and effector (e.g., flaps and jets) movement during computation

Tasks 1-3 require the development of powerful interactive software tools on workstation platforms, with Task 2 requiring some distributed processing to a super computer (vector or parallel). These requirements are very challenging, but do not necessarily involve parallel computers, and will not be addressed in detail here.

Tasks 4 and 5 must be performed during the numerical simulation on the parallel computer systems. Accommodating vehicle deformation (Task 4) will require that a parametric representation (e.g., NURBS) of the vehicle surface reside on the parallel computer, and that this geometric representation can be manipulated and sampled dynamically without user intervention. It will also be required that new volume grids be created dynamically, using the deforming vehicle geometry as the new boundary condition for the algebraic or PDE (e.g., elliptic) volume grid generator. Accounting for vehicle and effector movement (Task 5) will be best accommodated using an overset grid technology (e.g. [4, 5]). In this case, as the aircraft moves in relationship to the ground (for example) the grids attached to the aircraft and ground will be in relative motion, and new interpolation stencils must be computed at each iteration. This requires that the nearest-point and interpolation features of the overset-grid technology be ported to the parallel computers. Considering that the technology required for Tasks 4-5 is only in the formative stages of development on vector computers, the challenge of fully-developing this software and implementing it in the parallel environment is formidable.

4.3 Flow Simulation (CFD) Requirements

In 1991, a state-of-the-art simulation of the flow about a Harrier operating in-ground effect required approximately 2.8 million points, 20 Mwords of run-time memory, and about 40 hours of CPU time on a Cray Y-MP running at a sustained speed of approximately 160 MFLOPS. Such a computation solves the Navier-Stokes equations for the viscous flow about the Harrier using, in this case, a simple algebraic turbulence model. The grid was the coarsest possible that would still allow most of the important flow features to be resolved. The predicted flow features are in good agreement with flight flow visualization [23].

It is estimated that to obtain "engineering-accuracy" predictions of surface pressures, heat transfer rates, and overall forces, the grid size will have to be increased to a minimum of 5.0 million points. If the unsteady motion of the flow structures is to be resolved, at least 50,000 iterations will also be required. Also, more advanced turbulence modeling must be included. In summary, we anticipate the following minimum requirements in terms of floating point operations for just the external flow simulation element of future Grand Challenge computations:

- 5,000,000 grid points

- 50,000 iterations

- 5,000 operations per point per iteration

- 10^{15} operations per problem

The actual computational speed requirements for such a calculation depend on the mode in which the calculation is carried out. In a proof-of-concept mode such a calculation may be carried out only once as a "heroic effort". If this could be done in 100 to 1000 hours turn-around-time, it would translate into a sustained speed between 3 and 0.3 GFLOPS. Design and automated design modes require a much lower turn-around-time and thus result in much higher requirements for computational speed. The corresponding figures are summarized in Table 1.

Table 1: **Requirements for Flow Simulation**

Solution Mode	Turn-around-Time	Required Performance
Proof-of-concept	$1000 - 100$ hours	$0.3 - 3$ GFLOPS
Design	$10 - 1$ hours	$30 - 300$ GFLOPS
Automated Design	$0.1 - 0.01$ hours	$3 - 30$ TFLOPS

These computational requirements are accompanied by a corresponding increase in memory and storage requirements. Approximately 40 storage locations are required per grid point. If all of the computational zones remain in memory, this translates to a requirement for 200 million words of run-time memory (to date, often a desirable feature for parallel systems). For unsteady flow analysis 100-1000 time steps (at 8 words per point) must be stored. This leads to a requirement of 4-40 gwords of "disk" storage per problem.

If we compare these requirements with the computer resources required to address the "Grand Challenges" of the 1980's (e.g., a 1.0 million point steady Navier-Stokes simulation, on a Cray-2 class machine, of the external flow about an aircraft at cruise) we arrive at Table 2.

Table 2: **Proof-of-Concept Requirements: 1980's vs. 1990's**

	1980's	1990's	Ratio
100 hr. run time	40 MFLOPS	3000 MFLOPS	75
run-time memory	35 Mwords	200 Mwords	6
"disk" storage	8 Mwords	40000 Mwords	5000

We note in particular that a 5000 fold increase in data storage and manipulation capabilities will be required to address CFD Grand Challenges of the 1990's. A single solution file for a time step will have up to 40 Mwords (320 Mbytes) of data. The above discussion assumes that the computation for advancing the solution one time step can be carried out in about 10 seconds. Even though it is not necessary to store a solution file at every time step, these figures show the need for a sustained I/O bandwidth of at least 40 Mbytes/sec. For a more detailed discussion of I/O requirements for parallel CFD see the report by Ryan [21].

4.4 Grand Challenges of the 1990's: Multi-disciplinary Computations

The discussion in the previous section was restricted to prediction of the external flow about an advanced fighter concept. As explained in subsection 4.1 the Grand Challenge computations of the 90's will be multi-disciplinary, combining computational techniques useful in analyzing a number of individual areas such as structures, controls, and acoustics, in addition to the baseline CFD simulations. It is possible in all these areas to derive estimates for the performance requirements. These estimates are given in Table 3 as multiplicative factors of additional requirements over the single-discipline baseline CFD simulation.

It is clear that computational resource requirements can increase rapidly for multi-disciplinary computations. If the corresponding factors for multi-disciplinary V/STOL aircraft design are extracted from Table 3, and combined with the numbers for the baseline external aerodynamics prediction, quickly Gword and near TFLOP requirements arise. The details are given in Table 4 [20].

Table 3: **Increase in memory and CPU Requirements over Baseline CFD Simulation**

Discipline	Memory increase	CPU Time increase
Structural Dynamics		
modal analysis	× 1	× 2
FEM analysis	× 2	× 2
thermal analysis	× 2	× 2
Propulsion		
inlet/nozzle simulation	× 2	× 2
engine performance deck	× 2	× 2
combustion model, e.g. scramjet	× 4	× 10
turbojet engine (full sim.)	× 10-100	× 10-100
Controls		
control law integration	× 1	× 1
control surface aerodynamics	× 2	× 2
thrust vector control	× 2	× 2
control jets	× 2	× 2
Acoustics	× 10	× 10
Numerical Optimization Design	× 2	× 10-100

Table 4: **Flops and Run-time Memory Requirements for 5 Hour Run.**

	Mwords	GFLOPS
Base CFD	200	60
Structural		
thermal analysis	× 2	× 2
Propulsion		
inlet/nozzle simulations	× 2	× 2
engine performance deck	× 2	× 2
Controls		
control law integration	× 1	× 1
thrust vector control	× 2	× 2
Total	2000	600

It should be noted that the factors in Table 3 are based on the assumption that the physical frequencies introduced because of the multi-disciplinary integration can be resolved with the time steps required by the aerodynamics simulation. Additional compute time may be required if the multi-disciplinary system exhibits higher frequency modes which must be resolved.

5 Summary

This paper gave an overview of the U.S. High Performance Computing and Communications Program as well as some of the Grand Challenges pursued by the Department of Energy and the National Aeronautics and Space Administration. The goals of this program are ambitious, and the integrated approach favored in its pursuit is a marked departure from the previously favored "single-discipline" funding. In this fashion, this initiative is likely to have a marked impact on the future of "computational science" in the United States, and in the world.

Acknowledgments. We are indebted to William R. Van Dalsem of NASA Ames Research Center. The material in Section 4 has been originally developed by him and is reprinted from [22]. We would also like to thank Thomas Morgan, Gail Pieper, Paul Plassmann, and Stephen Wright for their contributions to this summary report.

This work was supported by the Applied Mathematical Sciences subprogram of the Office of Energy Research, U.S. Department of Energy, under Contract W–31–109–Eng–38, and by the Applied Research Branch, Numerical Aerodynamic Simulation (NAS) Systems Division, NASA Ames Research Center through NASA Contract NAS 2-12961.

References

[1] Building and advanced climate model: Program plan for the CHAMMP climate modelling program. Technical Report DOE/ER-0479T, Department of Energy, 1990.

[2] The doe program component of the federal high performance computing and communications program. Technical Report DOE/ER-0489P, Department of Energy, 1991.

[3] P. A. Abeloff, W. R. Van Dalsem, and F. C. Dougherty. Thermal interaction between an impinging hot jet and a conducting solid surface. 1990. AIAA Paper 90-0299.

[4] J. A. Benek, P. G. Buning, and J. L. Steger. A 3-d chimera grid embedding technique. 1985. AIAA Paper 85-1523.

[5] J. A. Benek, T. L. Donegan, and N. E. Suhs. Extended chimera grid embedding scheme with application to viscous flows. 1987. AIAA Paper 87-1126-CP.

[6] I-L. Chern. A control volume method on an icosahedral grid for numerical integration of the shallow-water equations on the sphere. Technical Report MCS-P214-0291, Mathematics and Computer Science Division, Argonne National Laboratory, 1991.

[7] I-L. Chern and I. Foster. Design and parallel implementation of two numerical methods for modeling the atmospheric circulation. Technical Report MCS-P264-0991, Mathematics and Computer Science Division, Argonne National Laboratory, 1991.

[8] Mathematical Committee on Physical, Engineering Engineering Sciences, Federal Coordinating Council for Science, and Technology. Grand challenges 1993: High performance computing and communications, 1992.

[9] I. Foster, W. Gropp, and R. Stevens. The parallel scalability of the spectral transform method. Technical Report MCS-P215-0291, Mathematics and Computer Science Division, Argonne National Laboratory, 1991.

[10] I. Foster, R. Olson, and S. Tuecke. Productive parallel programming: The PCN approach. Technical Report MCS-P295-0392, Mathematics and Computer Science Division, Argonne National Laboratory, 1992.

[11] I. Foster and S. Tuecke. Parallel programming with PCN. Technical Report ANL-91/34, Mathematics and Computer Science Division, Argonne National Laboratory, 1991.

[12] J. W. Fozard. *The Jet V/STOL Harrier - An Evolutionary Revolution in Tactical AirPower*. AIAA Professional Study Series, 1978.

[13] J. Garner, M. Spanbauer, R. Benedek, K. J. Strandburg, S. Wright, and P. Plassmann. Critical fields of Josephson-coupled superconducting multilayers. Technical Report MCS-P281-1291, Mathematics and Computer Science Division, Argonne National Laboratory, 1991.

[14] Gartner Group. High performance computing and communications: Investment in American competitiveness, 1991.

[15] S. J. Hammond. A multilingual parallelization of the icosahedral-hexagonal grid system for integration on the sphere. Technical Report MCS-P234-0491, Mathematics and Computer Science Division, Argonne National Laboratory, 1991.

[16] T.L. Holst, M. D. Salas, and R. W. Claus. The NASA computational aerosciences program - toward teraflop computing. In *Proceedings of the 30th Aerospace Sciences Meeting, Reno, NV*, Washington, D.C., 1992. American Institute of Aeronautics and Astronautics. AIAA Paper 92-0558.

[17] M. T. Jones and P. E. Plassmann. Fortran subroutines to compute improved incomplete Cholesky factorizations. Technical Report MCS-P221-0191, Mathematics and Computer Science Division, Argonne National Laboratory, 1991.

[18] M. T. Jones and P. E. Plassmann. A parallel graph coloring heuristic. Technical Report MCS-P246-0691, Mathematics and Computer Science Division, Argonne National Laboratory, 1991.

[19] Hans Kaper. Mathematical models of superconductivity. Technical Report MCS-TM-146, Mathematics and Computer Science Division, Argonne National Laboratory, 1990.

[20] National Aeronautics and Space Administration. *Project Plan for the Computational Aerosciences Project of the NASA High Performance Computing and Communications Program (NASA HPCCP/CAS)*, May 1991.

[21] James S. Ryan. Concurrent File System (CFS) I/O for CFD Applications. August 1991.

[22] Horst D. Simon, William Van Dalsem, and Leonardo Dagum. Parallel CFD: Current Status and Future Requirements. In Horst D. Simon, editor, *Parallel CFD - Implementations and Results Using Parallel Computers*, pages 1 – 28. MIT Press, Cambridge, Mass., 1992.

[23] M. H. Smith, K. Chawla, and W. R. Van Dalsem. Numerical simulation of a complete STOVL aircraft in ground effect. 1991. AIAA Paper 91-3293.

[24] W. R. Van Dalsem, K. Chawla, M. H. Smith, and P. A. Abeloff. Numerical simulation of powered lift flows. In *Proceedings of the International Powered-Lift Conference*, London, England, August 1990. The Royal Aeronautical Society.

Report of the EEC Working Group on High—Performance Computing [*]
—Rubbia Report—

Commission of the European Communities

200 Rue de la Loi
B— 1049 Brussels

Mandate

Prof. Carlo Rubbia was encharged by the Commission of the European Communities to constitute and direct a Working Group with the mandate to prepare a recommendation on a European policy for high—performance computing. The main questions to be answered by this Working Group are:

- What is the present and foreseeable situation in Europe of the high—performance computing domain, both for users and suppliers?
- Is such a situation satisfactory, considering the impact of this domain for the future developments of science, economy and society in Europe and in the world?
- Should this situation not be fully satisfactory, which actions have to be recommended on a European level and which resources would these actions entail?

1 Executive Summary

The field of computing is on the verge of a new revolution. During recent years the amount of computational power at the disposal of scientists and engineers has increased dramatically. This has enabled them to envisage approaches that will revolutionize all fields of science, as has already taken place in the structural analysis of astronautical and other more mundane engineering systems. A new philosophy of conceiving scientific theory is about to be born in the so—called computer laboratory which may be considered to stand half—way between theory and experiment. This new approach, in fact a novel understanding and a re—formulation of the basic principles governing the behaviour of physical, economic and social systems, provides ultimately in concert with powerful computing devices a potential to simulate reality to a degree of accuracy which was unthinkable until now. Scientists and engineers will soon be able to model reality and study it, generating new knowledge and opening the door of the future for science and technology. Complex and costly experimentations will be replaced to a great extent by computer models revealing the finest details beyond the limits of any real experiment. Imaginative solutions to most complex problems will be feasible. Researchers will be effectively free from material limitations in their exploration of reality, constrained only by their own imagination. As the industrial revolution was triggered off by the creation of steam—power, the limiting factor to the new revolution is the computing power that is available. **Scientific and societal progress, industrial competitiveness, the understanding and control of environmental factors necessary to human well—being will be governed by the availability of adequate computing power.**

---

[*]) Reprint of the original report, published Februrary 1991

This will affect in particular those activities where both simulation and optimization play a leading role. Chemical, pharmaceutical, aerospace, automotive industries, as well as physics and mathematical sciences are among the most promising examples. To develop the full potential of the new approach a thousandfold increase in the power of high−performance machines is needed by the end of the decade. This will lead within 7 to 10 years to new computer devices, capable of at least one Teraflops, that is 1000 billion arithmetical or logical operations per second, instead of a few Gigaflops (1 billion operations per second), which the best supercomputers are now able to deliver. As already indicated, such an increase may reasonably be considered within human inventive capacity.

This has been well recognized in the USA and Japan, where, notwithstanding the existence of a flourishing computing industry, governments are investing huge resources in high−performance computing bringing together manufacturers, universities, users and other relevant participants. The situation created by the prospects of quantum−leap changes in the computing power availability causes one to reflect on the European situation and on the crucial urgent decisions which have to be taken now. In the face of these massive strategical actions in other countries and in spite of the technological success of many European information technology programmes, European supply is totally absent even though Europe represents 30% of the world market for high−performance computing. **The results of this startling situation is that Europe's economical and industrial future increasingly depends on foreign suppliers if this is perpetuated.** This situation puts at risk the ability of the whole European industry to seize the advantages and opportunities offered by this new revolution which will dramatically reduce R&D costs by replacing expensive and sometimes dangerous experiments and substantially shorten the time for product development.

To overcome this unacceptable situation, a substantial investment in the field of high−performance computing is needed in order for Europe to become, by the end of the decade, an active participant and a recognized partner at the level of the leading countries. A global action plan composed of five inter−related actions is proposed. The creation of a competitive European high−performance computing industry in software, architecture and hardware should be pursued vigorously. The knowledgeable and influential community of European users of high−performance computing machines must be organized. An advanced and reliable Pan European High Speed Network should link the major European computing centres giving user access to the most advanced services. Education and training should be strengthened and the imaginative use of these tremendously productive machines and systems should be encouraged. New investments should be gradually introduced during a first five year period, matching the growth of the European ability to make profitable use of the available resources. Around 1995, various sources (Community, national, industrial, business and telecoms) should aim to contribute to a total annual investment of the order of 1000 MECUs. **A close collaboration between industry and users in Europe is the key to the success of the programme, but it requires a corresponding commitment to continuity in action.** The success will be measured by the increased presence of Europe in all key areas of high−performance computing, the emergence of many new enterprises in the field and above all it will enable European industry to maintain and improve its competitive position at the start of the next century.

2 Applications of high−performance computing

Computer modelling of a large variety of physical systems has reached the point where **reality can now be simulated** with a high degree of reliability. Physical models of real systems, be it the atmosphere, turbulence, chaos, combustion in chemical/mechanical systems, aerospace and automotive vehicles, engines, protein molecules, factory operations or economics, can be sufficiently detailed to be used for realistic predictions. Therefore high—performance computing is more and more instrumental to the development of society and to the competitiveness of industry at large, and not any more limited to a very specific industrial segment.

Simulation using high—performance computer systems is increasingly replacing experiments and scale modelling in a wide range of scientific, engineering and commercial applications. In some **industrial areas,** such as in the design of aeroplanes, space vehicles, ships and cars this is already a inescapable necessity. In others, scientists and engineers are on the verge of large—scale breakthroughs in the design of drug molecules, enzymes, catalysts and new materials. The time elapsed from the conception of a new product to its introduction on the market and the cost of its design process can be dramatically reduced with the help of computer simulation. This, combined with the accuracy reached in reproducing reality, has the effect to increase drastically the competitiveness of industry by reducing costs and improving quality. At the same time there are areas where computers must be used for establishing the most efficient physical simulation methods and models.

Optimization is similar to simulation, insofar as it depends on the availability of accurate mathematical models of reality and powerful computers. Optimization is a rather new application for high—performance computers and it is becoming increasingly important in the operations of large industries and service—providing companies. The solution to large optimization problems is often time critical: decisions must be taken in real time to respond to a fast evolving situation. One of the main limitations to a wider usage of optimization techniques is the lack of computer systems fast enough to process all the data involved and provide an answer in time. This is, for example, true in the application of optimization techniques to achieve efficient design in engineering. A very challenging optimization involves the search for the most efficient aerolastic configuration of aircraft. This is of the utmost importance for economic designs of modern civil and military aircraft. In many areas of business, the allocation of resources such as people, raw materials, capital or time can be among the most challenging of problems. The difference between *good* solutions to these problems and a *near—optimal or optimal* solution may mean the saving of huge sums of money. The main application areas for optimization include design of complex structures, investment and portfolio management, production planning and scheduling, distribution planning, vehicle routing and crew scheduling. The help of supercomputers through a better man—computer interaction gives a dramatic enhancement to the **creative power** of men. It helps them to incorporate in their design choices a broader set of precise elements of technical, economical and managerial importance.

Artificial intelligence (AI) will benefit from symbolic processing on very high—performance systems. AI produces applications of certain although limited commercial value, but it holds the promise of far more commercially attractive applications if the required fast processing, allied with sophisticated software and flexible database systems, can be made available at acceptable cost. Examples of such applications would be real time natural language systems, decision support tools in combinatorial problems such as real—time scheduling problems which cannot be adequately modelled numerically only, tools for supporting financial analysis and many more.

The **impact on society** of high—performance computing systems is not limited to its benefits to industry, business and services. Be it the spread of diseases, the recognition and translation of natural languages, the global climate changes or the dynamics of complex economic systems, it is well recognized that the major problems affecting our society are planetary in their nature, and they need to be studied and solved on that scale. In many cases the absence of complete data, such as for the atmosphere and biosphere, or for the human population, forces us to develop criteria for significant predictions. These necessitate the understanding of very complex systems, the behaviour of which can only be fully understood and precisely predicted by detailed modelling using high−performance computers.

It is probably daring, but also challenging, to speculate upon the possibility of creating machines which could accept high level specifications for a desired product or service, and, by combining the above techniques, provide a set of optimal solutions. Such systems could be used, for instance, not to simulate the effect of a drug, but to find in an inverse procedure the composition of the drugs which have the desired effects. Many of the elements of such a system are already there, and many still need to be developed, but the availability of adequate computing equipment is one of the necessary pre−conditions. In this connection, we have to inquire also into the design of custom orientated parallel computers conceived for a specific purpose.

Advances in all these areas need new important developments now, not only leading to necessary major increases in computer power, but providing for a revolutionary improvement of the whole infrastructure of large−scale computing. This will also involve improving hardware and software for visualization, databases management and high−performance networking facilities.

The issues involved may be clarified by three examples chosen for their relevance to the European situation: molecular design, the forecasting of climate changes and applications in the automotive and aerospace industry. Many examples of equal or greater impact on society, industry business and services could be added, such as applications in nuclear fusion research.

The first example, the **design of new molecules or materials**, is basic to the chemical and pharmaceutical industry. Combined with developments in biotechnology, new proteins will be designed and produced, leading to new products having an impact on everyday life. Traditional strategies for the design of new compounds involve intelligent trial−and−error methods. Computer modelling is just starting to make an impact on the design process. However, the design is still very time consuming and expensive. The considerable increase in computer power that we propose is needed to speed up the design of new products, which will allow the European fine−chemical industry to remain pre− eminent. When fully developed, modelling methods will incorporate a combination of simulation, database search and visualization, and will enable the designer to by−pass costly and time consuming laboratory experimentation. They will require a thousandfold increase in the presently available computer power. It is foreseen that the application of molecular modelling techniques at this level will be mandatory for the chemical, pharmaceutical and biotechnological industries in order to remain innovative and internationally competitive.

Our second example is the monitoring and simulation of the characteristic statistical **behaviour of the earth/atmosphere/ocean eco−system** over long periods of time. Governmental organizations are already investing heavily into new techniques to observe the atmosphere and ocean and into new research programmes aimed at assessing man's effect on the environment. Here numerical models of the atmosphere and ocean play a crucial role in the study of climate. However, the thorough evaluation of the global and regional response to increases in the concentration of greenhouse gases from anthropogenic sources, for example, will require the use of considerably more sophisticated climate models than 'has been possible hitherto. Significant increases in resolution and the use of much improved representations of the physics and chemistry of the atmosphere are required now.

Our third example refers to the **aerospace and automotive industry**. Here the availability of simulation and optimization techniques on high−performance computers allows to achieve substantial reductions both in the development cycle—time for a new model and in the overall costs of the model, from the moment of its conception to the moment of its phase—out from the market. High—performance computing is critical in providing an *excellent response* to the project requirements and in producing a *robust solution* in terms of reliability and functionality. The application of high—performance computing in these industrial areas can be classified in the following categories:

- simulation of advanced technological processes, like sheet metal forming, forging, injection moulding, ceramic composite materials;
- crash analysis of aircraft and cars;
- simulation of fluid dynamics, combustion, lubrication;
- aerolastic response and manoeuvrability of aircraft;
- real time simulation of the behaviour of critical and vital components,
- automatic research of the best and soundest solution, obtained with the combination of all the simulation techniques depicted above and of sophisticated optimization techniques.

Some of these applications for realistic models with real time response need a 10^2 to 10^3 increase in computing power. The real benefit of the availability of increased computing power and user friendly software is the possibility of simulating product properties and of optimizing production methods. This strategy will result in by—passing substantial parts of costly experimentation in the design process and form an essential part of the path toward a *total quality approach*.

3 Key technologies

In order to meet these major **scientific and technical challenges** in a timely manner, new computer architectures, comprising both **hardware and software** will have to be developed. In assessing these computational needs, four areas can be highlighted:

- High—performance computing hardware and software, innovative architectures, algorithms and applications;
- Storage and retrieval techniques for large databases;
- Visualization;
- Networking.

Currently the sustained **processing speeds** that can be achieved with today's generation of supercomputers is typically of the order of 1 Gigaflops (billion arithmetic results per second). For many applications, such as those indicated before, the foreseen requirement by major scientific and industrial experts for this decade is of the order of a Teraflops — a 1000 fold increase in sustained speed.

The requirements for **larger data stores and faster retrieval methods** of many different types of objects such as numbers and images, are increasing rapidly in many important areas, including engineering, high energy physics, oil industry, biotechnological and medical sciences and the earth and atmospheric sciences. Comparable efforts to support the development of hardware and software for the management of very large data bases are also urgent.

Graphical representation is the only effective way of evaluating the results from large—scale computation involving large data volumes. For most of the applications stressed here, two and three dimensional display and real time animation is required. To achieve this, individual scientists and engineers will require the *personal* use of fast computer hardware and improved graphical displays. Indeed, it is likely that in many instances scaled−down versions of the fastest machines would provide *on−the−desk* power for such applications.

Networking for large amounts of data at high speeds over large distances as well as local area communications will require major improvements in order to meet the requirements of wide scale collaboration efforts in key application areas, combined with the need to access large−scale computational resources and major data bases.

In summary high−performance computing is **strategic** to the development of society through progress of science and technology to increase the competitiveness of industry and human well−being. As high−performance computing is becoming a motivating technology for a wider segment of industry, there is a shift of emphasis in the market towards high−performance computing. For example Electronic Trend Publications also expects strictly commercial applications of supercomputers to grow from the current 6% to 14% by 1993 (of cumulative shipments).

In the next section we will discuss the main features of high−performance computing in Europe together with the reasons for our grave concern with the current European position in this area.

4 European situation

High−performance computing is international in its requirements and its user community. Yet the European market has a number of features which distinguish it from the US and the Japanese markets. The economic requirement for state−of−the−art information technology in Europe is clearly shown by the fact that Europe alone represents 25% to 30% of the world market. There are hundreds of high−performance computing installations in Europe, not unlike the situation in the other leading countries, Japan and USA.

The European information technology **market** is very open as can be seen by the 20% market share obtained in Europe by Fujitsu supercomputers distributed by Siemens and Amdahl. This should be compared to the 20% market share in Japan of CRAY − who has a totally dominant position everywhere else − and to the single Japanese−made supercomputer sold in the US so far. In spite of or because of this openness there is no major European supplier of high−performance computers. Almost all existing machines come from American or Japanese manufacturers. A number of start−up companies exist, but they experience difficulties becoming international and growing fast enough compared to their US counterparts.

High level **research** and development activities in such areas as parallel computing or scientific and technical software applications writing are taking place in Europe, but they do not, normally, generate highly successful European commercial products on the world market. In contrast non−European major high−performance computer manufacturers are using this large scientific potential, and lack of competition, to improve their products and establish themselves better in the world market.

The **lack** of commercially **successful companies** in Europe has resulted in a lack of state−of−the−art industrial teams in the key technologies used in high−performance computers today: commercially produced high−density ECL and GaAs semiconductors, RISC, superscalar and VLIW [1]

---

1) Very Long Instuction Word

architectures, FORTRAN and C optimizing compilers, etc. The consequence is that the European entry in the high−performance computing industry cannot be entirely based on present European technology. We see as necessary, at least at the beginning, the **acquisition of technology** and **components** from abroad, possibly within the framework of industrial collaborations and joint ventures.

The situation whereby **Europe is not a producer** of one of the key elements in the economic and scientific development of its society is unacceptable. The high−performance computing industry provides tools which are crucial for maintaining competitiveness in almost all advanced industrial sectors. In this respect information technology is at least as relevant as the automotive or aerospace industries, and far more than steel, in which massive investments are being made in order to maintain and improve Europe's role. The absence of Europe contrasts painfully with its growing political and economic relevance and with the high technological level of academic research and developments in this field. Talents and the motivation exist for a strong European presence which could become a reality, provided the necessary financial and human resources are deployed and coordinated toward a common challenge. This would represent the natural evolution of the ambitions of Europe, especially after the success of the information technology research and development programmes over the last years.

The **consequence** of Europe's absence can be fully grasped considering that high−performance computing products are essential tools for the production of goods and services. Presently Europe has no control over the the design and production of these key tools. This is all the more surprising since significant research and development is being sustained in Europe. The immediate effect of this situation is a **political weakening**. To ensure its scientific and industrial future, Europe has no choice but to negotiate with foreign suppliers the acquisition of high−performance computing equipment. Consequently high−end information technology in Europe is acquired mainly in the form of packaged products rather than as the result of a close collaboration with the industrial research and development teams, as it is common in Japan and the US. There is a **delay** in the acquisition and efficient exploitation of hardware and software products. We must constantly adapt scientific and industrial applications to the availability on the market, rather than being able to tailor the supply, particularly of software packages, together with the suppliers, in response to the genuine needs of Europe. Regrettably the above considerations not only apply to the specialized market of high−performance computers, but also to the rapidly growing market of advanced graphic workstations.

Demand for high−performance computing is constantly rising. Europe does not get any economic benefit from this, rather it experiences an **economic loss**. This will become more and more serious as the market expands, and the need reaches wider and wider sectors of society. The negative effects on the trade balance will also increase.

The lack of an industrial infrastructure in the field causes the loss of **spin−offs**, both in information technology at all levels and in other related industries. This entails a global loss of industrial competitiveness and readiness to respond to market pressure in comparison to competitor American and Japanese industries. The process is prone to a positive cultural feed−back. The best researchers and experts in high−performance computing formed in Europe go and work where innovation is generated, typically the US. This produces a **brain drain** which has the effect of impoverishing the European information technology cultural environment and of creating obstacles to the establishment of a successful European industry in the area.

The **development** of the European cultural level and the ability to produce innovation in this field assumes a scientific and technology background that can be created only if both hardware and software are developed in Europe by teams at world leadership level. There is a need for close contact and interaction between scientists, developers and users.

5   What, and why now?

For Europe to become a recognized market force by the end of the decade, more industry—oriented research and development must start now. The efficient design and exploitation of new architectures requires a substantial **hardware and software** effort, both at the system and application level and a close collaboration between computer architects, engineers, system designers and application scientists. The achievement of such goals is not only constrained by technology but also depends heavily on political commitment and determination. This is clearly recognized in Japan and North America, where governments are mobilizing large resources in bringing together manufacturers, national laboratories and universities.

In many fields, substantial computational resources are an essential tool to gain a deeper theoretical understanding of the basic principles of science. This is the case, for instance, of simulation, where the general principles of the modelization theories are beginning to be recognized and studied in greater detail. Progress in these areas requires initiatives at the European level to make available to scientists and engineers the highest—performance machines in a production environment. Training and consultancy support for applications and communications should be provided. Research in the areas which are at the boundary between applied Computer Science and the specific disciplines should be encouraged.

Even when resources are available, users may not exploit them, either because they are not aware of the potential benefits or because they lack sufficient training. Potential users should be educated in the opportunities offered by high—performance computing. This cannot be achieved via training and education of professionals alone: the culture of high—performance computing should be introduced in the curricula of study of Universities, higher education institutions and perhaps even secondary schools, and this should not be limited to scientific disciplines. Students should be taught what a high—performance machine can do for them and how to use such a tool.

The problem of high—performance computing goes beyond the capability to produce fast machines. High—performance computing resources must be **accessible** via **fast and reliable network** connections, particularly to allow such applications as interactive graphics and animation.

System **software** and **human interfaces** should evolve toward the definition of a user environment which must be seamless, user friendly and open. Existing and future scientific and engineering applications must be easily transportable from one computational resource to another. At the same time, the software must offer advanced users or authors of applications the tools to fully exploit the parallelism offered by the hardware to obtain the required performance. Excellent compilers and debugging environments are as important as the availability of the hardware itself. Completely new approaches must be pioneered to support efficient program development in distributed environments with a high degree of parallelism. The efficient implementation of leading industrial and scientific applications should be seen as a priority.

The European effort cannot be limited to a single aspect, either hardware or software, neglecting the other. Software of the highest quality is indeed already produced in Europe, but, at present, it only has a significant impact on the market when supported by a large non−European computer company. New application software should be written to be portable and run efficiently on different machines. **Europe** should make a substantial **effort to develop** and market system **software,** compilers and interfaces which exploit the features of the machine architecture hiding them from the user at the same time, so that the same application can run without modification on different systems. Only software that exploits new architectures and new modelling capabilities will survive. This implies a close relationship with the producers to take advantage in a timely fashion of the hardware developments. This requires mastering the architectural conception and the production of systems locally in Europe. Europe may, at present, lack the necessary industrial infrastructures in certain areas, but these limitations should be overcome in the medium term.

From the **architectural** point of view an increase in performance cannot come from the enhancement of known architectures alone, be these super−scalar or vector, but only from combining these with a more intensive exploitation of parallelism. The three main architectural approaches which should be explored in order to progress toward the Teraflops goal are:

- Tens of very powerful CPUs, shared memory and fast access to it;
- Hundreds of CPUs with local memory and a variety of communication networks between them − mainly used as MIMD (Multiple Instructions and Multiple Data streams) machines;
- Thousands of relatively cheap CPUs with a combination of shared and distributed memory, mainly used as SIMD (Single Instruction and Multiple Data streams) machines.

There are no elements at the moment to privilege one of these three directions over the others and experimentation should proceed on all of them. The range of application and validity of each approach can only be assessed via the realization of machines exposed to the judgement of the market. The economical and technological viability of special purpose hardware should be studied and assessed. Intermediate solutions should be explored, like for instance a general purpose machine which could be optionally equipped with special purpose hardware for a specific task. We have examples of this in vector co− processors or floating point units, but the concept could be extended. The possibility of customizing a machine via the addition of special purpose, custom design modules, especially produced for a certain class of applications should be explored to assess its economical feasibility. This demands a steady close liaison between researchers, practitioners and hardware producers.

Much more than for other complex industrial products, a substantial improvement of the effective performances will come from the interaction of **hardware, architectures and software** in the design of systems. The design of systems, from the handling of instructions and data flow to the architecture and systems software is directly influenced by the need of an easy and efficient implementation of basic and applied software and viceversa. This requires that, in the long term, Europe must be able to master hardware, architecture and software, developing them in close connection with the users.

A unique opportunity is arising now. New basic technologies and architectures are just emerging. The start of an effort in Europe can be immediately effective without having to overcome a large technology gap. The new technology, mainly relying on highly parallel processing, can offer dramatic reduction in the cost of large computation for industry and a substantial increase in computational capacities. This can lead to a breakthrough in many scientific areas in the next decade. An additional reason for the present window of opportunity is the emergence of open standards in the operating systems, languages and user interfaces areas (UNIX ™, X−WINDOW ™, etc.). This allows user applications to be introduced in heterogeneous environments, where different hardware platforms can be exploited.

The breakthroughs in parallel architectures allow the use of non–exotic technologies to conceive very high–performance computers scaleable in capacity by a factor of more than one hundred. The high cost effort of pushing the cycle time to the extreme limits of 2 to 1 nano–seconds may be less essential now.

A number of the specialized building blocks and technologies to put together high–performance computers are available on the open market. The list includes optimizing compilers, semiconductors and design automation tools, peripherals, networks, etc. It is therefore no longer either necessary or advisable to master the full spectrum of technologies. Successful development is more a matter of synthesis.

In spite of the lack of commercially successful enterprises, there are in Europe very well trained experts who could start immediately to work in the the above directions. These people are mainly scientists either building massively parallel special purpose machines for their own research activities or developing application software in national or European research laboratories. Their expertise will be valuable in the creation of a European high–performance computing infrastructure.

6 Proposal

The Working Group believes that Europe should make a **substantial investment** in the field of high–performance computing in order to become an active **participant** and a recognized **partner** at the level of the leading American and Japanese industries (both vendors and users) by the end of the century.

To achieve this objective, the Working Group recommends a **global action plan** articulated in 5 interrelated actions.

6.1 Promotion of High–Performance Computing

The European Authorities should stimulate the creative use of the most powerful computing systems available. We recommend that all practical measures be urgently taken to help spread the know–how associated with their use and to encourage the further imaginative development of such devices. Scientists and Engineers should be made aware of and become familiar with techniques such as physical modelling, simulation, multidimensional interactive graphics and scientific data visualization, vector and parallel programming in order to be able to tackle large, complex problems and applications.

To this effect the development of an **advanced Pan–European High–Speed Network** is of strategic importance. The present generation of data communications networks should be rapidly evolved into a large scale high–performance (multi–Megabits/sec.), multi–protocol backbone, while the necessary research and development is to be encouraged in order to allow Europe to compete in the Gigabits links race. This involves substantial investments both in hardware and software. This will permit the formation of a European high–performance computing community and would identify the real user's needs and present them to the suppliers.

6.2 Development of a European High−Performance Computing Industry

The design and production of advanced high−performance machines should be pursued vigorously. In order to obtain the required computer performance (Teraflops speed by the year 2000) priority should be given to parallel architectures. In these fields there is a high potential for discovery and innovation. A significant effort should be extended to the design and production of innovative computer architectures for specific applications in research and industry.

The development of a competitive and credible European industry in this domain will foster the ability of designing and producing all the equipment and software which is required for a leading−edge computing environment, such as high−bandwidth communications, high−performance graphics, data storage systems and workstations.

6.3 Development of European Software

A major European effort should be directed at the inventive development of novel software. In view of the revolutionary changes taking place in the architecture of high−performance computer systems as well as in their interactive real−time use, either locally or via networks, entirely new software concepts need to be developed and implemented. Existing application software, as well as the underlying support software, often needs to be adapted or redesigned to take advantage of the rapidly evolving hardware. We recommend that major efforts be deployed to face this challenging software evolution and to exploit the opportunities offered by the emerging computing devices. Part of this effort is the design, enhancement and application of standards which could reduce this effort to the minimum for the end user. Technology transfer mechanisms should be studied and employed to successfully market the high quality software produced by European academic and scientific research. Such mechanisms must, amongst other things, encourage the use of new software by the scientific and industrial users.

6.4 Research and Development

We recommend that the existing competence in Industry, Universities and Large Research Laboratories be effectively mobilized to carry out the basic and applied research necessary to raise the competitive level of European industry in the domain of high−performance computing. It is critical to ensure that close collaboration be achieved between the leading edge users and the emerging industry. The aim should be to supplement the current effort on basic components by an increased emphasis on systems integration.

The European Authorities should promote advanced pilot projects involving the best European Institutions, in order to develop the theoretical and practical understanding of the various aspects of high−end computing applications. These projects should actively contribute to the design and implementation of all the software related to the exploitation of parallel machines in Science and Engineering.

6.5 Promotion of Education and Training

In order to alleviate the critical shortage of skilled engineers and scientists for the design, development, production and intelligent use of high−performance computer systems, we recommend that Education and Training in all areas connected with this field be strongly enhanced.

The high−performance computing culture should be spread among scholars of all disciplines as well as in industrial, commercial and financial environments. This can be enhanced via the introduction of the subject in the curricula of Universities and Engineering schools. In addition, access to leading−edge machines should be encouraged and facilitated.

7 Preliminary estimate of the required investment

This Working Group believes that a substantial effort over at least **ten years** is necessary in order to establish a competitive European high−performance computer industry.

Although we felt that it was not part of the mandate to make a detailed financial plan, it is however, appropriate to provide preliminary investment estimates. The working group considers that the totality of the new investments over the next ten years should be commensurate with that made in US and Japan. **In order to implement the proposals as outlined above, it is estimated that, by 1995, various sources of financing (Community, national, industrial, business and telecoms) should contribute to a total annual investment of the order of 1000 MECUs.** The specific mechanisms by which this money would be controlled and allocated to projects will have to be examined in considerable detail. During the first five year period, beginning in 1991, there will be **a gradual increase of investments.** The rate of the expenditure increase in each of the different action areas will largely be governed by the availability of the necessary competence and knowledge.

The heavy **involvement** and **commitment** of the **European users** of high−performance computing techniques is the key to the success of the programme. A strong political commitment to **continuity** of the action is necessary to obtain this involvement.

The ultimate **success** of the programme will be judged on the increased **market presence** of European industry in the key sectors of high−performance computing: software and applications packages, advanced architectures, high−speed networks, high−speed workstations, etc.

High−performance computing equipment running European−developed software should be acquired and made available on a broad scale via a rapid and reliable network with services and access rules to the applications groups in Europe. This will help in supporting an emerging European industry and in creating the cultural environment necessary for a unique market in the area: knowledge, communication, norms, feed−back to industry, educational programmes.

A first estimate of the needs in each of these areas indicates that about 200 MECU would be necessary annually to support high−speed networking development between about 100 centres of service and 100 to 200 user groups. Another 200 MECU is estimated to be necessary per year for user group projects in advanced high−speed computing and for the corresponding services and European hardware acquisitions in about 20 advanced pilot centres.

On the industrial side the support of emerging industry in key areas of high−speed computing such as advanced architectures, system software, data storage and retrieval, graphics and high−speed workstations, highly parallel computers etc. is estimated to require about 300 MECU annually, of which half should be earmarked for software, an essential part of any such effort.

The effort on the applications side: industrializing and marketing in particular, of packages which only exists in a pre−industrial state is estimated at 200 MECU per year. Optimization efforts and development work in 'new, promising directions such as AI, physical modelling and simulation, optimization and so on, are also included in this figure.

Finally the educational and cultural aspects of high−performance computing (publications, scholarships,etc.) should be developed with about 50 MECU per year.

During the early phases of the programme great profit should be realized by the existing programmes, ESPRIT and RACE in particular, in order to encourage emerging industrial efforts both in systems and in applications. In this context, of great importance is the effort currently going on to link computer centres in the framework of RACE.

The review of the quality of the contract execution by computers centres, applications groups, emerging industry and network operators will have to take into consideration both technical and economic criteria.

The user community (industry as well as research) has to be largely represented in all the instances of the programme office, committees and advisory bodies. Economic and marketing expertise should also be widely activated in order to evaluate and help projects.

8   Appendix – Working Group Members Curricula

The working group was composed as follows:

> **Prof. Carlo Rubbia** *(Chairman)*
> *CERN*

Carlo Rubbia is Director–General of CERN (the European Laboratory for Particle Physics in Geneva) since 1 January 1989. Rubbia has been working at CERN as Senior Physicist since 1961. After completing High School, Rubbia was admitted to the Scuola Normale of Pisa where he completed his University education with a thesis on Cosmic Ray Experiments under the guidance of Marcello Converse. From 1970 to December 1988 Rubbia has spent one semester per year in Cambridge, Massachusetts, at Harvard University where he was Higgins Professor of Physics. Early in 1983 at CERN, an international team of more than 100 physicists headed by Rubbia and known as the UA1 Collaboration, detected the intermediate vector bosons, a triplet of particles, the W^+, the W^- and the Z^0, which had become a cornerstone of modern theories of elementary particle physics, long before they were observed by Rubbia and collaborators. The revolutionary techniques developed with Simon van der Meer were the motivation for awarding them both as Laureates for the 1984 Nobel Prize for Physics. Carlo Rubbia has also been awarded many other important prizes and Honorary degrees from Institutions and Universities all over the world and is also member of Scientific Academies, such as The Soviet Academy of Sciences.

> **Dr. Federico Carminati** *(Secretary)*
> *CERN*

Federico Carminati received his Degree in Physics at the University of Pavia in 1981. He has then been working at various High Energy Physics experiments both in Europe (European Laboratory for Particle Physics – CERN) and in the Unites States (Los Alamos National Laboratory). Since 1985 Federico Carminati is working in the Computing and Networks Division of CERN, where he is now responsible for the detector simulation software activities.

> **Dr. Renzo Allaria**
> *Sistemi e Informatica*
> *Applicazioni e Tecniche*
> *FIAT Auto*

Dr. Renzo Allaria received his degree in Physics at the University of Genova, Italy, in 1973. His experience is in the analysis, design and implementation of Computer Aided Engineering and Computer Graphics Systems in industrial environments. He is among the authors of the APPLE–SAP system, a Computer Aided Engineering (CAE) program for structural analysis. At present he is in charge of CAE applications in FIAT–Auto, in the Information Systems Department. He is responsible for the definition of hardware and software architecture for CAE and CAT applications, as well as for the analysis of engineering problems and the related software developments.

Prof. John Argyris
Institute for Computer Applications
University of Stuttgart

Prof. John Argyris, obtained his Degree in Engineering at the University of Munich; he is Fellow of the Royal Society and is recipient of its Royal Medal for the creation of the finite element method and for leadership in engineering sciences. He is a Honorary Fellow of the Royal Areonautical Society and a Fellow of many International scientific Institutions and Academies. He is a holder of a great number if international scientific distinctions in Europe and in the USA. He has been Professor of Aeronautical Structures in the University of London, at Imperial College of Science and Technology, in 1955–75, Visiting Professor in 1975–78, and he is now Emeritus Professor. He was director of the Institute of Statics and Dynamics of Aerospace Structures in Stuttgart from 1959 to 1984 and he has been director of the Institute for Computer Applications in Stuttgart since 1984. He is principal Editor of the Journal Of Computer Methods in Applied Mechanics and Engineering since 1972. Prof. Argyris was awarded several honorary professorships in Universities in Europe, U.S. and Asia. He is the author of several books on Structural Analysis and finite element methods applied to aerodynamics and other physical subjects. These publications appeared in Ingenieur Archiv, Reports and Memoranda of Aeronautical Research Council Journal of Royal Aeronautical Society and Aircraft Engineering. CMAME, J1 of AIAA etc.; over 310 scientific publications.

Prof. Herman Berendsen
Physical Chemistry Dept.
University of Groningen

Herman J.C. Berendsen (1934) is professor of physical chemistry at the University of Groningen, The Netherlands. He was educated at the University of Utrecht where he obtained his degree in physics in 1957. After service as officer of the Royal Navy Reserve, he spent two years at the Massachusetts Institute of Technology in the Neurophysiology group of Warren S. McCulloch. In 1962 he obtained his Ph.D. at the University of Groningen on a thesis about biophysical applications of nuclear magnetic resonance. In 1963 he was appointed associate, and in 1967 full professor of physical chemistry at the University of Groningen. In the 1970's he shifted his interest from experimental biophysics to molecular simulations and organized a series of meetings and workshops in molecular dynamics at the Centre European de Calcul Atomique et Moleculaire (CECAM) in Orsay, France. The first simulation of a protein molecule was carried out during such a workshop in 1976. His group in Groningen, now part of the BIOSON Research Institute, has pioneered in the development of methods for simulations of complex molecular systems. The program package GROMOS, developed in Groningen, is in use in more than 250 laboratories in over 40 countries. The latest project of the group is the construction of an application– oriented parallel computer system for molecular simulations. Professor Berendsen is member of the Royal Netherlands Academy of Arts and Sciences since 1979. He serves on several editorial boards and has acted as chairman of the governmental Computer Commission, advising the Minister of Education on major computer equipment for Universities and research institutes. He is (co)author of over 100 scientific publications.

Dr. Tor Bloch
Advanced Computer Research Institute

Tor Bloch is Vice President Marketing and Planning of A.C.R.I. Tor Bloch has his Degree in Mathematics from the University of Copenhagen in 1964. He has worked at CERN, the European Organization for high Energy Physics, as a systems programmer, project leader (CDC 7600 installation) and head of systems, deputy division leader and later as responsible for the Advanced Computing Group. Tor Bloch consulted with the UN, with the European Centre for Medium range Weather Forecasting (ECMWF) and visited for periods of several months the Lawrence Berkeley Laboratory, the High Energy Physics Research Laboratory (KEK) in Tsukuba (Japan). He helped to create from scratch and directed from its start in 1983 the CCVR, Centre de Calcul Vectoriel pour la Recherche, a Supercomputer centre available for use by French scientists through a scientific committee and running the French Meteorological forecast every night. A CRAY−2 was installed in late 1986. Tor Bloch has then worked with BULL as Director of the Scientific and Educational Market and responsible for sale, marketing and strategy.

Dr. David Burridge
Research Department
ECMWF

Dr. David Burridge is the Deputy Director and Head of Research at the European Centre for Medium−Range Weather Forecasting (ECMWF) which is an International research and operational centre located in Reading U.K. His background is in Mathematical Physics and he holds a Doctorate in Applied Mathematics (Bristol University). Apart from a short Post−doctoral appointment in Florida State University he has spent the whole of his professional career either developing of managing the development of operational weather forecasting system initially at the U.K. meteorological office.(1970 − 1975) and subsequently at ECMWF (1975 − present). As the ECMWF Head of Research he is responsible for formulating and directing research in Numerical Weather Prediction. During his time at ECMWF he has always been involved with the supercomputer developments and acquisitions and he has chaired and been a member of many computer evaluation boards. His research interests and publications are mainly in the fields of numerical weather prediction, numerical methods for solving partial differential equations and the application of supercomputers to such problems.

Dr. Jean−Marie Cadiou
Commission of the European Communities

Jean−Marie Cadiou graduated from the Ecole Polytechnique in Paris in 1962 and from the Ecole des Mines de Paris in 1966. He began his career as a civil servant in the French Ministry of Industry, working on environmental issues. He then switched to computers and went to Stanford University where he received his Ph.D. in Computer Science in 1972, and then he returned to France to become Scientific Director at INRIA. In 1975, he joined IBM in the San Jose Research Laboratory, working in the area of relational data−bases and natural language translation. In 1977 he was appointed manager of the IBM France Scientific Centre in Paris and returned to California in 1979 to take responsibility for Programming Technology Research at the IBM San Jose Laboratory. In 1981, Dr. Cadiou left IBM to become Director of New Information Technologies in the Commission of the European Communities. His current position is Director of Information Technologies and ESPRIT.

Dr. Michel Carpentier
Commission of the European Communities

Michel Carpentier is Director–General for Telecommunications, Information Industries and Innovation at the Commission of the European Communities. As Director–General he is responsible for programmes in the development of technology, electronics and computer science such as ESPRIT and RACE (telecommunications) and more generally, policy and action programmes concerning telecommunications, information industries and services, standardization in these fields, and innovation. Mr. Carpentier has extensive experience both in R&D and industrial policy. After having been Administrator in the French Atomic Energy Commission, he became Head of the R&D contracts division at EURATOM, and later Head of Division at the Directorate–General for Industrial, Technological and Scientific Affairs at the newly–created Commission of the European Communities. He then created and headed for a period of ten years, first as Director and later as Director–General, the Environment and Consumer Protection Service. He received several international prizes, was President of the Administrative Board of the European Foundation for the Improvement of Living Conditions in Dublin, and a Member of the International Commission to fight the pollution of the Rhine. He later became Director–General at the Energy Directorate–General, where he was not only responsible for Community programmes related to–new energy sources and energy–saving, but also for relations and agreements with developing countries, particularly with China and Latin American countries. Mr. Carpentier is a graduate of the Ecole des Hautes Etudes Commerciales (business administration) and of the Ecole des Sciences Politiques of Paris. He also has a degree in law and economics. He is doctor en Science honoris causa of Loughborough Technological University and Foreign Member of the Swedish Royal Academy of Engineering Sciences.

Prof. Jack Dongarra
Dept. of Computer Science
Univ. of Tennessee

Prof. Jack Dongarra is presently Distinguished Scientist at the Department Of Computer Science at the University of Tennessee and of Mathematical Sciences at the Oak Ridge National Laboratory. He obtained his Ph.D. in Applied Mathematics at the University of New Mexico in 1980. From 1975 to 1980 he was Senior Computer Scientist at the Argonne National Laboratory and from 1980–1989 he was Scientific Director of the Advanced Computing Research Facility at the Argonne National Laboratory. He is member of the Society for Industrial and Applied Mathematics (SIAM) and of the Association for Computing Machinery (ACM). He is also member of the editorial board of several leading Computer Science publications. He is holding positions of adjunct professor at the Rice and Northern Illinois Universities.

Dr. Herve Gallaire
BULL S.A.

Dr. Gallaire received his Ph.D. at the University of California, Berkeley in 1968. He was Professor of Mathematics and Computer Science at ENSAE from 1970 to 1980. From 1972 to 1980 he held the position of Head of the Research Department in Computer Science at ONERA – CERT. From 1980 to 1983 he has been Head of the Research Department in Computer Science of CGE. He then moved on to be Director of the European Computer – Industry Research Centre, a laboratory jointly owned by BULL, ICL and Siemens. From 1989 onwards he has been Vice President, R&D for Applications, Distributed Services, Communications and Networking at BULL S.A. Dr. Gallaire is also President of the Association for Logic Programming and European Representative of ACM.

Prof. I.H. Hillier
Department of Chemistry
University of Manchester

Ian H. Hillier is a Professor of Chemistry at the University of Manchester. His research interests are in the application of accurate modelling methods to study chemical problems and he has a number of collaborative projects with the U.K. chemical industry in this area. His work involves the extensive use of vector and parallel computers and he is the author of 280 papers in the scientific literature.

Prof. Jacques – Louis Lions
CNES

Prof. Lions graduated at the Ecole Normale Superiore de Paris in 1950. He has held several professorships in Universities and he is now Professor at College de France. He is President of the Centre Nationale d'Etudes Spatiale (CNES), president of the Scientific Council of EDF and he will take over the presidency of the International Mathematical Union from 1991. He is member of Accademia of Sciences in several countries and he has a number of Honoris Causa degrees. His activity has been mainly in the fields of the methods for system analysis and control, of the mathematical, numerical and informatic treatment and of the applications, with particular attention to the mechanics of solids and fluids and to the climatological modelization. He has also been working in the area of econometrical modelling. He is the author of more than twenty books translated in English, Russian, Chinese, Japanese and Spanish.

Dr. Jean – François Omnes
Commission of the European Communities

Dr. Jean – Francois Omnes joined the Commission of the European Communities in 1984. He was responsible for the Information Processing System Architecture sector, within the ESPRIT Programme. He is currently Deputy Head of Unit for the Information Processing System Division. J – F. Omnes got his engineering degree in 1967. He joined the Centre National d'Etudes des Telecommunications where he worked on operating systems, computer evaluation and provided a support for application development. in 1978 he became Head of a Research Department on system engineering and programming. Up to 1981 he lead the CNET work on multiprocessor system developments and programming environment. In 1982 he was responsible for the department Simulation and Protocol Validation, where he worked on specification languages, simulation and evaluation of telecommunication protocols, in particular ISDN protocols. At that time he was a member of the CCITI working group for language specification standardization. J—F. Omnes was president of AFCET Informatique from 1982 to 1984 and a member of the AFCET board from 1983 to 1985.

Dr. Pierre Perrier
DGTDEA, AMDBA

Dr. Pierre Perrier received his Diploma from the Ecole Nationale Superior of Areonautics in 1958. His Ph.D. work was on rarefied gas dynamics and hypersonics. After that he worked continuously at Dassault Aviation, where he made developments in the area of Computational Fluido—Dynamics and other critical computer simulation and applications of informatic tools for the design of all military and civil Dassault aircraft from the Mirage to Hermes, including research in the field of aerodynamics. He is the author of many papers in fluid mechanics and computational mathematics and—he is a corresponding member of the French Academy of Science.

Prof. F. Troyon
Centre de Recherches en Physique des Plasmas
École Polytechnique Fédérale de Lausanne

Prof. Troyon received his Degree of Engineering Physicist from the Ecole polytechnique de l'Universite de Lausanne in January 1957 and his Ph.D. from the University of Rochester (N.Y.) in May 1962. He joined the newly created Centre de Recherches en Physique des Plasmas (CRPP) in Lausanne. From September 1973 to August 1974 he has been Research physicist at the Plasma Physics Laboratory in Princeton. He was titular professor of controlled fusion in 1974 at Ecole Polytechnique Federate in Lausanne (EPFL) and Director of CRPP since 1982. Ordinary professor of Physics at EPFL since 1983, since 1980 he is Swiss representative in the Euratom Fusion Programme; in particular chairman of the JET Scientific Council, member of the Fusion Technology Steering Committee— Programme and representative of Euratom in the ITER Scientific and Technological Advisory Committee. His main research interests are in the field of the stability of toroidal magnetic confinement systems. Major contributions include the development of large numerical codes to study operational limits of tokamaks which are now of widespread use in the fusion community, the derivation of a scaling law giving the maximum pressure that can be stably confined in a tokamak through extensive numerical experimentation. Long experience since 1962 with all the successive generations of Computers.

Dr. Roberto Vio
Sistemi e Telecomunicazioni
Sviluppo, Coordinamento e Controllo
FIAT

Dr. Ing. Vio graduated in Electronic Engineering at the Polytechnics High School in Torino (Italy). He has now 18 years of experience in planning, design and realization of Information Technology applications in various industrial environments. Presently he is in charge of the Information Technology Development and Coordination Department at FIAT Headquarter, whose main goal is to define architectures, guide—lines and standards valid throughout the FIAT group. His task is to assure a homogeneous development of Information Technology applications in all the operating divisions of the FIAT Group, having a constant comparison with external developments: vendors, competitors, public research. In this context he is in charge of the technical relationships with the European Commission.

Prof. Paolo Zanella
CERN

Prof. Paolo Zanella obtained his degree in Mathematics and Physics at the University of Bologna in 1959. Later he was in charge of computing at the SACLANT ASW Research Centre, La Spezia, Italy from 1960 to 1962. He is member of the CERN Scientific Staff from 1962 where he has been doing pioneering work in computing for High—Energy Physics. Currently he is Advisor to the Director General of CERN, after having directed the Computing and Data Handling Division of CERN from 1976 to 1988. He also holds the position of Associate Professor with the Informatic Dpt. of the University of Geneva (CH), where he teaches Computer Architecture since 1981. He is also lecturer on Information Technology and its application to natural and human sciences at the Scuola Normale Superiore, Pisa (Italy) and director of the CRS4, a Research, Development and Education institute on high—performance computing and mathematical modelling, being established in Sardinia (Italy).

Die europäische HPC-Initiative

Hans-Martin Wacker

Deutsche Forschungsanstalt für Luft- und Raumfahrt
Linder Höhe
5000 Köln-Porz

Entwicklung der europäischen HPC-Initiative

Nachdem in den Jahren 1989 und 1990 in den Vereinigten Staaten von Amerika und in Japan je eine "High Performance Computing Initiative" ins Leben gerufen worden war und diese ganz beträchtliche Mittel zur Förderung von High Performance Computer-Systemen und deren Anwendungen sowie für Netze für erforderlich hielten, entschied sich die EG Kommission im Jahr 1990, eine Gruppe von hochrangigen Wissenschaftlern und Industriemanagern unter der Leitung des Nobelpreisträgers Professor Carlo Rubbia damit zu beauftragen, die wissenschaftlichen und industriellen Erfordernisse und Voraussetzungen für eine europäische HPC-Initiative zu untersuchen und der EG Kommission Vorschläge für einen europäischen Weg zu machen.

Nach einer sehr konzentrierten Arbeit legte diese Arbeitsgruppe (Rubbia Kommission) im Februar 1991 ihren Bericht vor, der zu ganz ähnlichen Ergebnissen kam wie die entsprechenden amerikanischen und japanischen Kommissionen.

Im September 1991 wurde eine geringfügig veränderte Arbeitsgruppe mit der Weiterführung der begonnenen Arbeiten beauftragt - ebenso unter der Leitung von Carlo Rubbia. Ihr Auftrag ist es, Strategien und Maßnahmen zu erarbeiten, die geeignet sind, die im Rubbia-Report genannten europäischen Ziele zu erreichen.

Stand der europäischen HPC-Initiative Mitte April 1992

Bei der ersten Sitzung der neuen Kommission wurde beschlossen vier Arbeitsgruppen zu bilden:

> Hardware and Architecture Working Group
> Industrial Applications Working Group
> Scientific Applications Working Group
> Network Working Group

Für jede dieser Arbeitsgruppen wurden Mitglieder aus den verschiedenen Ländern berufen. Es waren etwa 40 Wissenschaftler bzw. Industrievertreter pro Gruppe eingeladen worden, von denen aber nur etwa 25 in jeder Gruppe sich an der Arbeit beteiligten. Es wurden kurzfristig für jede Gruppe fünf Treffen von Ende Dezember bis Anfang März vereinbart, mit dem Auftrag, eine europäische Position zu ihrem Thema zu erarbeiten.

Bei der Arbeit in den Gruppen zeigte es sich sehr schnell, daß es offensichtlich sehr viel einfacher gewesen war die großen Ziele zu formulieren, als Pläne zur Umsetzung so zu entwickeln, daß sie auf Akzeptanz in den Gruppen stießen und darüber hinaus Zustimmung auf europäischer Ebene erwarten ließen.

Erwartungsgemäß war die Arbeit in den Gruppen für industrielle und wissenschaftliche Anwendungen am sachlichsten. Dementsprechend wurden Strategien und Maßnahmen erarbeitet, die die Hochleistungsrechnernutzung in Wissenschaft und Industrie fördern sollen. Dabei wird von der Industrie mit hoher Priorität eine geeignete Software zur Nutzung von heutigen Supercomputern, aber vor allem auch von zukünftigen Parallelrechnern gefordert, um diesen Systemen den Zugang zum industriellen Markt zu eröffnen. Die Wissenschaftler hingegen sind an dem Zugang zu modernsten Hochleistungsrechnern, d.h. Parallelrechnern mit möglichst hoher Leistung interessiert. Vor allem glauben die Elemantarteilchenphysiker, selbst Systeme mit einer einfachen Grundsoftware gut nutzen zu können und bieten sich deshalb als Pilotnutzer neuer Rechnerarchitekturen an.

Übereinstimmend war in beiden Gruppen die Forderung nach der Errichtung von mehreren Supercomputerzentren in Europa zur Versorgung einer breiten Nutzerschaft mit HPC-Kapazität sowie mit dem Auftrag, das know how zur Nutzung derartiger Rechner zu verbreiten. Diese Zentren sollen über Netze miteinander und mit allen interessierten Nutzern verbunden sein.

In der Arbeitsgruppe Netze arbeiteten viele der heute schon auf nationaler oder europäischer Ebene (DFN, RACE, COSINE usw.) tätigen Netzspezialisten mit und brachten ihre bereits entwickelten Ideen zum Aufbau eines europäischen Breitbandnetzes in die Diskussion mit ein. Es entstand so der Vorschlag, ein europäisches Netz mit der Bandbreite von 34 Mbit/sek aufzubauen und durch die EG-Kommission finanzieren zu lassen. Keine Einigung konnte jedoch in der Gruppe mit den ebenfalls mitwirkenden Vertretern der verschiedenen europäischen PTT's erzielt werden, was selbst bei vorhandenen finanziellen Mitteln für dieses Breitbandnetz bereits dessen Ende bedeuten kann.

In der Arbeitsgruppe "Hardware and Architecture" prallten die Meinungen am heftigsten aufeinander. So bestand in dieser Gruppe keineswegs Konsens darüber, ob eine Europäische Hardware gefördert werden solle oder ob es besser wäre, sich auf die Förderung von Software und Softwarewerkzeugen sowie auf die Verbreitung und Nutzung der HP-Computer zu beschränken. Darüber hinaus war insbesondere auch in der Frage nach der zu fördernden europäischen HPC-Industrie kein Konsens zu erzielen. Neben einer Gruppe von Mitgliedern, die Transputerlösungen für entwicklungsfähig und deshalb für förderungswürdig hält, gibt es andere Fraktionen, die Supercomputer auf der Basis von überaus leistungsfähigen Einzelprozessoren (mehrere GFLOPS pro Prozessor) auf europäischer Ebene für machbar halten und deren Entwicklung und Förderung verlangen. Die Mehrzahl der Mitglieder sieht zwar die Zukunft bei den hochparallelen Computern mit einer MIMD-Architektur, jedoch andere Mitglieder sind der Meinung, die Zukunft gehöre den SIMD-Computern, die deshalb eines besonderen Augenmerks bei der Definition eines europäischen HPC-Programmes bedürften.

Letztendlich konnte ein Konsens nur so erreicht werden, daß sich mehrere Mitglieder, die keine ausreichende Zeit aufbringen konnten, um die Diskussion zu Ende zu führen, zurückzogen und das Feld denen überließen, die offensichtlich über genügend viel Zeit für die Arbeit in dieser Gruppe verfügen konnten.

Die Präsentation der Ergebnisse der vier Arbeitsgruppen bei einem Treffen aller Mitglieder der erweiterten Rubbia-Kommission am 28. und 29.02.92 in Genf zeigte dann auch, daß es offensichtlich keiner Arbeitsgruppe gelungen war, eine Strategie mit einer europäischen Dimension zu entwickeln.

Prof. Rubbia monierte das Fehlen einer europäischen Perspektive und verlangte, sehr viel besser herauszuarbeiten, warum HPC eine europäische Initiative sein müsse und nicht eine Reihe nationaler Aktivitäten verschiedener europäischer Länder. Es entstand sehr schnell Übereinstimmung darüber, daß die durch die Gruppen erarbeiteten Strategien und Maßnahmen aus zu vielen Einzelinteressen bestanden und keinen übergreifenden europäischen Rahmen erkennen ließen. Es wurde deshalb beschlossen, den Fertigstellungstermin des Berichtes um zwei Monate zu verschieben und drei neue Arbeitsgruppen einzusetzen deren Aufgabe es ist, die Ziele und Strategien für eine europäische Förderung neu zu definieren, den

Finanzrahmen festzulegen und Vorschläge für eine Management-Struktur zu machen.

Die Sprecher dieser Gruppen trugen am 22.04.92 vor einer um eine ganze Anzahl von Wissenschaftlern und Industriemanagern erweiterten Kommission ihre Ergebnisse vor. Nachfolgend ein kurzer Überblick über diese Ergebnisse:

Ziel

Es ist eine länger gültige Policy zu entwickeln, die Europa eine führende Rolle auf dem Gebiet des Supercomputing zuweist und sicherstellt, daß Europa im Jahr 2000 konkurrenzfähige Systeme anbieten kann.

Strategie

Es ist eine Synergie herzustellen zwischen den Nutzern und den Forschern in Industrie und Wissenschaft auf der einen Seite und den Herstellern auf der anderen Seite, mit dem Ziel:

bis zum Jahr 2000 signifikante parallelisierbare wissenschaftliche und kommerzielle Anwendungen ausfindig zu machen und auf Parallelrechnern zu realisieren

der europäischen Industrie "state-of-the-art" HPC-Systeme (von der Hardware bis zu den Anwendungen) verfügbar zu machen, um ihre Wettbewerbsfähigkeit sicherzustellen

eine große integrierte Nutzergemeinde herzustellen

die europäische HPC-Technologiekette zu stärken und das Vertrauen in die europäische IT/HPC-Industrie zu festigen

die Grundlagenforschung auf dem Gebiet der Parallelverarbeitung zu fördern

ein Schulungs- und Weiterbildungsprogramm auf dem Gebiet des HPC zu entwickeln

notwendige Schritte auf dem Gebiet der Hochleistungsnetze durchzuführen

Dabei wird vorausgesetzt, daß bis Ende 1993 Systeme mit einer Leistung von 100 GFLOPS verfügbar sein werden. 1 Tflop/sek wird für 1995 und 100 TFLOPS bis zum Jahr 2000 erwartet. Dabei werden Preise von 20 ECU/Mflop/sek im Jahr 1995 und 2 ECU/Mflop/sek bis zum Ende des Jahrzehnts als realistisch angesehen. Ebenso wird eine Verbesserung der Algorithmen für wichtige industrielle Anwendungen (z.B. CFD) um einen Faktor von 100 für notwendig und möglich angesehen.

Netzwerk

Das europäische Netz ist ein fester Bestandteil des HPC-Programmes, notwendig für die Entwicklung einer konkurrenzfähigen europäischen HPC-Infrastruktur und eines integrierten Marktes. Hauptkomponenten der Netzwerkstrategie sind:

Einrichtung und Erforschung eines Gbit/sek "Testbeds" zwischen einigen großen Zentren

Aufbau eines europäischen Breitband-"Backbones", der die wichtigsten Strecken überbrückt

Errichtung eines 34 Mbit/sek europaumfassenden Netzes, das die wichtigsten kommerziellen und wis-

senschaftlichen Einrichtungen miteinander verbindet

Die Kosten für das Netz sollen dabei auf einen noch zu bestimmenden Prozentsatz der Kosten des gesamten HPC-Programmes beschränkt sein. Eine Koordination mit europäischen und nationalen Institutionen und Initiativen wird ebenso vorausgesetzt wie deren Beteiligung an den Netzkosten.

Das Programm

Das Programm soll durchgeführt werden durch gemeinsame Projekte zwischen Industrie, Forschungseinrichtungen und Universitäten

soll durch den Nutzer gesteuert und durch die Industrie kontrolliert werden

und der hierdurch erzielte Nutzen sollen der Industrie, der Wissenschaft und der gesamten Öffentlichkeit bekanntgemacht werden

soll die europäischen Hersteller stimulieren

soll eine genügende kritische Masse herstellen

Anwendungs- und Entwicklungsunterstützung

Die Aufgabe der Anwendungs- und Entwicklungsunterstützung ist es:

die wirtschaftliche Nutzung bestehender und sich entwickelnder Standards und Plattformen zu fördern, mit den Zielen

frühzeitige Umstellung großer sequentieller wissenschaftlicher und industrieller Programme auf parallele HPC-Plattformen zu erreichen

die Akzeptanz von parallelen HPC-Systemen in der Industrie und in Forschungseinrichtungen zu fördern

bei der effizienten Nutzung paralleler Systeme Erfahrungen zu gewinnen

sowie die wirtschaftliche Nutzung eines skalierbaren Parallelismus zu erreichen, dazu müssen

Werkzeuge auf der Systemebene entwickelt werden, die den Nutzer bei der Portierung seiner Programme auf Parallelrechner unterstützen

nutzerfreundliche Anwendungsumgebungen geschaffen werden, die ihm die Nutzung paralleler Systeme erleichtern

und die Entwicklung neuer HPC-Anwendungen zu fördern, mit den Aufgaben

Grundlagenforschung auf dem Gebiet der Modellierung

Grundlagenforschung auf dem Gebiet der Simulation

Entwicklung geeigneter paralleler und skalierbarer Algorithmen, um diese Techniken zu implementieren

Grundlagenforschung

Das langfristige Ziel der Grundlagenforschung ist es, eine nutzergesteuerte Anwendungsentwicklung auf verteilten heterogenen Plattformen hochparalleler Systeme zu erreichen. Hierzu werden zwei Unterprogramme vorgeschlagen:

1. Der Aufbau von Technologie-Demonstrationen, mit dem Ziel

der Demonstration großer Systeme und Anwendungen

der langfristigen Investitionssteuerung für die Zukunft

und der Strategien

der Entwicklung einer Partnerschaft zwischen Nutzer und Hersteller

der experimentellen Nutzung der neuesten Systeme

die vorgeschlagenen Maßnahmen sind

Einrichtung von Experimentallabors zur Nutzung neuester Hard- und Software

Unterstützung der europäischen Teraflop-Initiative

Aufbau eines Gbit/sek "wide-area" Netzwerkes

2. Grundlagenforschung:

Das Ziel ist es, eine Forschungs- und Entwicklungsbasis zu schaffen, um die gesamte Technologie der parallelen HPC zu fördern. Dabei werden folgende strategische Maßnahmen vorgeschlagen:

Bereitstellung von Gbit/sek Netzwerken und Teraflop-Schnittstellen zum Menschen (Visualisierung und Multimedia)

Entwicklung von geeigneten parallelen Algorithmen, die skalierbar und portierbar sind

Entwicklung von Systemen zur Leistungsmodellierung und Leistungscharakterisierung von parallelen Systemen, sowohl Software als auch Hardware

Finanzierung

Zur Finanzierung des gesamten Programmes werden anfangs 390 Millionen ECU gefordert. Dieser Betrag soll dann auf etwa 500 Millionen ECU (ca. 1 Milliarde DM) pro Jahr gesteigert werden. Von dieser

238

Summe werden dann nach der Vorstellung der Gruppenmitglieder die sogenannten Service-Zentren, das Netz, die Schulung, Aus- und Weiterbildung, die Anwendungsprojekte sowie die HPC-Grundlagenforschung bezahlt werden.

Im einzelnen sind die Ausgaben folgendermaßen spezifiziert:

	Millionen ECU pro Jahr
Service Zentren	160
Netz	60
Ausbildung	20
Anwendungsprojekte	75
Technologie (F&E)	75
Summe	390

Für die Service-Zentren sind folgende Mittel vorgesehen:

Größe	Anzahl	Millionen ECU pro Jahr
groß	2 bis 3	40
mittel	15	40
klein	60	60

Es ist heute noch nicht klar, ob sich alle diese Vorschläge in den Empfehlungen der Rubbia-Kommission wiederfinden werden. Nach dem Verlauf der Diskussionen hat es sich aber gezeigt, daß offensichtlich die Mehrheit der Mitglieder hinter diesen Empfehlungen steht.

Die Entscheidung der EG-Kommission für dieses Programm muß mit den Regierungsvertretern der EG-Länder noch abgestimmt werden. Dabei kann es sich ergeben, daß eine Reihe von Ländern nationalen Programmen oder gar keinem Programm den Vorrang gibt, da nach wie vor aus diesen Empfehlungen kein europaweites Signal zu erkennen ist und die Gefahr besteht, daß den hoffnungsvollen kleineren, innovativen europäischen Firmen weit mehr Schaden zugefügt werden könnte als es auf der anderen Seite an Nutzen verspricht.

Bewertung

Die amerikanische HPC-Initiative entstand vor etwa drei Jahren, als es zunehmend klarer wurde, daß das goldene Zeitalter der Supercomputer zu Ende geht. Dabei stand nicht die Gefahr im Vordergrund, daß Japan der USA auf diesem Gebiet den Rang ablaufen könnte. Die marktbeherrschende amerikanische Firma hatte das schon längst durch gute technische Produkte, aber vor allem auch durch eine erhebliche politische Einflußnahme verhindert. Der Grund ist vielmehr die rasante Entwicklung der Mikroprozessoren, die von 1989 ihre Leistung von einem Mflop/sek auf 100 Mflop/sek heute steigern konnten (bis 1995 wird eine Leistung von 500 Mflop/sek bei Mikroprozessoren erwartet) und somit eine ernsthafte Konkurrenz für die klassischen Supercomputer wurden. Dem Nutzer steht bei einem unveränderten Budget durch diese "Superworkstations" am Arbeitsplatz ein Vielfaches an Rechenleistung (ebenso zumeist ein viel größerer Speicherplatz) zur Verfügung und erlaubt es ihm, Probleme anzugehen, die für ihn bislang unerreichbar erschienen. Einige amerikanische Forschungseinrichtungen und Industrieunternehmen haben bereits Supercomputer durch Cluster von Workstations ersetzt. Eine Reihe anderer schickt sich an dasselbe zu tun. Auch in Europa werden Überlegungen angestellt, Supercomputer durch derartige neue Mikroprozessorsysteme zu ersetzen.

Diese Entwicklung hat einen erheblichen Preisdruck auf die klassischen Supercomputer bewirkt. Eine Cray YMP2 kostete vor drei Jahren noch über 20 Mio. DM, im letzten Jahr (also zwei Jahre später) wurde dieses System für nur noch 6 Mio. DM verkauft.

Dadurch leidet das Geschäftsergebnis der Supercomputerhersteller beträchtlich. Wollen sie ihren Umsatz halten oder gar steigern, so ist es erforderlich neue Wege zu gehen. Eine evolutionäre Weiterentwicklung heutiger Supercomputer mit einer stetigen Verbesserung des Preis- Leistungsverhältnisses ist wegen der um Größenordnungen besseren Wirtschaftlichkeit heutiger und besonders zukünftiger Workstations nicht möglich. Nur Computer im Teraflop/sek-Bereich erlauben es, in Zukunft Preise heutiger Supercomputer zu erzielen. Derartige Computer können aus technischen Gründen nur Parallelrechner sein. Für diese gibt es jedoch heute keine Anwendungen.

Für die amerikanischen HPC-Firmen ist es deshalb sehr wichtig, die Anwendungen von Parallelrechnern im Teraflop/sek-Bereich zu fördern - koste es was es wolle. Da die Firmen das nicht selbst tun können, haben sie die HPC-Initiative ins Leben gerufen.

Die Japaner folgten den Amerikanern, obwohl sie wohl besser die verfügbaren Mittel in die Entwicklung leistungsfähiger Mikroprozessoren gesteckt hätten, da sie auf diesem für die Zukunft viel wichtigeren Gebiet nicht mit den Amerikanern konkurrieren können.

Die Europäer schicken sich an dasselbe zu tun, obwohl die Situation von der in den USA völlig verschieden ist. Es gibt hier keine Supercomputerindustrie, die es zu verteidigen gilt. Es gibt hier kleine Firmen mit sehr innovativen Entwicklungen (z.B. Transputer), die zum Teil sehr erfolgreich am Markt operieren. Es ist zu befürchten, daß eine HPC-Initiative in Europa das Gegenteil von dem bewirkt, was sie eigentlich sollte. Sie gefährdet die europäischen Firmen und wird am Ende nur den Firmen aus den USA nützen.

Positionspapier zur Podiumsdiskussion
"Bleiben wir in Europa wieder nur zweiter Sieger?"

Falk–D. Kübler

Parsytec Computer GmbH
Jülicher Str. 338
5100 Aachen

Paralleles Supercomputing: Europas technologische Trumpfkarte

Seit 20 Jahren wird in Europa die technologische Dominanz der Japaner und Nordamerikaner beklagt: es scheint, als käme Europa in den zukunftsentscheidenden High–Tech–Bereichen nicht aus den Startlöchern.

So herrscht der Eindruck vor, Europas Wissenschaftler seien zwar nicht schlechter als ihre amerikanischen und japanischen Kollegen, produzieren aber "Forschung auf Halde". Auch bei den weiteren Gliedern der Technologiekette werde viel zu oft an den Bedürfnissen der Anwender und des Marktes vorbei entwickelt.

Also: Resignation? Staatliche Förderungen verpuffen wirkungslos, Wirtschaftsunternehmen andererseits finden nicht zusammen? Der Vorsprung der Japaner und Amerikaner ist bereits zu groß?

Es gibt keinen Anlass, den Kopf in den Sand zu stecken, nur weil in der Vergangenheit einiges nicht funktioniert hat. Wir brauchen den Pioniergeist, und wir haben ihn auch. Was in Europa sicher bisher oft fehlte, war ein breiter Konsens zwischen Wissenschaft, Wirtschaft und Staat, um technologische Führungspositionen schlagkräftig in volkswirtschaftliche Erfolge umzusetzen. In einigen Sektoren der Informationstechnologie besteht deshalb tatsächlich wenig Hoffnung, wie etwa bei klassischen Großcomputern, PC's oder Workstations. Hier hat es auch keinen Sinn mehr, mit enormem Ressourcenverbrauch Aufholjagden zu veranstalten, die wertvolle Energien von wesentlich aussichtsreicheren Zukunftsfeldern abziehen. Solche Zukunftsfelder sind z.B. – neben ausgesprochenen Qualitätstechnologien in der Fertigungstechnik – im IT–Bereich die sogenannten "Grand Challenges": Klimasimulation, Moleküldynamik oder realistische Crash–Tests, die ihrerseits wieder entscheidende Auswirkungen auf die Leistungsfähigkeit anderer Schlüsseltechnologien haben. Sie benötigen Rechenleistungen, die weit über die Kapazität heutiger Rechner hinausgehen.

Vor diesem Hintergrund hat sich vor etwa einem Jahr eine Initiativgruppe europäischer Wissenschaftler um den Physik–Nobelpreisträger Carlos Rubbia gebildet und die europäische "TeraFlops"–Initiative ins Leben gerufen. Ihr Ziel ist die Entwicklung einer europäischen Supercomputer–Industrie: in dieser Schlüsseltechnologie des Hochleistungsrechnens sollen die Europäer wieder eine starke Rolle spielen. Dieses "pathfinder–Projekt" ist innerhalb eines Jahres aus der Forschung bis in den Bereich des produktmäßig Machbaren und sogar der kommerziellen Umsetzung gerückt. Parsytec wurde als einer der deutschen Vertreter in die Rubbia–Initiative berufen. Hier wird auch wesentlich zu entscheiden sein, wie die TeraFlop–Initiative in die europäische Technologieentwicklung eingebettet sein wird.

Doch nicht nur die Wissenschaft erkennt die fundamentale Bedeutung der Superrechner: vor wenigen Monaten wurde aus führenden Industriekreisen eine weitere europäische Initiative mit dem

Namen EI^3 (Ei hoch drei) ins Leben gerufen. Ihr Ziel ist die Entwicklung und Anwendung von Hochleistungs−Parallelsystemen im industriellen Bereich. Diese Kooperation, organisiert von der Daimler−Benz−Tochter AEG Electrocom, umfaßt 16 Unternehmen, Forschungsinstitute und Anwender, unter anderem die Daimler−Benz AG, das französische Softwarehaus CAP Gemini, die Deutsche Luft− und Raumfahrtgesellschaft DLR, die Fraunhofergesellschaft, den englischen Transputer−Hersteller Inmos und die Aachener Parsytec.

Allgemein herrscht − nicht nur unter den Fachleuten der genannten Initiativgruppen − breiter Konsens darüber, daß derartige Spitzenleistungen sich nicht mehr mit den konventionellen Mitteln des Supercomputing erreichen lassen, sondern nur mit der Technologie "jenseits der Supercomputer", der Parallelverarbeitung. Die Ära der Vektor−Rechner mit wenigen, hochgezüchteten Spezialprozessoren, die selbst bei Verwendung exotischster Technologien den extrem wachsenden Bedarf an Rechenleistung nicht mehr befriedigen können, geht offensichtlich zu Ende. Die Zeit der Parallelrechner hat begonnen: Computer, die mit beliebig vielen, relativ einfachen Prozessoren gleichzeitig − also parallel − eine Aufgabe angehen und lösen. Solche Systeme, wie sie die Aachener Parsytec baut, zeichnen sich durch ihre fast unbegrenzte Skalierbarkeit, also Erweiterungsfähigkeit, aus. Die beherrschbaren Systemgrößen wachsen ständig: waren noch vor fünf Jahren 20−Prozessor−System "State of the Art", so können heute bereits GC−Systeme mit mehreren tausend Prozessoren installiert werden. Hier, in diesem Schlüsselbereich für die zukünftige wirtschaftliche Entwicklung, hat Europa bislang mehr als nur mitgehalten. Schon seit über einem Jahrzehnt werden in Europa verschiedenste Ansätze für Parallelsysteme untersucht und zum Einsatz gebracht. Relativ unbelastet von einer dominierenden klassischen Rechnertechnologie entstehen hier innovative Konzepte und Systeme, und es hat sich eine übergreifende Gemeinschaft im Bereich der Parallelverarbeitung gebildet. Zu dieser Community tragen neben Forschungseinrichtungen von Hochschulen und Industrien, Förderungskonzepten auf Landes− und europäischer Basis und vielen Diskussionsforen auch engagierte Hard− und Software−Produzenten wie Parsytec bei. Diese Anwender− und Herstellergemeinschaft hat von Anfang an auf die MIMD−Architektur (Multiple Instructions Multiple Data) gesetzt, mit der supermassiv parallele Systeme mit zehn− und hunderttausenden von Prozessoren machbar werden.

Tatsächlich ist nur in Europa so konsequent ein von Anfang an auf Parallelverarbeitung ausgelegtes Hochleistungsrechner−Konzept verfolgt worden. Europäische und besonders deutsche Entwicklungen sind durch ihr kommunikatives und beliebig erweiterbares MIMD−Prinzip denen der Amerikaner und Japaner mindestens ebenbürtig, wenn nicht überlegen. Schon der erste Parsytec GCel war auf der internationalen Pariser "Supercomputing" im Februar auch der Großrechner mit der bei weitem größten Prozessorzahl. Seit der Installation des bisher größten Parsytec−Rechners mit 400 Transputern bei der niederländischen Shell ist die Zahl der Rechenknoten, die sicher beherrscht werden können, um das Zehnfache gestiegen: wir können heute auch sehr große, supermassiv parallele Systeme in die praktische Anwendung überführen.

Die Situation macht deutlich: es gibt keinen Anlaß zu Resignation. Vielmehr gilt es nun, die besten Kräfte in Europa und Deutschland zu bündeln für die entscheidende Runde um das "Blaue Band" der Parallelverarbeitung. Bisher haben wir mitgehalten und müssen dies auch weiter tun. Das bedeutet noch viel harte Arbeit, doch die Chancen stehen gut − wenn Europa an einem Strang zieht.

Parsytec bietet mit seinem supermassiv parallelen Rechner Parsytec GC einen Kristallisationspunkt für das europäische Höchstleistungsrechnen. Nur mit einer eigenen Hochleistungstechnologie − wie mit Parsytec GC − kann Europa seinen Platz im internationalen Wettbewerb einnehmen. Im Umfeld der Parallelrechnertechnik hat sich in Europa als Konsequenz eine Vielzahl Unternehmen und Forschungseinrichtungen etabliert. Mit gestaffelten Konzepten setzen Förderprogramme der europäische Gemeinschaft und der Bundesrepublik bis hinunter zur Landesebene massiv auf diesen Ansatz. Wir sind sicher, daß das europäische Parallelrechnen − durch ein Konzept, das von Anfang an neben der reinen Rechenleistung auch die Kommunkation integrierte − leistungsstärker ist. Nur aufgrund dieses Konzeptes sind wir heute in der Lage, sehr große, supermassiv parallele Systeme in die praktische Anwendung zu überführen.

Parsytec prägt diese Entwicklung an zentraler Stelle im arbeitsteiligen Verbund mit einer starken Gemeinschaft der besten Kooperationspartner. Seit längerem haben wir ein Netz aus leistungsfähigen Partnern in Forschung und Entwicklung mit aufgebaut. Erst mit Hilfe dieser Partner, die in ihrem jeweiligen Bereich die weltweite Spitze markieren, sind wir als junge Firma zu arbeitsteiligen Höchstleistungen bis hin zur Teraflop−Technologie befähigt.

Positionspapier zur Podiumsdiskussion
"Bleiben wir in Europa wieder nur zweiter Sieger?"

Bernd Reuse

BMFT
Heinemannstr. 2
5300 Bonn

Situation und Perspektive des wissenschaftlichen Höchstleistungsrechnens in der Bundesrepublik Deutschland waren Themen einen Symposiums, welches die Gesellschaft für Mathematik und Datenverarbeitung Ende 1991 in Bonn veranstaltete. Dabei haben führende Experten aus der Angewandten Mathematik, der Informatik und den Natur— und Ingenieurwissenschaften auf breiter Basis fachspezifische und interdisziplinäre Aspekte insbesondere massiv paralleler Rechner der Zukunft diskutiert. Als Ergebnis liegt nunmehr ein Memorandum zu einer Initiative der Bundesregierung auf dem Gebiet des wissenschaftlichen Höchstleistungsrechnens vor.

Das Memorandum entspricht beim stärkerer Betonung der Software— und Methodenaspekte im wesentlichen den weitgehend bekannten Ergebnissen aus der Arbeitsgruppe um den italienischen Physiker und Nobelpreisträger Carlo Rubbia, welche im Auftrag der Komission der Europäischen Gemeinschaft arbeitet, und den Vorschlägen, die in der "High Performance Computing and Communication Initiative" der US—Administration formuliert sind. Es entspricht auch den diesbezüglich einschlägigen Ergebnissen der Grundlagenforschungskommission des BMFT.

Nach den Ergebnissen des GMD Symposiums kann man davon ausgehen, daß neuartige massiv parallele Rechner mit einem Leistungssprung gegenüber den heutigen Vektorrechnern von 3 Größenordnungen (Tera—Flops) ab Mitte der neunziger Jahre verfügbar sein werden. Ihre Anwendungsperspektiven für die Bereiche der Strömungstechnik, der Turbulenzforschung, der Materialforschung, der Molekularchemie, der Biotechnologie, der Wettervorhersage, der Klimaforschung und v. a. sind so bedeutend, daß die volkswirtschaftlichen Gewinne durch die spätere Anwendung solcher Rechnersysteme den heute notwendigen FuE—Aufwand bei weitem überwiegen. Dabei spielt besonders die Perspektive eines weitestgehenden Ersatzes komplizierter Experimente mit ihren Zeit— und Kostenanforderungen durch interaktive Echtzeitsimulation und —visualisierung eine große Rolle aber auch die Möglichkeiten heute nicht denkbarer hochauflösender Modellierungen und Berechnungen globaler Zusammenhänge oder die der Beherrschung der Daten— und Informationsflut in biologischen Systemen. Es geht hier um Schlüsseltechnologien der nahen Zukunft.

Es kommt nach allen Vorschlägen jetzt darauf an, so schnell wie möglich im europäischen Rahmen abgestimmte Forschungs— und Entwicklungsprogramme und Infrastrukturen zu schaffen, die der Vorbereitung von Wissenschaft und Wirtschaft auf die neue Dimension des Rechnens dienen und die geeignet sind, die Konkurrenzfähigkeit der deutschen Wissenschaft und Wirtschaft zu sichern.

Die Programme sollten dabei die volle Breite überdecken, die von der anwendungsbezogenen Entwicklung und theoretischen Fundierung komplexer Simulationsmodelle über die Schaffung neuer mathematischer Methoden, etwa für große Systeme linearer und nichtlinearer Differential—gleichungen, bis hin zu den informatikbezogenen FuE—Arbeiten der Parallelisierung von

Algorithmen und der Entwicklung interaktiver Simulations- und Visualisierungstechniken auf Höchstleistungs-Parallelrechnern reicht.

Im Informatikbereich wird es noch darum gehen, benutzerfreundliche Systemsoftware für die bequeme und effiziente Nutzung paralleler Systeme zu schaffen, Werkzeuge zur Entwicklung von Anwendungssoftware, die flexibel handhabbar sind und alle Entwurfsphasen unterstützen, und insbesondere Werkzeuge zur Umstellung existierender Anwendungssoftware. Ohne eine sichere Umstellungsunterstützung für vorhandene Software kann es für das Hochleistungsparallelrechnen keinen Durchbruch geben. Nicht zuletzt müssen Fragen der Höchstleistungsverbindungen (bis Giga bit/s) solcher Rechner untersucht werden.

Diese Programme benötigen für ihre Realisierung so früh wie möglich Testbed-Installationen mit Höchstleistungsrechnern für potentielle Anwender aus Wissenschaft und Wirtschaft, die sich auf die Zukunft des Höchstleistungsrechnens einstellen wollen. Solche Testbed-Installationen sollten auch eine Möglichkeit schaffen, daß insbesondere deutsche oder europäische Hersteller frühzeitig Referenzsysteme anbieten können.

Hauptaufgabe jeder Initiative muß das Zusammenbringen von Methodikern, die schon heute auf dem Gebiet des Höchstleistungsrechnenn arbeiten (Treibriemenfunktion), und Anwendern sein. Um lange Vorbereitungszeiten zu vermeiden, bietet es sich an, zunächst vorhandene Infrastrukturen, wie das Höchstleistungsrechenzentrum (HLRZ) für die Wissenschaft, mit Standorten Jülich und St. Augustin, für den nötigen Transferprozeß von der Wissenschaft zur Wirtschaft auszubauen bzw. anzupassen.

Im BMFT laufen z.Z. intensive Analysen und Konzeptarbeiten auf den genannten Gebieten und es besteht ein enger Kontakt zur EG. Es ist geplant, daß Mitte des Jahres 1992 eine Entscheidung fällt, ob und wenn ja welche Initiativen der BMFT im europäischen Gesamtrahmen aufgreifen wird.

Autorenverzeichnis

Abe, Hitoshi, Master of Engineering, ist seit 1978 bei Hitachi und Senior Engineer des RISC Development Department.

Baetke, Frank, ist Leiter des Bereichs Software und Systemanalyse der CONVEX Computer GmbH, bei der er seit 1987 tätig ist. Er war vorher als Akademischer Rat an der TU München tätig und promovierte dort 1985 mit einem Thema aus der numerischen Strömungsmechanik.

Bemmerl, Thomas, promovierter und habilitierter Informatiker, bis 1991 Leiter der Forschungsgruppe Parallelrechner und des Parallelrechnerlabors an der TU München, ist seit Frühjahr1992 Leiter des Europäischen Supercomputer–Entwicklungszentrums (ESDC) bei Intel in München.

Bischof, Christian, Ph.D. in Computer Science der Cornell University, erster Wilkinson Stipendiat für Computational Mathematics in Argonne, beteiligt an der Entwicklung von LAPACK und Initiator des ADIFOR–Projekts, ist seit 1988 Assistant Computer Scientist am Argonne National Laboratory, IL, USA.

Di Antonio, Renzo, Diplom in Hoch– und Tiefbau der Universität Rom, ist Rechenzentrumsleiter am European Center for Scientific and Engineering Computing (ECSEC) von IBM in Rom.

Garrett, Paul, B.Sc. in Theoretischer Physik an der Universität Bristol, ist Direktor des Bereichs Supercomputing bei Meiko Ltd., Bristol.

Gentzsch, Wolfgang, Dr. rer. nat. in Mathematik, Professor an der FH Regensburg, ist Geschäftsführer der Gesellschaft für Numerisch–Intensive Anwendungen und Supercomputing (GENIAS Software GmbH Regensburg).

Gilg, Albert, Dr. rer. nat. in Mathematik, Mitherausgeber von ”Surveys on Mathematics in Industry” (Springer), ist Leiter der Fachabteilung Parallele und Verteilte Software in der Zentralabteilung Forschung und Entwicklung bei Siemens in München.

Hirai, Michihiro, M.Sc. in Engineering an der Universität Pennsylvania, ist seit 1986 Chief Engineer bei Hitachi Kanagawa Works, Japan.

Ishii, Kouichi, ist Senior Engineer des RISC Development Department bei Hitachi.

Kawabe, Shun, Master of Engineering, ist seit 1971 bei Hitachi und leitet gegenwärtig das RISC Development Department.

Kroj, Wolfgang, studierte Mathematik und Physik an der Universität Mainz, ist seit 1982 bei Cray Research, leitete bis 1990 die Sofwareentwicklungsabteilung und ist seitdem Leiter des Bereichs Marketing und Vertriebsunterstützung.

Kübler, Falk–D., Dipl.–Ing., ist seit 1985 geschäftsführender Gesellschafter der Parsytec Gesellschaft für parallele Systemtechnik mbH.

Langhammer, Falk, promovierter Physiker, ist bei Parsytec seit 1990, war zunächst Koordinator für die Entwicklung der Parsytec GC–Serie und leitet jetzt die Produktplanung und den Technologietransfer von parallelem Höchstleistungs–Computing.

Metzger, Robert, ist Project Manager für Advanced Optimization bei Convex, TX, USA.

Reuse, Bernd, Dr. rer. nat. in Physik an der Universität Gießen, seit 1973 beim Bundesministerium für Forschung und Technologie (BMFT) in diversen Abteilungen, ist jetzt Leiter der Informatik—Abteilung des BMFT.

Rothnie, James B., Ph.D., ist Executive Vice President von KSR (Kendall Square Research) und Leiter der Entwicklungsabteilung für KSR Hard— und Softwareprodukte. Zuvor war er für die Computer Corporation of America tätig.

Sander, Chris, Ph.D. in theoretischer Nuklearphysik, seit 1978 Forschung in der Molekularbiologie und Bioinformatik, ist Gründer der Abteilung Biocomputing am Europäischen Laboratorium für Molekularbiologie (EMBL) in Heidelberg.

Scanlon, John, B.Sc. in Electrical Engineering, ist bei Alliant Computer Systems verantwortlich für alle Marketing—Aktivitäten und den technischen Support.

Schlenz, Hendrik O., Dr. rer. nat. in Physik, ist bei NCR verantwortlich für die Markteinführung UNIX—basierter Großrechner in Mitteleuropa.

Schneider, Reinhard, Studium der Biologie, ist Doktorand der Bio—Informatik am Europäischen Labor für Molekularbiologie in Heidelberg.

Sguazzero, Piero, Dr., ist leitendes Mitglied im technischen Bereich des European Center for Scientific and Engineering Computing (ECSEC) von IBM in Rom. Sein Forschungsinteresse gilt der Entwicklung von Algorithmen und Software für geophysikalische Probleme.

Simon, Horst, Dr. rer. nat., 1988 Träger des Gordon Bell Preises für seine Arbeit auf dem Gebiet der Algorithmenforschung für Parallelrechner, ist Abteilungsleiter bei Computer Sciences Corp. am NASA Ames Forschungszentrum in Moffett Field, CA, USA.

Smith, Presley, ist General Manager für Development Software bei Convex, TX, USA.

Steele, Guy L. Jr., Ph.D., Director of Advanced Software Development, ist Senior Scientist bei Thinking Machines und leitet Entwurf und Implementierung von Programmiersprachen sowie anderer systemnaher Software für die Connection Machine.

Stouten, Pieter, promovierter Chemiker und Informatiker, ist am Europäischen Labor für Molekularbiologie in Heidelberg tätig.

Wacker, Hans—Martin, Dr. rer. nat. in Mathematik, ist Direktor der Hauptabteilung Zentrale Datenverarbeitung bei der DLR Köln, er ist seit 1991 Mitglied der Rubbia Kommission.